나의 기쁨에
당신의 마음이 닿을 때

나의 기쁨에 당신의 마음이 닿을 때

초판 1쇄 발행 2026년 1월 6일

지은이 정영목
펴낸이 장길수
펴낸곳 지식과감성#
출판등록 제2012-000081호

교정 이주연
디자인 김희영
편집 김희영
검수 한장희, 정윤솔
마케팅 김윤길

주소 서울시 금천구 벚꽃로298 대륭포스트타워6차 1212호
전화 070-4651-3730~4
팩스 070-4325-7006
이메일 ksbookup@naver.com
홈페이지 www.knsbookup.com

ISBN 979-11-392-3011-6(03810)
값 21,000원

지식과감성#
홈페이지 바로가기

정영목 에세이

나의 기쁨에
당신의 마음이 닿을 때

머리글

언제부터인가 마음속 깊은 곳에서 잔잔히 울리는 질문들이 있었습니다.

"지금의 내 삶은 어떤 의미일까?"

"무엇이 나를 움직이게 하는가?"

바쁜 일상 속에서, 어느 순간 그 질문들에 대해 진지하게 마주하고 싶은 마음이 은연중에 스며들었습니다. 그렇게 한 줄 한 줄 써 내려간 글들은 삶의 퍼즐을 맞추는 지혜와 통찰이 되었고, 작은 감사의 씨앗이 되었습니다.

이 책은 거창한 계획에서 시작된 것이 아니라, 흔들리고 흔들릴 때마다 붙잡고 싶은 중심을 찾고자 하는 여정의 기록입니다. 낮에는 평범한 일상에 집중하고, 밤이면 글과 마주하며 점차 자신을 더 깊이 이해하게 되었습니다. 그리고 이 과정을 통해 깨달은 것은, 우리 삶의 변화는 한순간의 깨달음이 아니라, 지속적인 실천과 작은 행동들이 모여 이루어진다는 사실입니다.

삶의 여정은 때로 중독이라는 껍질에 갇혀 스스로를 제한하기도 합니다. 스마트폰, 일, 관계, 불안… 우리는 알게 모르게 무언가에 의존하며 살아갑니다. 중독은 의존의 굴레이지만, 그것을 끊고 벗어나려는 변화는 외부에서 주어지는 것이 아니라 내가 그 껍질을 깨고 나오겠다는 결심에서 시작됩니다. 자유는 누군가가 건네주는 선물이 아니라, 스스로의 의지로 선택할 때 비로소 다가온다는 사실을 알게 되었습니다. 그 순간의 자유는 단순히 억눌림에서 벗어나는 것이 아니라, 나를 새롭게 정의하고 다시 살아가려는 힘이 되었습니다. 그리고 그 선택은 나만을 위한 것이 아니라, 주변 사람들에게도 선한 영향력을 퍼뜨릴 수 있다는 것을 경험했고, 감사와 공감의 고리는 그렇게 만들어졌습니다.

자신과 타인을 향한 따뜻한 시선을 키워 가며, 더 나은 관계를 쌓아가는 것이야말로 삶의 진정한 지혜라는 것을 배웠습니다.

우리가 살아가는 이 시대는 정보가 넘쳐납니다. 하지만 그 정보 속에는 진실과 왜곡이 뒤섞여 있어, 무엇이 정말 중요한지 혼란스러울 때가 많습니다. 그래서 더욱 스스로에게 묻고, 생각하며, 삶의 의미를 돌아보는 일이 절실합니다.

이 책이 그 과정에서 누군가에게 작은 빛이 되고, 긍정의 날개를 달아 실천의 발걸음을 내딛게 하는 따뜻한 동반자가 되길 소망합니다. 길 잃은 이에게는 잠시 쉬어 갈 수 있는 벤치가, 다시 시작하는 이에게는 용기의 불씨가 되어 마음 깊은 곳에 오래도록 머무르기를 바랍니다.

※ 이 책에 등장하는 인물들은 모두 실명이 아닌 가명을 사용했습니다.

차례

2.

삶의 퍼즐을 맞추는 지혜와 통찰

1) 통찰

2) 지혜로운 대처

4.

긍정의 날개, 실천의 발걸음

1.

잔잔히 퍼지는 선한 영향력, 당신 그리고 감사

첫 번째 책을 출간한 이후, 많은 독자들이 저에게 비슷한 질문을 건넸습니다.

"어떻게 해야 선한 행위를 할 수 있을까요?"

처음엔 단순한 호기심이라 생각했지만, 시간이 지날수록 그 질문이 품고 있는 깊이를 느끼게 되었습니다. 그것은 단지 '무엇을 해야 하는가'에 대한 물음이 아니라, '어떻게 살아야 하는가'에 대한 고민이었습니다. 선한 행동이란 무엇이며, 그것을 우리 삶 속에서 어떻게 실천할 수 있을지에 대해 저 역시 더 깊이 생각하게 되었습니다.

많은 사람들이 선한 행동을 떠올릴 때, 기부나 봉사 같은 외적인 활동을 먼저 떠올립니다. 물론 그것은 분명히 아름다운 실천입니다. 사회적 약자를 돕고, 공동체의 온기를 지키는 데 큰 역할을 합니다. 하지만 저는 선한 행동의 본질을 조금 더 넓게 바라보고 싶습니다. 선한 행동은 단순히 금전적 나눔을 넘어, 우리가 서로의 삶에 긍정적인 영향을 미치고, 함께 성장할 수 있도록 돕는 모든 행위라고 생각합니다.

삶은 누구에게나 고요한 순간과 거친 파도를 동시에 품고 있습니다. 어떤 날은 평온하지만, 어떤 날은 예상치 못한 어려움이 찾아옵니다. 선한 행동은 바로 그런 순간에, 누군가의 곁에 묵묵히 머물러주는 것에서 시작됩니다. 때로는 물질적인 도움보다 더 큰 힘이 되는 것이 있습니다. 그것은 '관심'입니다. 누군가의 이야기를 끝까지 들어주는 것, 그 사람의 감정을 있는 그대로 받아들이는 것, 그리고 필요할 때 가만히 손을 내미는 것. 이런 행동은 겉으로는 작아 보일지 몰라도, 마음 깊은 곳에 오래도록 남는 울림을 남깁니다.

예를 들어, 한 이웃이 실직으로 어려움을 겪고 있을 때, 그저 돈을 건네는 것보다, 그가 다시 일어설 수 있도록 일자리에 대한 정보를 나누고, 자신의 경험을 들려주는 것이 더 큰 힘이 될 수도 있습니다. 그것은 표면적인 문제 해결을 넘어, 그 사람의 자립과 회복을 돕는 선한 영향력입니다. 선한 행동은 누군가를 의존하게 만드는 것이 아니라, 스스로 설 수 있도록 돕는 것입니다.

가족 안에서도 선한 행동은 필요합니다. 갈등이 생겼을 때, 감정을 앞세워 서로를 비난하기보다, 상대의 입장을 진지하게 이해하려는 노력은 관계를 회복시키는 데 그치지 않고, 서로의 내면을 성장시키는 계기가 됩니다. 선한 행동은 때로 침묵 속에서 이루어지기도 합니다. 필요한 말을 잠시 삼키고, 그저 곁에 있어주는 것. 그것은 말보다 더 깊은 위로가 될 수 있습니다.

선한 행동의 바탕에는 언제나 사랑이 있습니다. 하지만 이 사랑은 단순한 감정이 아닙니다. 진정한 사랑은 누군가를 나의 방식대로 바꾸려는 욕심이 아니라, 그 사람이 자신의 모습으로 설 수 있도록 지지하고 함께 걸어주는 마음입니다. 아무리 좋은 뜻에서 건넨 말이라도 그 말 안에 사랑이 담겨 있지 않다면, 그것은 따뜻한 조언이 아니라 차가운 지적으로 들릴 수 있습니다. 말의 내용보다 먼저 전해지는 것은 그 말의 온기이고, 행동의 옳고 그름보다 먼저 느껴지는 것은 그 행동을 움직인 의도입니다.

그래서 선한 행동은 결과만으로 평가되어서는 안 됩니다. 그 행동에 담긴 마음의 결, 그 사람을 대하는 시선, 그리고 그 길을 택하기까지의 내면의 태도에서 진정성이 드러납니다. 사랑이 깃든 행동은 타인의 삶을 조금씩 변화시킵니다. 그 변화는 겉으로는 보이지 않을지라도, 마음 깊은 곳에 잔잔한 울림으로 남습니다. 그리고 그 울림은 결국, 그 행동을 실천한 우리 자신에게도 깊은 만족과 성장의 기회를 안겨줍니다.

사랑은 거창하거나 대단한 일이 아닙니다. 때로는 상대방의 이야기를 경청하는 것, 필요한 말을 잠시 삼키고 함께 침묵해 주는 것, 아무 조건 없이 그 자리에 머물러 기다려주는 것. 그 모든 실천이 바로 사랑입니다. 그리고 그 사랑이 모여 선한 행동이 됩니다.

이 글을 통해 '선이란 무엇인가'를 함께 생각해 보고 싶습니다. 선은 특별한 사람이 하는 특별한 일이 아닙니다. 선은 우리가 지금 선 자리에서 할 수 있는 최선을 다하는 것입니다. 누군가에게 진심을 다해 대하고, 그 사람의 삶을 조금 더 따뜻하게 만드는 것. 그것이 바로 선입니다.

작은 실천이 쌓이면, 변화는 반드시 시작됩니다. 우리가 나누는 선한 영향력은, 결국 세상을 조금씩 더 나은 방향으로 이끌어 갈 것입니다. 그리고 그 변화는, 우리가 살아가는 이 시대에 가장 필요한 희망이 될 것입니다.

1) 선의 씨앗

IMF 시대의 작은 기적

정희 씨 이야기

『1990년대 후반, IMF 외환위기로 한국 사회는 전례 없는 경제적 위기를 겪고 있었습니다. 수많은 기업이 문을 닫고, 실업자가 거리로 내몰렸으며, 가정마다 위기의 그림자가 드리워졌습니다. 정희 씨 가정에도 비극이 찾아왔습니다. 가정의 기둥이었던 가장이 갑작스럽게 세상을 떠난 것입니다. 아내는 슬퍼할 겨를도 없이 생계를 걱정해야 했습니다. 남편이 남긴 것은 작은 집 한 채와 몇 점의 물건뿐이었고, 그녀는 젊은 시절 공장에서 일하다 다친 발목 때문에 육체적 노동조차 할 수 없는 처지였습니다. 집안의 유일한 희망은 대학 3학년 딸 정희였습니다. 하지만 정희는 아르바이트로 생활비를 벌며 간신히 학업을 이어가고 있었고, 등록금 마련조차 어려운 형편이었습니다. 그들에게 희망은 점점 더 멀어져만 갔습니다.

어느 날, 정희는 집안에 남아 있던 물건들을 정리하다가 오래된 도자기 하나를 발견했습니다. 그것은 돌아가신 아버지가 남긴 귀한 물건이었으며, 생전에 아버지가 늘 애지중지하시던 도자기였습니다.

정희의 어머니는 깊은 고민 끝에 도자기를 팔아 딸의 학비와 생활비를 마련하기로 결심했습니다. 이 도자기를 판다는 것은 곧 가족의 미래가 걸린 중대한 선택이었습니다. 정희는 조심스럽게 도자기를 들고 골동품 가게를 찾았습니다. 사장님에게 자신의 어려운 상황을 솔직하게 설명하며 도자기를 제값에 팔고 싶다고 이야기했습니다. 사장님은 도자기를 한참 동안 살펴보더니, 고개를 들며 잠시 뜸을 들인 뒤 말했습니다.

"지금은 IMF 시기라 시장 상황이 좋지 않습니다. 가격이 좀 더 오를 때까지 기다려 보는 게 어떨까요?"

정희는 그 말을 듣고 실망을 감추지 못한 채, 속으로는 '다른 곳을 알아봐야겠다'라고 결심하고 가게를 나서려는 순간, 사장님이 다시 말을 걸었습니다.

"학생, 학교는 어디죠? 전공은 무엇인가요?"

정희는 잠시 멈춰 서서 대답했습니다.

"저는 K대에서 영문과를 다니고 있습니다."

사장님은 잠시 생각에 잠긴 뒤 두 가지 제안을 했습니다.

"우리 아이가 고등학교 2학년인데, 성적이 안 나와서 걱정이 많습니다. 혹시 과외를 부탁해도 될까요? 그리고 시간이 된다면 가게 일도 조금 도와줄 수 있을까요? 과외비와 아르바이트비는 이번 달 분을 미리 드리겠습니다. 도자기는 천천히 팔아도 괜찮으니 너무 서두르지 마세요." 사장님의 제안에 정희는 잠시 말을 잇지 못한 채 생각에 잠겼습니다.

정희는 낯선 제안에 망설였습니다. 과외는 해본 적 없었고, 가게 일도 자신 없었습니다. 무엇보다 누군가의 도움을 덥석 받아 신세를 지는 것이 마음에 걸렸습니다. 그동안은 단순히 짧은 아르바이트로 용돈을 버는 정도였지, 누군가를 책임지고 가르친다는 건 전혀 경험해 보지 못한 일이었습니다. 그렇다고 무작정 거절하기엔 기회가 아깝다는 생각도 스쳤습니다.

하지만 그녀는 엄마와 자신의 더 나은 미래를 위해 결단이 필요하다고 느꼈습니다. 그래서 정희는 결국 그 제안을 받아들이기로 결심하였고 도자기를 다시 집으로 가져왔습니다. 그날, 그녀는 고등어 한 마리를 사 들고 집으로 돌아왔습니다. 고등어는 빠듯한 형편 속에서 그들에게 사치나 다름없었지만, 오랜만에 식탁에 오른 특별한 음식은 어머니와 정희의 마음에 작은 위로와 온기를 전해주었습니다.

다음 날부터 정희의 새로운 일상이 본격적으로 시작되었습니다. 아침에는 대학 강의실로 향해 전공 수업에 집중했고, 오후에는 골동품 가게에 들러 낯선 물건들을 다루며 하나하나 일을 배워나갔습니다. 아직 손에 익지 않은 진열 정리나 손님 응대는 서툴렀지만, 정희는 실수 하나에도 배움으로 받아들이고 차분히 적응해 갔습니다.

해가 진 저녁이면 곧장 과외 수업이 이어졌습니다. 틈틈이 시간이 나면 영어와 수학 문제집을 펼쳐 들고, 학생의 눈높이에 맞춘 설명을 고민하며 늦은 밤까지 책상 앞을 지켰습니다. 몸은 피곤했지만, 새롭게 주어진 하루하루에 정희는 살아있음을 느꼈습니다.

정희는 문득 자신의 고3 때보다 훨씬 더 열심히 살고 있다는 사실을 느꼈습니다. 가게에서는 사장님의 꼼꼼한 가르침 속에 물건을 정리하고 감별하는 법을 익히며, 골동품의 가치를 판별하는 안목을 키웠습니다. 과외에서는 열정적으로 학생을 가르쳤습니다. 정희는 정해진 시간을 넘어서면서까지 학생의 이해를 돕기 위해 노력했고, 이러한 열정 덕분에 학생의 실력은 눈에 띄게 향상되었습니다. 시간이 흐르며 그녀가 가르쳤던 학생은 마침내 원하는 대학에 당당히 합격했습니다.

졸업이 다가올 무렵 정희는 한동안 잊고 지냈던 도자기가 문득 떠올랐습니다. 그리고 감정을 위해 도자기를 가게에 잠시 가져와 그동안 배워온 감정법을 떠올리며, 이번엔 스스로 감정해 보기로 했습니다. 그러나 결과는 충격적이었습니다. 그 도자기는 진품이 아니었을 뿐 아니라, 가품 중에서도 품질이 낮은 물건이었습니다. 믿을 수 없었던 정희는 사장에게 물었습니다.

"도자기가 가품이라는 걸 아셨을 텐데, 왜 그때 사실을 말하지 않으셨나요?"

사장님은 부드러운 미소를 지으며 답했습니다.

"그때 네가 보여준 간절함이 내 마음을 움직였어. 만약 내가 그 도자기가 가품이라고 말했다면, 너는 크게 실망하고 다른 곳에 또 진품 여부를 물어보러 다녔을 거고 아마도 너는 더 깊은 상처를 입었을 거야. 세상은 차갑고 냉정하니까. 하지만 누군가를 돕는 일이 내게도 행복을 줄 수 있다는 걸, 너를 통해 알게 됐어."

그 말에 정희는 참았던 눈물을 쏟고 말았습니다. 사장님은 손수건을 건네며 따뜻하게 웃어 보였고, 정희는 목이 멘 채로 고맙다는 말을 겨우 내뱉었습니다. 그날은 도저히 일을 계속할 수 없을 것 같아 사장님께 양해를 구하고 일찍 집으로 돌아가기로 했습니다. 눈가가 부어오른 얼굴로 가게에 있을 자신이 없었습니다.

집으로 돌아가는 길에 정희는 고등어 한 마리를 샀습니다. 엄마에게는 도자기가 가품이었다는 사실은 말하지 않았습니다. 대신 밝게 웃으며 이렇게 말했습니다.

"오늘은 마지막 아르바이트비가 나오는 날이니까 맛있는 고등어구이를 해 먹어요. 오랜만에 맛있는 음식 먹으면 힘이 날 거예요. 그리고 엄마, 이 도자기는 우리 집의 소중한 보물이니까 정말 힘든 날이 오면 그때 다시 생각해요."

정희는 끝없는 노력과 성실함으로 IMF라는 어려운 시기를 견뎌내며, 졸업과 동시에 값진 취업을 해냈습니다. 직장인이 된 정희는 가장 먼저 골동품 가게 사장님을 찾아가 감사의 마음을 전했습니다. 사장님은 따뜻한 미소로 그녀의 앞날을 축복하며, 마음을 다해 응원했습니다.』

골동품 사장님의 이야기

『세상이 참 어렵던 시절이었습니다. IMF 외환위기로 인해 골목마다 한숨이 가득하고, 하루가 멀다 하고 문을 닫는 가게들이 속출하던 때였죠. 사람들의 얼굴엔 근심이 가득했고, 희망이라는 단어는 너무 멀게만 느껴졌습니다. 제 골동품 가게도 그리 다르지 않았습니다. 사람들이 먹고살기 힘든 판국에 누가 골동품을 사겠어요? 진열장 안에 먼지가 쌓여가는 물건들을 보며, 저도 하루하루를 간신히 버티고 있었습니다.

그러던 어느 날, 초겨울의 찬 바람을 안고 얇은 코트 위로 스친 바람 탓인지 추위와 긴장으로 굳어 있는 한 여학생이 가게 문을 열고 들어왔습니다. 잠시 숨을 고른 그녀는 품에서 조심스레 도자기 하나를 꺼내 들고, 제게 말을 걸었습니다.

"안녕하세요. 이 도자기를 팔고 싶은데… 제값을 받을 수 있을까요?"

그녀는 차분히 자신의 사정을 이야기하기 시작했습니다. 아버지를 잃은 후, 어머니와 함께 어렵게 살고 있다는 이야기, 그리고 자신의 학비를 마련하기 위해 이 귀한 도자기를 팔아야 한다는 이야기였습니다. 그녀가 말을 하는 동안, 저는 그 도자기를 살펴보았습니다. 한눈에 가품임을 알 수 있었죠. 그것도 꽤 조악한 수준의 모조품이었습니다. 하지만 그 사실을 그녀에게 말할 수가 없었습니다. 그 도자기가 그녀에게는 가족의 추억이 담긴 유일한 희망일지도 모른다는 생각이

들었기 때문입니다.

잠시 고민한 끝에 저는 조심스럽게 말을 꺼냈습니다.

“시장 상황이 좋지 않으니, 지금은 파는 시기가 아닙니다.” 대신 이렇게 제안했습니다. “제 아들이 고등학교 2학년인데 공부가 조금 부족하니 학생이 과외를 맡아준다면, 이번 달 과외비를 선불로 드리겠습니다. 그리고 가게에서 일손을 조금 도와준다면 더 좋겠군요.”

그녀는 그 제안에 놀라워하면서도 한참을 망설였고 감사의 인사와 함께 제안을 받아들였습니다.

그날 이후로 정희는 제 가게에서 일을 시작했습니다. 낮에는 학교에 다니고, 오후에는 가게로 와 골동품 정리와 물건 분류를 배우며 일을 익혀갔습니다. 그녀는 일을 대할 때 항상 진지한 태도를 보였고, 작은 일도 허투루 넘기는 법이 없었습니다. 새로운 것을 배우는 데 열정적이었던 그녀는 제가 가르쳐준 물건 감별법과 가격 책정 방법을 꼼꼼히 메모하며 적극적으로 배웠습니다. 저녁에는 제 아들에게 과외를 해주었습니다. 처음에는 아들이 과외를 받는 걸 부담스러워했지만, 정희는 참 진심으로 가르치더군요. 약속된 시간을 넘어서까지 부족한 부분을 채우기 위해 애썼고, 그 진심은 결국 아들에게도 전해졌습니다. 몇 달이 지나자, 아들의 성적은 눈에 띄게 향상되었고, 자신감도 생겼습니다. 가게도 조금씩 활기를 되찾았고, 저희 가족은 정희가 점차 없어서는 안 될 존재로 자리 잡아 가고 있다는 걸 느꼈습니다.

시간이 흘러, 아들은 목표하던 대학에 당당히 합격했습니다. 그날 저녁, 우리는 조촐한 축하 파티를 열었고, 저는 정희에게 진심으로 감사의 인사를 전했습니다. 그녀는 겸손하게 웃으며 "저도 많은 걸 배웠어요"라고 말했습니다. 그 말이 어쩐지 더 깊은 울림으로 다가왔습니다.

며칠 후, 저는 우연히 그녀가 예전에 가져왔던 도자기를 꺼내 꼼꼼하게 살피는 모습을 보았습니다. 그리고 마침내, 그것이 가품임을 알아차린 듯 조심스럽게 저를 찾아와 물었습니다. "사장님, 그때 이 도자기가 가품인 걸 알고 계셨죠? 그런데 왜 말씀 안 하셨어요?"

잠시 정희를 바라보던 저는 웃으며 대답했습니다.

"정희야, 네가 처음 이 도자기를 가져왔을 때 나는 이미 가품이라는 걸 알고 있었단다. 하지만 네가 보여준 간절함이 내 마음을 움직였어. 만약 내가 그 도자기가 가짜라고 말했더라면, 너는 아마 더 큰 실망과 상처를 받았을 거야. 세상은 때로는 진심을 외면하지만, 나는 네가 스스로 일어설 수 있는 작은 기회를 주고 싶었어."

제 말을 들은 정희는 눈물을 흘렸습니다. 저는 말없이 손수건을 건네며 그녀를 위로했고, 정희는 떨리는 목소리로 고마움을 전한 후, 집으로 돌아갔습니다.

졸업 후 정희는 좋은 직장에 취업했고, 자신만의 삶을 당당히 꾸려가고 있습니다. 저 역시 그 시절 정희 덕분에 아들을 원하는 대학에 보낼 수 있었고, 가게도 안정세를 찾았습니다. 우리는 서로에게 중요한 존재가 되었고, 서로의 삶에 선한 영향을 주었습니다.

지금도 가끔 정희가 보내오는 엽서를 보며 그 시절을 떠올립니다.

엽서에는 매번 짧지만 마음이 남긴 글이 적혀 있습니다.

"사장님께서 해주신 말씀, '진정한 선행은 누군가를 올바르게 성장하게 돕는 것'이 제 마음속에 늘 남아 있습니다. 그래서 저도 누군가의 삶에 작은 힘이 되기 위해, 따뜻함을 베풀며 살아가려 항상 노력하고 있어요."

그 문장을 읽을 때마다 저는 가슴 깊이 벅차올랐습니다. 제가 건넨 한마디가 그녀의 삶에 씨앗이 되어 자라나고, 다시 누군가에게 전해지고 있다는 사실이 얼마나 기쁜지 모릅니다.』

이 이야기들을 통해 저는 선행의 또 다른 의미를 전하고 싶었습니다. 우리는 흔히 선행을 정기적인 기부나 봉사활동처럼 눈에 보이는 행동으로만 생각하곤 합니다. 물론 그런 행위들도 아름답고 소중하지만, 선행은 꼭 거창한 방식으로만 이루어지는 것이 아닙니다. 때로는 누군가의 삶에 작은 희망의 씨앗을 심고, 그들이 스스로 일어설 수 있도록 먼저 손을 내미는 것에서 시작됩니다. 그것이야말로 진정한 선행의 본질이라는 깊은 깨달음을 얻게 되었습니다.

우리 주변에도 도움과 성장이 필요한 사람들이 반드시 있습니다. 선행은 멀리 있는 거창한 일이 아니라, 가까운 이웃에게 작은 희망을 주고 더 나은 삶을 살도록 돕는 데서 시작됩니다. 그런 작은 선행들이 쌓여, 우리의 삶뿐 아니라 영혼까지 성장하게 만듭니다.

좋은 카르마는 그렇게 만들어지고, 그 영향력은 우리가 상상하는 것보다 훨씬 멀리 퍼집니다. 오늘 당신이 베푼 작은 선행이 누군가의 인생을 바꾸고, 그 인연이 또 다른 인연으로 이어져 선한 순환을 만들어가는 세상. 그것이 바로 우리가 함께 만들어가야 할 세상이 아닐까, 저는 그렇게 믿습니다.

"Kindness is a language which the deaf can hear and the blind can see."(친절은 귀가 들리지 않는 이도 들을 수 있고, 눈이 보이지 않는 이도 볼 수 있는 언어다.) - 마크 트웨인

기부, 우리의 고민

길을 걷다 보면, 멀쩡한 보도블록이 교체되는 광경을 종종 목격하게 됩니다. 얼마 전에도 저는 아내와 함께 걷던 중 이런 장면을 보았습니다. 아내는 그 모습을 바라보다가 깊게 한숨을 쉬며 말했습니다.

"우리가 보기에는 걷는 데 전혀 불편이 없어 보이는데, 만약 그 돈이 자기 돈이라면 정말 저렇게 멀쩡한 보도블록을 교체했을까?"

그 말에 저는 말없이 고개를 끄덕였습니다.

물론 보행자의 안전을 위해 눈이나 비로 인한 미끄러움을 방지하는 목적에서 유지·보수가 이루어지며, 동시에 도로를 깨끗하게 하고 고용을 창출한다는 점에서 나름의 필요성도 있습니다. 그러나 그 비용이 더 시급한 곳에 쓰일 수는 없었는지에 대한 의문은 쉽게 사라지지 않았습니다. 이처럼 '보이는 변화'에 집중하다 보면, 정작 '보이지 않는 필요'는 뒤로 밀려나기 마련입니다. 이런 모습을 보며 세금의 효율적인 사용에 대해 의문과 함께 씁쓸한 감정이 들기도 했습니다.

그날 아내의 한숨에는 단순한 불평이 아니라, '겉으로 보이는 변화'에만 몰두하는 사회의 습관에 대한 안타까움이 담겨 있는 듯했습니다.

도시의 표면은 점점 깨끗해지고 새로워지지만, 그 아래에서 보이지 않게 힘들어하는 사람들의 삶에는 여전히 무관심하다는 생각이 들었습니다.

'우리가 겉모양의 개선에만 집중하느라, 정작 더 시급하고 본질적인 문제를 놓치고 있는 건 아닐까?'

그 질문은 자연스럽게 기부에 대한 고민으로 이어졌습니다.

보도블록 교체를 보며 느꼈던 불편함은, 어쩌면 기부를 대하는 우리의 태도와도 닮아 있었습니다.

우리는 종종 눈에 보이는 '행위'에 집중하지만, 그 행위가 정말 필요한 곳에 닿는지까지는 깊이 들여다보지 못하곤 합니다.

기부 역시 누군가의 필요를 채우려는 선한 의도에서 시작되지만, 그 돈이 실제로 어떻게 쓰이는지에 대해서는 많은 사람들이 불확실함을 느낍니다. 특히 대형 기부 단체의 경우, 규모가 커질수록 건물 유지비, 직원 인건비, 홍보비 등 운영비가 증가하며, 기부금 일부가 단체 운영에 사용됩니다. 이는 단체가 지속적으로 활동하기 위해 필수적인 구조이지만, 그로 인해 실제로 전달되는 기부금이 줄어들고, 기부자가 바라는 선한 의도가 필요한 곳에 닿는지 확인하기 어렵다는 고민을 남깁니다.

몇 년 전, 한 대형 기부 단체가 '어려운 환경에 처한 노인들을 돕자'라는 캠페인을 열었습니다. 감동적인 영상과 호소력 있는 메시지로 막대한 기부금이 모였지만, 몇 달 뒤 언론 보도를 통해 대부분의 기부금이 운영비와 홍보비, 관계자 개인적 용도로 쓰였고, 실제 지원은 거의 이루어지지 않았다는 사실이 드러났습니다. 이 소식에 많은 사람들은 실망과 배신감을 느꼈고, 자신들의 기부가 진정한 의미를 지니고 있는지 의문을 품게 되었습니다.

그 일을 계기로, 많은 사람들이 '기부의 방향'을 다시 생각하기 시작했습니다.

화려한 캠페인보다는, 이웃의 어려움을 직접 살피고 손을 내미는 '작은 실천'이 더 가치 있다는 것을 깨달았습니다.

직접적인 나눔은 기부금이 보다 온전히 필요한 곳에 전달될 수 있고, 기부자가 사용 과정을 직접 확인할 수 있다는 장점이 있습니다.

무엇보다도, 그런 직접적인 나눔은 단지 물질을 전달하는 행위를 넘어, 사람과 사람을 이어주는 관계의 온기를 만들어 냅니다. 그 과정에서 도움을 주는 사람은 '주는 기쁨'을, 도움을 받는 사람은 '존중받는 감정'을 경험하며 서로의 삶이 조금씩 변하기 시작합니다. 이처럼 마음이 오가는 나눔은 단순한 지원을 넘어, 변화의 씨앗이 되는 힘을 가집니다.

결국 이러한 경험을 통해 알 수 있는 것은, 기부의 진정한 가치는 일시적인 경제적 지원이 아니라, 누군가의 삶에 실질적 변화를 일으키는 데 있다는 점입니다. 사람이 스스로 삶을 주체적으로 일구고 성장할 수 있도록 곁에서 지켜보고 함께하는 과정은, 단순한 도움을 넘어 오래도록 깊은 울림과 지속적인 변화를 남깁니다.

저는 아내와 이러한 주제를 두고 종종 대화를 나눕니다. 그녀는 이렇게 말했습니다.

"그래도 만 원을 기부하는 그 마음 자체가 선행이고 아름다운 일 아닐까? 신이 있다면 우리의 마음을 아시고 기뻐하시지 않을까?"

그 말을 들으며 저는 고개를 끄덕였습니다. 기부라는 행위 자체는 분명 의미 있는 일이라고 생각하기 때문입니다. 하지만 제 마음속에는 조금 더 깊이 고민하고 싶은 부분이 있어 이렇게 덧붙였습니다.

“물론 만 원을 기부하는 것은 선한 의도로 출발한 일이야. 하지만 그 만 원이 실제로 누군가의 삶에 변화를 주지 못한다면, 단순한 자기만족에 그칠 수도 있어. 진정한 기부와 선행은 누군가의 삶을 변화시키고, 함께 성장하는 과정이 되어야 하지 않을까? 나는 또한 우리가 쌓는 선행이 지금이나 미래, 그리고 다음 생에도 긍정적인 영향을 줄 수 있다고 믿어.”

기부는 개인의 선택입니다. 하지만 그 선택이 더 많은 이들에게 좋은 영향을 줄 수 있도록 고민하고 행동하는 것 역시 우리의 몫입니다. 선한 마음이 좋은 결과로 이어지려면 지혜와 성찰이 필요합니다.

“좋은 일을 할 때 가장 중요한 것은 그것이 다른 사람의 삶에 어떤 영향을 미칠지 생각하는 것이다.” - 존 C. 맥스웰

돈을 넘어, 뜻을 남기며

한 젊은 여성이 있었습니다. 이름은 수진. 그녀는 스물여섯의 나이에 이름조차 생소한 희귀병을 앓고 있었습니다. 몸 곳곳에 통증을 유발하는 종양이 자라났고, 그 고통은 상상 이상이었습니다. 하지만 수진은 늘 웃음을 잃지 않았습니다. 병원 복도에서 마주친 사람들에게 먼저 인사를 건네고, 또 다른 병으로 입원해 있는 아이들에게 작은 선물을 나누며,

"우리 꼭 나을 수 있어요"라고 말하곤 했습니다.

그녀의 이야기가 방송을 통해 알려지자, 수많은 사람들이 마음을 모았습니다. SNS에는 응원의 메시지가 넘쳐났고, 모금 단체에는 기적을 바라는 손길이 이어졌습니다.

"수진 씨가 수술을 받을 수 있기를 바랍니다."

"당신의 용기에 감동받았습니다."

그렇게 짧은 시간에 수억 원이라는 거액이 모였습니다. 사람들은 그녀를 돕고 싶었고, 그녀의 삶이 이어지기를 간절히 바랐습니다. 그러나 기적은 오지 않았습니다. 수진은 수술을 받기도 전에 세상을 떠났습니다.

하지만 그녀의 죽음 이후, 남겨진 기부금을 두고 갈등이 시작되었습니다. 유족은 그것이 수진의 이름으로 모인 돈이니 당연히 가족에

게 귀속되어야 한다고 주장했고, 기부 단체는 처음 모금의 취지가 '희귀병 환자를 돕기 위한 것'이었으니 같은 질환으로 고통받는 환자들을 위해 쓰여야 한다고 맞섰습니다. 결국 분쟁은 법정으로까지 이어졌습니다.

이와 비슷한 실제 사례도 있습니다. 희소병으로 투병하다 세상을 떠난 또 다른 젊은 여성의 경우, 그녀를 돕기 위해 모인 후원금을 두고 유족과 재단이 치열하게 다툰 사건이 있었습니다. 1심 법원은 "기부금은 환자와 가족을 위한 것"이라며 유족의 손을 들어주었지만, 항소심은 "단체가 공익 목적으로 관리해야 할 기부금"이라며 정반대의 판단을 내렸습니다. 같은 사실을 두고도 전혀 다른 해석이 나온 것입니다.

이런 이야기는 우리에게 깊은 질문을 던집니다. 기부란 과연 무엇인가?

많은 사람들은 누군가의 아픔 앞에서 선뜻 지갑을 엽니다. 그 행위가 곧 '그 사람'을 돕는 일이라 믿습니다. 하지만 정작 돈의 주인과 사용처, 목적을 둘러싸고 갈등이 벌어지는 순간, 기부의 본질은 희미해지고 맙니다. 선의로 시작된 일이 오히려 분쟁과 상처로 끝나는 현실은 우리를 안타깝게 합니다.

기부는 단순히 돈을 건네는 것이 아니라, 누군가의 삶을 지탱하고, 더 넓게는 사회 전체의 희망을 키우는 약속입니다. 그 약속이 불분명하면, 기적을 바란 마음은 오히려 상처로 남습니다. 그렇기에 기부자는 '내가 내는 돈이 누구를 위한 것이며, 어떤 방식으로 쓰일 것인가'

를 분명히 알고 참여해야 하고, 단체와 유족 역시 '투명하고 신뢰할 수 있는 절차'를 반드시 지켜야 합니다.

우리가 여기서 진정으로 깨달아야 할 점은, 기부의 진짜 가치는 돈 자체가 아니라 그 돈에 담긴 뜻과 마음이라는 것입니다. 수진을 살리기 위해 모인 사랑이 그녀의 죽음과 함께 멈추어서는 안 됩니다.

기부는 나의 선의를 넘어, 사회를 더 따뜻하게 만드는 순환의 씨앗입니다. 씨앗이 어디에 뿌려질지 분명히 하고, 그 과정이 투명하다면, 우리의 작은 마음은 누군가의 삶을 밝히는 등불이 될 수 있습니다. 그리고 그 등불은 또 다른 어둠 속의 누군가에게 길이 되어줄 것입니다.

이제 우리는 다시 묻고, 고민해야 합니다.

"나는 무엇을 위해 기부하는가? 그리고 그 마음이 어떻게 이어지기를 바라는가?"

변화를 이끄는 손길

『도시는 화려한 불빛으로 가득 차 있었지만, 윤태준의 얼굴은 그 빛을 받아들이지 못한 채 어둠에 잠겨 있었습니다. 한때 무대 위에서 수많은 관객의 시선을 사로잡던 그의 눈동자는 이제 형체 없는 그림자를 쫓고 있었습니다. 연기에서는 늘 인정받았고, 박수와 찬사는 그의 일상이었지만 그 모든 영광은 그의 마음을 채우지 못했습니다. 그는 늘 무언가를 갈망했고, 그 갈망은 결국 다른 꿈으로 이어졌습니다. 연기로 번 돈으로 그는 오랜 시간 품어온 꿈, 자신의 식당을 열며 배우에서 사업가로 자신을 다시 세우려 했습니다. 무대 밖에서도 성공할 수 있다는 믿음은 그를 움직였습니다.

처음엔 모든 것이 잘 풀리는 듯했습니다. 식당은 입소문을 타며 손님들로 북적였고, 그는 주방에서 직접 요리를 하며 손님들과 웃음을 나눴습니다. 그러나 그 웃음은 오래 가지 않았습니다. 갑작스러운 '돼지 콜레라' 파동으로 삼겹살 수요는 급감했고, 설상가상으로 믿었던 동업자는 위기 앞에서 먼저 등을 돌렸습니다. 계약서 속 독소 조항과 법적 장치는 그의 손발을 묶어 결국 전 재산을 앗아갔고, 식당은 불과 1년여 만에 문을 닫고 말았습니다. 법은 예상보다 훨씬 냉정했으며, 어떤 호소도 그 틈을 파고들 수 없었습니다. 파산신청서를 제출한 날, 거울 속에 비친 자신의 얼굴이 낯설게 느껴졌습니다. 법적 절차가 마무리되기 전까지, 그의 손에 남은 것은 여전히 벗어나지 못한 빚과 무너진 자존심뿐이었습니다.

한때 곁에 머물던 사람들도, 그가 더 이상 기대할 만한 존재가 아니게 되자 모두 등을 돌렸습니다. 절망은 예고 없이 그의 일상을 갉아먹었고, 윤태준은 결국 손쉬운 탈출구를 찾기 시작했습니다. 도박은 그렇게 스며들었습니다. 처음엔 그저 기분을 전환하기 위한 수단이었습니다. 돈을 따는 건 중요하지 않았으며, 오히려 그의 실패에 대하여 잊고 싶었습니다. 하지만 어느 날 찾아온 '한 번의 대승'이 모든 걸 뒤흔들었습니다.

결국 그 승리는 승리가 아니라 환각으로 바뀌게 되었습니다. '이번 판만 잘되면, 다시 시작할 수 있어'라는 착각 속에서 그는 빠르게 무너져갔습니다. 도박은 어두운 골목의 불빛 같았습니다. 멀리서 보면 희미하게 빛나는 것처럼 보였지만, 가까이 다가설수록 그 안은 텅 비어 있었습니다. 그는 스스로에게 "잠깐만", "이번만"이라며 끊임없이 핑계를 주입했고, 점점 더 깊은 곳으로 가라앉았습니다.

오히려 빚은 눈덩이처럼 불어났고, 그의 삶은 속절없이 더욱더 무너져갔습니다. 모두가 그에게 등을 돌렸지만 끝까지 등을 돌리지 않은 단 한 사람이 있었습니다. 바로, 한때 같은 무대 위에 섰던 친구 강현우였습니다. 강현우는 연기를 접고 일찍이 연출의 길로 전향해 지금은 주목받는 감독으로 자리 잡은 인물이었습니다. 그는 윤태준이 도박에 빠졌다는 소식을 듣고, 그와 만나는 것을 쉽게 결정하지 못했습니다. 한때 함께 꿈을 나눴던 친구를 외면할 수도 없었고, 그렇다고 지금의 그를 그대로 받아들이기도 힘들었습니다. 며칠 밤을 고민한 끝에, 강현우는 마침내 윤태준을 찾아갔습니다. 그에게 필요한 건 비난도 동정도 아닌, 누군가 끝까지 포기하지 않고 지켜봐 주는 한 사람이란 걸, 누구보다 강현우 자신이 알고 있었기 때문입니다.

"태준아, 너 이렇게 살다간 진짜 인생 끝나."

강현우의 말에 윤태준은 웃음인지 체념인지 모를 표정을 지으며 소주를 들이켰습니다. 그 웃음은 울음보다 싸늘했고, 술은 그에게 더는 마취제가 아니었습니다.

"난 이미 끝났어. 그냥 천천히 흙먼지로 스러지는 중이지."

"그래도 멈출 순 있잖아."

"무너진 걸 멈추면, 그냥 폐허만 남아."

잠시 침묵이 흘렀고, 태준은 술잔을 내려놓으며 말끝을 흐렸습니다.

"미안한데… 혹시 돈 좀 빌려줄 수 있어? 마지막이야. 이번만 잘되면…."

강현우는 그 눈빛을 똑바로 바라보았습니다. 그 눈빛만으로도, 윤태준이 얼마나 깊이 도박에 빠져 있는지 알 수 있었습니다. 윤태준이 필요한 건 돈이 아니라 무너지기 위한 마지막 허락을 구하고 있었습니다. 그는 이제 도박이라는 늪에서 빠져나올 기회를 스스로 포기해 버리려 하고 있었습니다.

강현우는 고개를 저었습니다.

"태준아, 돈을 빌려주는 게 널 돕는 게 아니야. 넌 지금 빠져나와야 해. 도박으로는 절대 삶이 나아지지 않아."

그 말이 끝나기 무섭게, 윤태준은 울컥하며 소리쳤습니다.

"네가 그러고도 친구야?"

그의 목소리에는 분노보다는 오히려 절망이 묻어 있었습니다. 가슴 깊은 곳의 상처가, 공격적인 말투로 터져 나온 것이었습니다. 그 말은 칼처럼 강현우의 가슴을 베었습니다. 한때 밤새며 서로의 꿈을 이야기하던 그 시절이, 순식간에 먼지처럼 흩어지는 듯했습니다. 강현우는 아무 말도 하지 못했습니다. 입술이 움직이지 않았고, 어떤 말도 의미 없을 것처럼 느껴졌습니다. 마음은 무겁고 고통스러웠습니다.

"그럼 내가 할 수 있는 것이 뭐가 있는데…."

윤태준의 목소리는 이제 분노가 아닌, 두려움과 초조함으로 떨리고 있었습니다.

"넌 지금 그냥, 더 망가져도 괜찮다고 말해달라는 거잖아."

"네가 뭘 안다고 그래!"

윤태준이 소리쳤습니다. 그 외침엔 분노보다 더 오래된 무언가, 울지도 못한 상처의 흔적이 서려 있었습니다.

그 순간, 강현우는 더 이상 말로는 설득할 수 없다는 것을 직감했습니다.

"나도 잘 몰라. 다만, 네 옆에 있는 것 정도는 할 수 있어."

지금 이 친구에게 필요한 건 조언이 아니라, 끝까지 곁을 지키며 함께 버텨주는 사람이었습니다. 그날 밤, 두 사람은 오랜 시간 말없이 벤치에 앉아 있었습니다.

며칠 후, 강현우는 먼지 쌓인 자료 속에서 윤태준의 옛날 연기 영상을 꺼내 들었습니다. 카메라 앞에서 신들린 그의 연기는 다시 봐도 놀라웠습니다. 그 재능은 단 한순간도 사라진 적 없었습니다.

그리고 그 순간, 강현우의 머릿속에 번뜩이는 생각이 스쳤습니다. 윤태준이 이제야 진짜 이야기를 시작할 수 있다는 것을.

상처 입고 무너졌던 시간들이, 오히려 그를 더 깊은 사람으로 만들었고 그 깊이만이 꺼낼 수 있는 서사, 그 무게만이 표현할 수 있는 연기가 있다는 것을 말입니다.

과거엔 그의 재능으로 연기를 흉내 냈지만, 이제 그는 그것을 '살아내고' 있었습니다. 고통을 겪어본 사람만이 닿을 수 있는 감정의 언어가 있었고, 그 언어를 윤태준은 더 이상 흘리지 않고, 정면으로 마주하며 말하고 있었습니다.

다음 날, 결심을 굳힌 강현우는 여러 감독들을 찾아다니기 시작했습니다. 그러나 윤태준의 이름을 꺼낼 때마다 돌아오는 것은 싸늘한 반응뿐이었습니다. 그럼에도 불구하고 강현우는 포기하지 않았습니다. 그는 영화계에서 인맥 없이는 아무것도 이룰 수 없다는 사실을 누구보다 잘 알고 있었기에, 단 한 번의 기회를 얻기 위해 직접 발로 뛰었습니다. 그는 태준을 단순히 돕는 것을 넘어, 진정한 배우로 다시 설 수 있는 마지막 기회를 주고 싶었습니다.

"윤태준에게 기회를 줄 수 있는 사람은 당신뿐입니다."

강현우는 감독 한 명 한 명에게 간절하게 말했습니다. 감독은 잠시 강현우를 바라보다가 말했습니다.

"그가 연기를 할 수 있다고? 그동안의 그의 모습은 그저 실망뿐이었는데."

몇 명은 고개를 절레절레 흔드는 반응이었고, 다른 몇 명에게선 짧은 웃음 뒤 조롱 섞인 말들이 돌아왔습니다. 하지만 강현우는 포기하지 않았습니다.

"그가 다시 시작할 수 있도록 도와주셨으면 합니다. 예전에 저와 함께 일하셨을 때 보여주신 통찰력과 안목을 믿습니다. 무너진 인물을 진짜로 잘 연기할 수 있을 겁니다. 그를 믿어주신다면, 분명 좋은 결과가 있을 거예요."

몇 번의 설득 끝에, 한 감독이 마침내 그의 말을 믿고 윤태준에게 조연 역할의 기회를 주기로 결심했습니다.

며칠 후, 강현우는 윤태준을 찾아왔습니다. 기쁜 마음이 먼저였지만, 윤태준 앞에선 조심스러워졌습니다. 말을 꺼내기까지 잠시 침묵이 흘렀습니다.

"태준아."

"…또 무슨 말 하려고."

현우는 잠시 머뭇거리다가 말했습니다.

"기회가 하나 있어. 이번 주 금요일 오디션이야. 내가 어렵게 부탁해서 만든 자리야."

태준은 대답하지 않았고 손가락 끝이 미세하게 떨리고 있었습니다. 강현우는 그의 침묵을 기다렸습니다.

"이번이 마지막이야. 진짜야."

태준은 창밖을 보며 낮게 중얼거렸습니다.

"만약 이번에도 잘못되면, 그냥 다 포기할까 해."

현우는 한참을 말없이 앉아 있다가, 머쓱하게 웃으며 말했습니다.

"…그럼 이번이 마지막이라고 생각하고 잘해. 제발, 나도 이젠 무섭거든."

태준의 어깨가 조금 떨렸습니다. 그가 고개를 숙인 채 낮게 말했습니다.

"현우야… 미안해…. 그리고 고마워…."

현우는 잠시 그를 바라보다 피식 웃었습니다.

"고마우면, 다시 재기 성공해서 맛있는 거나 사…."

윤태준은 다시 카메라 앞에 섰습니다. 그의 눈빛에는 여전히 두려움이 남아 있었지만, 그 안에는 이전과 다른 결심도 엿보였습니다.

첫 리딩에서 그는 대사 중간에 자주 멈칫했고, 감정의 결은 아직 미세하게 흔들렸습니다. 목소리는 간혹 끊겼지만, 그 안에는 무언가 살아 있는 진심이 느껴졌습니다.

며칠 뒤, 태준은 합격 통보를 받았습니다. 감독은 한마디로 결정 이유를 설명했습니다.

"불안정했지만, 진짜였어. 가짜 눈물 말고, 나는 그걸 원했어."

그날 이후, 윤태준은 다시 카메라 앞에 서기 위해 매일 새벽 조그만 연습실에서 홀로 대사를 읊었습니다. 욕설이든 절규든, 낮은 독백이든, 그는 자신 안의 언어를 다시 끌어올리고 있었습니다. 그런 노력 끝에, 그의 목소리는 조금씩 되살아났고, 감정도 서서히 제자리를 찾기 시작했습니다. 그는 연습실에서 대사에 집중하며, 몸 안에서 들끓는 도박의 충동과 묵묵히 싸워야 했습니다. 연기만이 그를 금단의 어둠에서 버티게 해주었습니다. 도박을 하고 싶다는 마음은 하루아침에 사라지지 않았고 한 번씩 불쑥 찾아오는 유혹의 감정은 여전히 그를 휘청이게 했지만, 그는 그럴 때마다 연기에 더 깊이 몰입했습니다. 매일 새벽, 고요한 연습실에 혼자 남아 대사를 되뇌며 그는 마음속 혼란을 정돈해 갔습니다. 그 과정은 고통스러웠지만, 동시에 회복이었습니다. 잃어버린 감각을 되찾고, 무너진 자신을 다시 세워 나가는 느리고 조용한 싸움이었습니다.

첫 촬영 날, 그의 손은 떨렸고 눈빛은 흔들렸지만, 시간이 흐를수록 감정이 살아나고, 대사에 온기가 돌기 시작했습니다.

그렇게 윤태준은, 조금씩 '연기하는 사람'으로 돌아오고 있었습니다.

마침내 영화가 개봉하는 날, 윤태준은 더 이상 도박에 무너졌던 과거의 그림자 속에 있지 않았습니다. 그날 그는, 새로운 시작 앞에 선 사람이었습니다. 스크린 속에서 그는 과거의 자신을 지워내는 것이 아니라, 그 모든 시간을 끌어안은 채 진짜 배우 윤태준으로 살아가고 있었습니다.

영화가 개봉되자 예상보다 더 큰 반응을 불러일으켰습니다. 평단은 그의 연기에 진심이 담겨 있다고 평했고, 시사회장에서도 관객들은 깊은 울림을 느꼈습니다.

"저의 잘못으로 인해 실패하고 무너졌습니다. 하지만 저는 포기하지 않았습니다. 그리고 다시 이 자리에 설 수 있도록 곁에서 함께해주고 힘이 되어 준 현우에게 진심으로 감사드립니다. 오직 연기에 몰두하는 시간만이 모든 것을 잊게 해주었습니다."

무엇보다 윤태준이 직접 자신의 지난 시간을 솔직하게 털어놓은 인터뷰는, 오히려 더 많은 이들이 영화에 다가가게 했습니다. 그의 진심은, 연기만큼이나 진한 감동을 남겼습니다.

시사회가 끝난 후, 강현우는 윤태준의 어깨를 조용히 두드리며 말했습니다.

"넌 해낸 거야. 이제 다시 시작하는 거야."

윤태준은 담담하게 미소 지었습니다.

"고마워, 현우야. 다 네 덕분이야. 이번엔… 정말 놓치지 않을 거야."

그렇게 윤태준은 다시 배우로서의 길 위에 섰습니다. 그의 재기는 단순한 복귀가 아니라, 스스로를 믿고 넘어졌던 길 위에서 다시 걸음을 내딛는, 깊고도 값진 여정이었습니다. 이 경험은 그에게 가장 값진 연기 수업이었고, 동시에 인생의 새로운 챕터였습니다.

몇 주 후, 어느 한적한 골목의 작은 식당. 따뜻한 조명이 스며드는 테이블 너머로 윤태준이 조심스레 입을 열었습니다.

"현우야… 고마워. 내 삶을 다시 찾을 수 있게 해줘서. 이제는 어떤 일에도 도망치지 않을 거야."

강현우는 말없이 웃으며 고개를 끄덕였습니다.

"넌 지금, 다시 성장하며 살아가는 중이야. 그걸로 충분해."』

어려운 시기를 지나며 가장 중요한 것은, 스스로 자신의 문제를 극복할 수 있다는 믿음을 가지는 일이라고 생각합니다. 그리고 그 과정을 곁에서 함께 지켜봐 주는 사람이 있다면 큰 힘이 됩니다. 누군가에게 다시 일어설 기회와 믿음을 건네는 순간, 그 선행은 단순한 도움을 넘어 깊은 울림을 남기고, 오래도록 지속되는 변화를 만들어냅니다.

2) 물결이 퍼지듯 당신을 알아갑니다

우리는 살아가며 수많은 사람들과 관계를 맺고, 그 속에서 끊임없이 소통합니다. 그런데 종종 상대를 이해하기보다는 자신의 관점에서만 바라보곤 합니다. 이는 우리가 가장 익숙한 자신의 시각을 기준으로 세상을 해석하려 하기 때문입니다. 자연스러운 일이지만, 이런 태도가 지속되면 진정한 소통과 깊은 관계를 만드는 데 어려움이 생깁니다.

상대의 입장에서 생각한다는 것은 단순히 말과 행동을 이해하는 데 그치지 않고, 그들의 상황과 감정을 상상하며 삶의 맥락까지 이해하려는 노력을 포함합니다. 이는 상대를 존중하고 배려하는 마음을 키우는 데 중요한 역할을 합니다. 예를 들어, 누군가의 무뚝뚝한 말투나 예민한 반응을 마주했을 때 흔히 성격 탓이라 단정하기 쉽습니다. 그러나 그 말투 뒤에 숨겨진 감정이나 상황을 헤아리려 한다면, 선입견을 넘어 새로운 통찰을 얻을 수 있습니다. 어쩌면 그들은 말하지 못한 어려움 속에 있거나 큰 부담을 안고 있을지도 모릅니다. 이런 시선으로 바라볼 때 비난보다는 공감이, 오해보다는 이해가 자리잡게 됩니다.

타인의 입장을 헤아리는 일은 원활한 관계를 만드는 데 그치지 않고, 우리 자신을 성장시키는 과정이기도 합니다. 우리는 그들의 삶과 가치관을 배우며 세상을 더 다채롭게 바라보는 법을 익힐 수 있습니다. 이는 경험과 관점이 제한적일 수 있음을 인정하고, 열린 마음으로 타인의 생각과 감정을 받아들이도록 돕습니다.

또한, 이러한 태도는 문제 해결에도 유용합니다. 갈등이나 오해가 생겼을 때 상대의 감정을 먼저 이해하려 하면 대화가 원활해지고 더 나은 해결책을 찾을 수 있습니다. 물론 쉽지 않은 순간도 있습니다. 특히 감정적으로 예민할 때는 타인의 입장을 헤아리기가 어렵습니다. 그럴 때일수록 잠시 멈추고 상황을 다시 되짚어 보는 것이 중요합니다.

결국, 다른 시선으로 세상을 바라보는 연습은 우리를 더 깊은 관계로 이끌고, 삶을 더욱 풍요롭고 따뜻하게 만듭니다. 그런 삶은 피상적인 행복을 넘어, 더 깊고 아름다운 가치를 품은 삶이 될 것입니다. 그 과정에서 우리는 서로를 존중하고 더 큰 사랑과 이해를 나누는 사람으로 성장하게 됩니다. 어쩌면 지금 우리 시대에 진정으로 필요한 것은 더 많은 정보나 빠른 판단이 아니라, 깊은 이해일지도 모릅니다.

현숙이와 딸랑이

현숙은 결혼에 대한 깊은 트라우마를 가지고 있었습니다. 결혼 후 단 1년 만에 이혼을 경험한 그녀는, 다시는 결혼은 없을 거라며 단호히 선언했습니다. 결혼 생활은 행복과는 거리가 멀었고, 그녀는 전남편을 마음속 깊이 미워했습니다. 상처로 얼룩진 지난날을 떠올릴 때마다 결혼이라는 단어만으로도 숨이 막힐 듯한 기분이 들었습니다.

이혼 후, 현숙이는 한동안 누구에게도 마음을 열지 않았습니다. 사랑이란 감정 자체를 믿을 수 없었고, 다시 누군가를 받아들이는 것이 두려웠습니다. 그러나 시간이 흐르면서 마음의 상처가 조금씩 아물었고, 그 과정에서 형철이라는 새로운 사람을 만나게 되었습니다. 그는 따뜻하고 배려심 깊은 사람이었고, 그런 그의 모습에 현숙은 조금씩 마음을 열기 시작했습니다. 하지만 그녀의 입장은 여전히 확고했습니다.

"혹시 결혼 생각 있으면 우리 지금 헤어지자."

현숙의 단호한 말에 형철은 잠시 망설였지만, 그녀를 사랑하는 마음에 이렇게 답했습니다.

"알았어. 우리 그냥 연애만 하자."

그의 대답은 그녀의 마음을 다독였지만, 동시에 형철에게는 그 말이 무언의 다짐처럼 느껴졌습니다. 그녀를 잃지 않기 위해 내뱉은 말이었지만, 마음속 깊이 의문이 스며들기 시작했습니다.

'나는 정말로 연애만으로 만족할 수 있을까? 시간이 흐르고 서로에게 더 깊이 스며들었을 때에도, 이 관계는 영원히 결혼이라는 문턱을 넘지 못한 채 머물러야 하는 걸까?'

형철은 이런 물음들을 스스로에게 되뇌곤 했습니다. 그 질문들은 단순한 궁금함이 아니라, 그가 마음속에서 끊임없이 씨름하는 불안과 아쉬움의 표현이었습니다.

사랑하는 사람과 함께한다는 건 단지 연애라는 형식만으로는 부족하다고 느끼는 순간들이 있었고, 누군가의 삶에 '함께한다'는 이름을 붙이고 싶을 만큼 진심이 깊어질 때면, 형철은 더더욱 혼란스러워졌습니다.

그러나 그는 섣불리 말하지 않았습니다. 그녀가 결혼이라는 말만 들어도 숨이 막히는 이유를 알았기에, 자신의 욕심이 그녀의 상처를 자극하지 않기를 바랐습니다.

그래서 그는 묻는 대신, 참는 쪽을 택했습니다.

한편, 현숙은 전남편과 이혼한 후 외로움을 달래기 위해 한 마리의 강아지를 분양받았습니다. 그녀는 강아지에게 '딸랑이'라는 이름을 붙였고, 딸랑이는 그녀에게 그저 평범한 반려동물이 아니라 가족 그 이상의 존재가 되었습니다. 하루 종일 현숙을 기다려 주고, 말없이 곁을 지켜주는 딸랑이는 그녀에게 안정감과 위로를 온전히 전해주는 존재였습니다.

형철 역시 딸랑이를 귀여워하며 함께 시간을 보냈습니다. 그런데 어느 날, 딸랑이가 무엇 때문인지 점점 기운을 잃고 시름시름 앓기 시작했습니다. 현숙은 놀란 마음으로 급히 딸랑이를 동물병원으로 데려갔습니다.

동물병원에서는 보험이 적용되지 않아 대부분의 진료비가 비쌌습니다. 수의사는 각종 검사를 권유했고, 딸랑이의 상태를 진단한 끝에 수술이 필요하다고 했습니다. 수술 비용은 약 7백만 원. 상당히 큰 금액이었지만, 현숙은 단 1초도 망설이지 않았습니다.

"해주세요. 돈은 상관없어요. 딸랑이가 나을 수만 있다면."

그 순간, 옆에서 지켜보던 형철은 놀라움과 복잡한 감정을 느꼈습니다. 그는 평소 데이트 비용을 대부분 부담하며 그녀를 아낌없이 챙겼지만, 막상 딸랑이를 위한 그녀의 이 결정을 보며 마음 한편에 서운함이 밀려왔습니다. 형철은 사랑하는 연인을 위해서라면 무엇이든 아끼지 않는 사람이라 생각했지만, 지금 이 상황에서 그는 문득 자신의 존재가 그녀에게 어떤 의미인지 되묻게 되었습니다.

그로부터 며칠 지나, 형철의 생일이 다가왔습니다. 하지만 현숙은 딸랑이의 병간호에 신경을 쏟느라 그 사실을 까맣게 잊고 말았습니다. 생일 당일에 그는 조심스럽게 물었습니다.

"우리 오늘 뭐 할까?"

그제야 형철의 생일을 떠올린 현숙은 다급히 외식을 제안하며 미안한 마음을 전했습니다. 하지만 형철의 마음속에는 이미 작은 서운함이 고요히 내려앉아 있었습니다.

딸랑이의 고통 앞에서 주저 없이 지갑을 열고, 밤새 옆을 지키던 현숙. 그녀의 사랑은 깊고 헌신적이었지만, 그 사랑의 대상이 늘 자신이 아닌 딸랑이라는 사실이 형철에게는 종종 쓸쓸함으로 다가왔습니다.

정작 자신의 생일에는 선물은커녕 저녁 한 끼로 넘어가는 현실. 그 서운함이 꼭 선물을 받지 못해서 생긴 것은 아니라는 걸 그도 알고 있었습니다. 다만, 어느 순간에도 자신이 우선순위에 놓인 적 없다는 씁쓸한 감정이 자꾸 마음 한편을 건드렸습니다. 그럼에도 그는 내색하지 않았습니다. 어색한 미소를 지으며 말없이 자리에 앉았고, 그렇게 또 하루가 흘러갔습니다.

하지만 사랑이 깊을수록, 말하지 못한 마음은 조금씩 쌓여 갔습니다. 그녀를 진심으로 아꼈기에 떠나려는 마음은 없었지만, 자신이 그저 조용히 곁을 지키는 사람으로만 머물게 될까 봐 불안이 생겼고, 문득문득 자신은 이 관계 안에서 어떤 존재인지 되묻게 되었습니다.

저녁 식사 후 집으로 돌아오는 길, 형철은 말끝을 망설이다가 결국 웃으며 말했습니다.

"오늘 저녁 즐거웠어. 딸랑이 때문에 네 마음이 늘 무겁지?"

현숙은 걸음을 멈췄습니다. 그 말이 어딘가 쓸쓸하게 느껴졌기 때문입니다. 그녀는 조심스레 물었습니다.

"…나한테 실망했어?"

그녀의 물음에 형철은 한참 동안 말이 없었습니다. 그리고 이윽고, 조용히 입을 열었습니다.

"아니, 그냥… 네가 나를 조금만 더 봐줬으면 좋겠어."

그 말은 원망도, 요구도 아니었습니다. 다만 오랜 시간 꾹 눌러온 마음의 진심이었고, 애써 침묵으로 버텨온 그의 자리에서 조심스레 건넨 목소리였습니다.

그 순간, 현숙은 문득 알게 되었습니다.

강아지를 잃을까 봐 두려움에 사로잡혀 있었던 시간 동안, 그녀의 모든 감정과 관심은 오직 딸랑이에게만 쏠려 있었다는 것을…. 그런 그녀의 곁에서 묵묵히 기다리며, 서운함조차 쉽게 꺼내지 못했던 형철.

그의 말 한마디는, 단순히 자신을 바라봐 달라는 부탁이 아니라, 둘 사이의 관계를 향한 조용한 울림처럼 들려왔습니다. 그 말이 그녀의 마음 어딘가를 조용히 두드렸고, 감정의 둑이 무너지듯 눈물이 터져 나왔습니다.

그날 밤, 현숙은 형철에게 작은 메모를 건넸습니다.

"네 마음, 내가 너무 몰랐어. 고맙고, 미안해."

형철은 그 메모를 가만히 쥐고 미소 지었습니다.

"괜찮아. 너만 괜찮다면, 나는 여기 있어."

그로부터 몇 달 뒤, 딸랑이의 병세는 점점 악화되었습니다. 노령견인 만큼 더 이상 해줄 수 있는 치료는 없었습니다.

현숙은 밤새 딸랑이 곁을 지키며 울었고, 형철은 그런 그녀를 말없이 안아주며 함께 밤을 지새웠습니다.

결국, 얼마 지나지 않아 딸랑이는 평온하게 세상을 떠났습니다.

현숙은 한동안 무너진 듯 지냈습니다. 출근길에도, 퇴근길에도, 집 안의 작은 바람 소리에도 울컥 눈물이 터졌습니다. 하지만 이번엔 예전처럼 마음을 닫고 혼자만의 껍데기에 갇히지 않았습니다. 형철이 옆에 있었기 때문입니다.

"형철아… 나 너무 허전해."

현숙이 중얼거리듯 말하면, 형철은 조용히 웃으며 답했습니다.

"내가 그 빈자리 좀 채워볼까?"

"어떻게?"

"글쎄… 나 맨날 너네 집에 놀러올까?"

"…바쁘잖아."

"괜찮아. 나도 이제 우리 집보다는 네 집이 더 편한걸?"

둘은 그렇게 조금씩 새로운 리듬을 만들어갔습니다. 주말에는 함께 시장을 보고, 퇴근 후에는 간단한 요리를 하며 서로의 하루를 나눴습니다. 한때 강아지와의 시간으로 가득했던 공간이 이제는 두 사람의 웃음으로 채워지기 시작했습니다.

그러나 결혼 이야기만 나오면 여전히 현숙은 마음이 얼어붙었습니다.

"혹시… 결혼 생각해 본 적 있어?"

형철이 조심스럽게 물으면, 그녀는 고개를 저었습니다.

"미안해. 아직은 아니야."

형철은 그런 그녀를 이해하려 애썼습니다.

"괜찮아. 너한테 결혼은… 아마 다른 의미일 거야. 나도 알아."

형철은 서운함이 전혀 없었다면 거짓말이겠지만, 무엇보다 현숙이 조금씩 마음을 회복하고, 스스로를 다시 세워가는 모습을 곁에서 지켜보는 순간들이 더 소중했습니다. 때로는 그녀가 한참 울며 옛 상처를 꺼내놓기도 했습니다.

"형철아, 나 아직은 결혼이 부담스러워. 결혼 후 서로 실망하거나 상처받을까 봐 무서워…."

그럴 때마다 그는 말없이 그녀를 꼭 안아주며 속삭였습니다.

"난 네가 걱정하는 그 어떤 것도 함께 이겨낼 수 있어. 내가 항상 여기 있을게."

어느 봄날, 현숙은 오래된 앨범을 꺼내 딸랑이 사진을 한 장씩 정리했습니다. 그때 문득, 사진 속의 웃는 강아지를 보며 미소가 번졌습니다.

'그래, 이제… 너 없는 집에도 조금씩 익숙해지고 있어.'

마음 한편이 아리면서도, 따뜻한 기운이 스며들었습니다.

현숙은 전화를 걸어 형철을 불렀습니다.

"우리 오늘 뭐 할까?"

형철이 밝게 웃으며 물었습니다.

"뭐 하고 싶은데?"

"음… 그냥 너랑 같이 있고 싶어."

그날 저녁, 두 사람은 작은 카페에 앉아 차를 마시며 이런저런 이야기를 나누었습니다. 그리고 현숙이 문득 웃으며 말했습니다.

"형철아, 나 이제… 너랑 미래에 대해 얘기해 볼 준비가 된 것 같아."

형철은 눈을 동그랗게 떴습니다.

"정말?"

"응, 근데 결혼은 아니야. 아직은… 그냥… 같이 사는 거? 같이 살아보면서, 우리가 잘 맞는지 천천히 알아보고 싶어."

형철은 잠시 멈췄다가, 천천히 웃었습니다.

"그거면 충분해. 네가 준비될 때까지, 나는 언제든 괜찮아."

몇 달 후, 그들은 함께 한 공간에서 살기 시작했습니다. 같은 집에서 눈을 뜨고, 같은 식탁에 마주 앉아 아침을 먹고, 같은 침대에서 서로의 체온을 느끼며 잠드는 일상이 시작된 것입니다.

초반에는 작은 다툼도 있었습니다. 물컵을 어디에 놓는지, 설거지를 누가 할 것인지 같은 사소한 일들에서 말이 엇갈리기도 했고, 가끔은 침묵으로 하루를 마무리하기도 했습니다.

하지만 그 안에는 '이 사람과 함께 살아간다'는 책임감과 따뜻한 의지가 깃들어 있었습니다.

서로를 이해하려 애쓰는 눈빛, 사소한 오해 뒤에 건네는 말 없는 포옹, 늦은 밤 마주 앉아 나누는 짧은 대화 속에서, 현숙은 어느새 자신이 조금씩 달라지고 있음을 느꼈습니다.

이전의 그녀는 '결혼'이라는 단어만 들어도 숨이 막혔고, 누군가와 함께하는 미래를 상상하는 것조차 힘겨웠습니다.

하지만 이제는 달랐습니다. 형철과 나누는 매일의 시간들이 그녀의 마음을 천천히 풀어주고 있었던 겁니다.

그리고 어느 날, 현숙은 문득 알게 되었습니다.

'결혼이라는 틀보다 중요한 건, 이 사람과 내가 서로의 빈자리를 어떻게 채우는지였구나.'

딸랑이가 떠난 뒤 생긴 마음의 공백은 형철의 웃음으로 조금씩 채워졌고, 그의 따뜻한 손길과 말없는 기다림은 마치 오래전부터 그 자리에 있어 왔던 듯, 자연스럽게 그녀의 곁을 감싸고 있었습니다.

어느 늦은 저녁, 둘이 나란히 앉아 조용히 TV를 보던 중, 현숙은 불쑥 말했습니다.

"형철아, 나 이제 안 무서워. 네가 있으니까."

형철은 조용히 고개를 돌려 그녀를 바라보고는 따뜻한 미소를 지으며 말했다.

"나도, 네가 있으니까."

그 순간, 현숙은 마음 깊은 곳에서 무언가가 고요하게 정리되는 것을 느꼈습니다. 이제야 진심으로 깨달은 것입니다.

사랑의 상처는 결국 사랑으로만 치유될 수 있다는 것을.

딸랑이의 무조건적인 믿음과 애정은 그녀에게 첫 번째 치유를 안겨주었고, 형철의 변함없는 마음과 기다림은 그 위에 새로운 사랑의 가능성을 피워냈습니다.

사랑이란, 과거의 상처를 없애주는 것이 아니라, 그 상처를 안고도 다시 누군가를 믿고 기대어 볼 수 있게 해주는 힘이라는 것을 알게 되었습니다.

그날 밤, 잠든 형철의 옆에서 현숙은 눈을 감았습니다. 따스한 체온이 이불 너머로 전해졌고, 익숙한 숨소리에 마음이 놓였습니다. 그녀는 속으로 천천히 속삭였습니다.

'나는 이제 과거가 아닌, 오늘을 사랑할 거야. 그리고 너와 함께하는 내일을.'

예전 같았으면 상상조차 하기 힘들었던 말들이었지만, 이제는 두려움보다 신뢰가, 망설임보다 고마움이 더 크게 자리하고 있었습니다. 그녀의 곁에는 이제 한 사람이 있습니다.

비바람 치는 날에도 자리를 지켜주었던 사람, 기억 속의 상처를 탓하지 않고 그저 손을 내밀어 주었던 따뜻한 사람이.

봄 햇살이 부드럽게 내려앉은 어느 날, 현숙은 형철의 손을 꼭 잡고 천천히 걸었습니다. 벚꽃 잎이 흩날리는 거리를 지나며 그녀는 살며시 미소 지었고, 마음속 깊은 곳에서 다시 한번 굳은 다짐을 새겼습니다.

'이번에는 내가 그를 지켜줄 거야. 이제 우리는 서로의 사람이니까.'

그들은 말없이 걸었습니다. 하지만 그 침묵 속에는 수많은 말이 담겨 있었습니다. 미안함도, 고마움도, 그리고 앞으로 나아가고 싶은 간절한 마음도.

그들은 그렇게, 서로의 상처를 안은 채, 그러나 더 이상 과거에 머무르지 않고 사랑으로 오늘을 살아가며, 함께 걸어갈 내일을 믿기 시작했습니다.

삶을 정리하는 법

『어느 해 10월, 경호는 조금 더 넓은 집으로 이사했습니다.

이 일은 단순히 집 주소가 바뀌는 '공간의 변화'가 아니라, 삶의 일상을 새롭게 조율하게 하는 '시간의 전환'에 가까운 경험이었습니다. 오랜 시간 머물렀던 곳을 떠나 새로운 공간에 들어서는 순간, 그는 자연스럽게 과거를 정리하고 미래를 준비하게 되었습니다.

이사 준비는 시작부터 경호에게 삶을 돌아보게 하는 계기가 되었습니다. 짐을 하나하나 분류하는 과정은, 마치 삶의 단면을 차분히 들여다보는 일이었습니다. 1년 이상 사용하지 않은 물건들이 생각보다 많았습니다. 언젠가는 필요할 것이라 생각하며 쌓아 두었던 물건들은, 실제로는 한 번도 사용되지 않았고 방 한구석을 차지한 채 남아 있었습니다. 처음에는 버리기가 아까웠습니다. 그 물건들을 붙잡고 있는 것은 물건 그 자체가 아니라, '집착의 감정'이었습니다.

그 순간 경호는 자신에게 물었습니다.

"왜 나는 이렇게 많은 것을 소유하며 살아왔을까?"

그는 스스로에게 물었습니다.

혹시 우리는 '불안을 감추기 위해' 혹은 '남들도 갖고 있으니', '언젠가는 사용하겠지'라는 마음 때문에 소유를 늘려온 것은 아니었을까요?

많은 것을 소유한다고 해서 마음이 더 가벼워지는 것은 아니었습니다. 오히려 소유가 많을수록 마음은 더 복잡하고 무거워질 수 있습니다. 경호는 사용하지 않는 물건들을 과감히 나눔하거나 버렸습니다.

그리고 처음으로 비움은 결핍이 아니라 회복이라는 것을 진심으로 느꼈습니다. 이 경험은 단지 물건의 정리를 넘어서, 관계의 정리로 이어졌습니다. 의미 없는 인연들, 습관처럼 유지되던 만남들, 상처만 남은 관계들이 떠올랐습니다.

그는 어떤 인연은 붙잡는 것보다 놓아주는 것이 서로에게 더 따뜻한 선택이라는 것을 알게 되었습니다.

상대가 결코 나쁜 사람이 아니더라도, 어떤 인연은 거리를 두었을 때 비로소 편안해질 수 있습니다. 경호는 억지로 이어오던 인연을 놓고, 새로운 인연을 위해 마음을 비우기로 결심하였습니다.

비움은 언제나 두려움 뒤에 평화를 데리고 오는 법이었습니다.

이사라는 일이 순조롭지만은 않았습니다. 엘리베이터가 멈추고, 가구가 문틈에 끼는 일도 있었습니다. 그럴 때마다 서로 힘을 합쳐 문제를 해결했고, 어떤 어려움도 극복할 수 있다는 믿음을 얻었습니다. 진짜 집을 지탱하는 것은 벽과 지붕이 아니라, 사람 사이의 사랑과 신뢰였습니다.

짐을 정리하던 중, 아내가 오래된 상자를 발견했습니다. 그 안에는 가족사진, 오래전 여행의 티켓, 아이가 그린 그림이 들어 있었습니다. 잊고 있던 추억이 가득 담긴 상자였습니다. 가족 모두가 함께 그 기억을 나누며, 오랜만에 크게 웃었습니다.

그는 '공간은 그저 머무는 장소가 아니라, 우리가 살아온 시간의 기억이 쌓여 있는 자리다.'라는 것을 알게 되었습니다.

그리고 동시에 깨달았습니다. 우리는 종종 앞으로 얻을 것에만 마음을 빼앗긴 채, 이미 가지고 있는 소중한 것들에 감사하는 법을 잊고 살아가는 것을.

이사 날, 어머니가 도와주시며 작은 봉투를 건네셨습니다. 그 안에는 약간의 현금과 가족과 부모님이 함께 찍은 사진 그리고 경호의 어머니가 남긴 편지 한 통이 들어 있었습니다.

"사랑하는 경호야,

너희가 어디에 살든, 어떤 상황에 있든, 서로 아끼고 사랑하며 잘 살아가길 바란다. 집이란 함께 웃고 마음을 나누는 그 자리가 되는 거란다."

편지를 읽는 순간, 경호의 눈가가 뜨거워졌습니다.

어머니가 우리의 이사에 대한 응원을 남긴 것이었습니다.

그 글은 그저 아들에게 보내는 편지가 아니라, 삶의 본질을 일깨우는 메시지처럼 느껴졌습니다.

이번 이사는 충동이 아니라, 오랜 시간의 절약과 인내가 쌓여 만든 결과였습니다. 외식 대신 집밥을, 해외여행 대신 가까운 국내여행을 선택했던 날들, 계절이 바뀔 때마다 옷 한 벌을 살지 말지 고민하던 순간들, 불필요한 물건 하나 사지 않으려 마음을 다잡았던 시간이 모여 새집의 벽돌 하나하나가 되었습니다.

경호의 아들은 이전 학교에서 힘든 시간을 보냈습니다.

따돌림과 외로움 속에서 자신감을 잃었고, 세상과의 대화도 점점 줄어들었습니다.

하지만 새로운 집으로 이사 온 첫날, 아들은 말했습니다.

"아빠, 내 방은 내가 꾸며볼래요."

그 한마디는 경호의 마음을 울렸습니다.

아이는 처음으로 자신의 공간에 대해 주도적으로 이야기했습니다.

책상 위치를 옮기고, 벽에 사진을 붙이고, 책상 위에는 작은 어항을 두었습니다. 그 속에는 아들의 마음이 담겨 있었습니다.

아이는 매일 물의 온도를 확인하고, 작은 물고기에게 이름을 붙였습니다. 그 생명을 돌보는 일은 마치 아이 자신을 돌보는 일이기도 했습니다. 며칠이 지나, 한 마리의 물고기가 죽었습니다. 아이는 죽은 물고기를 꺼내 상자에 담고 동네 뒷산에 묻었습니다.

그리고 남은 물고기를 바라보며 말했습니다.

"얘는 잘 적응했나 봐. 나도 여기에 잘 적응할 수 있을 것 같아."

그 말을 들은 순간, 경호는 목이 메었습니다.

아이는 어항 속 생명을 통해 '상실'과 '적응'을 배우고 있었습니다.

그 어항은 단지 물이 담긴 공간이 아니라, 아이의 내면을 비추는 거울이자 성장의 상징이었습니다.

"좋은 시작이란 이런 것일지도 모르겠다. 이곳에서 새로운 이야기를 써 내려가자."

그는 생각했습니다.

새로운 시작을 만드는 것은 공간이 아니라 사람이며, 머무는 건물이 아니라, 함께 웃는 얼굴이라는 것을.

며칠 후, 경호는 새로 단장한 거실의 따뜻한 조명 아래에서 아내의 웃음소리와 아들의 이야기, 식탁 위로 저녁의 온기가 스며드는 순간을 가족과 함께 보냈습니다.

그는 문득 생각했습니다.

'이게 바로 행복이구나.'』

삶도 이사처럼 정리가 필요할 때가 있습니다. 불필요한 것을 내려놓고, 진정 소중한 것을 다시 바라보는 과정이 필요합니다.

행복은 결국, 자신과 뜻이 맞는 사람들과 시간과 공간을 함께 나누며, 그들과 '함께 있음'을 감사히 여기는 마음에서 시작됩니다.

삶이란 결국, 서로를 이해하고 아껴주는 마음이 만들어내는 시간의 흔적입니다.

당신의 꿈

『"여러분의 꿈은 무엇입니까?"

저는 늘 신입 사원 오리엔테이션 강의를 시작하기 전 이 질문으로 이야기를 시작합니다.

그 순간, 사람들의 표정은 하나같이 비슷합니다.

고개를 갸웃하거나, 눈을 피하거나, 혹은 조용히 제 얼굴을 응시합니다.

무표정한 얼굴 뒤에는 복잡한 생각들이 흐르고 있을 것입니다.

"나는… 내 꿈이 뭘까?"

그 침묵을 저는 기다립니다.

그건 멍한 침묵이 아니라, 스스로를 향한 진지한 질문이 시작되는 순간이기 때문입니다.

그리고 조심스레 손을 든 한 사람이 말합니다.

"행복하게 살고 싶습니다."

언제나 가장 먼저 나오는 대답입니다.

누구나 고개를 끄덕입니다. 나도 그렇다고.

곧이어 이어지는 말들.

"경제적으로 여유롭고 싶습니다."

"건물주가 되고 싶습니다."

“월급에 얽매이지 않고 자유롭게 살고 싶습니다.”

“좋은 영향력을 주는 사람이 되고 싶습니다.”

이야기들이 쏟아지기 시작하면, 강의실 분위기는 점점 열기로 가득해지고, 서로의 꿈에 귀 기울이기 시작합니다.

하지만 그 순간, 저는 신입 사원들에게 또 하나의 질문을 던집니다.

“여러분의 이 꿈들은 여러분의 마음 깊은 곳에서 우러나온 진짜 꿈일까요? 어릴 때부터 주입된 ‘정답 같은 말들’이나 미디어나 SNS를 통해 간접적으로 세뇌된 이미지는 아닐까요? 우리는 SNS에서 반짝이는 성공 스토리와 완벽해 보이는 라이프스타일을 매일같이 접합니다. 그리고 어느새 그런 모습들을 자연스럽게 자신의 ‘꿈’이라고 믿게 되는 경우가 많습니다. 하지만 그 꿈들이 정말 내가 직접 생각한 것인지 진지하게 자신에게 묻지 않은 채, 타인의 삶과 사회적 기준에 맞춰 꿈을 설정하고 있는 건 아닌가 하는 생각이 듭니다.”』

우리는 어릴 때 “너는 꿈이 뭐니?”라는 질문을 수도 없이 받아왔습니다. 그 시절의 우리는 망설임도 계산도 없이 “과학자요”, “선생님이요” 같은 대답을 내뱉곤 했죠. ‘꿈을 꾼다’는 것이 너무 자연스럽고 당연했던 시절이었습니다.

하지만 시간이 흐르고, 삶의 무게가 어깨를 누르기 시작하면 우리는 점점 침묵하게 됩니다. 정말로 꿈이 사라진 걸까요? 저는 그렇지 않다고 믿습니다. 단지 먹고사는 데 집중하다 보니, 마음 깊은 곳의 진짜 바람을 밀어두고 살아왔을 뿐입니다.

출근하고, 일하고, 돈을 벌고, 주말에는 잠시 쉬는 일상이 반복되다 보면, 어느새 우리는 스스로를 '현실적인 어른'이라 부르며 타협하게 됩니다. 하지만 그 겉보기 성실함 뒤에는 이유를 설명할 수 없는 공허함이 고개를 들곤 합니다.

"나는 왜 이 길을 가고 있는가?"

"이 일은 내게 어떤 의미가 있는가?"

이 질문이 문득 떠오를 때가 있습니다. 그 순간이야말로 우리가 꿈을 완전히 잊은 것이 아니라, 마음속 어딘가에서 여전히 '방향'을 찾고 있다는 증거입니다. 공허함은 무의미한 감정이 아니라, 삶이 우리에게 보내는 신호입니다.

우리는 인생의 3분의 1을 일하며 보냅니다. 그 시간을 오직 '돈을 벌기 위한 노동'으로만 바라본다면, 스스로를 도구로 전락시킬 수 있습니다. 하지만 당장 회사를 그만두거나 도시를 떠날 필요는 없습니다. 중요한 건, 지금 하는 일에서 '의미'를 찾아보는 작은 실천입니다. 그 실천 속에서 자신감이 쌓이고, 삶의 방향이 보이기 시작합니다.

소명의식은 거창한 직업이나 특별한 역할에서만 생기는 것이 아닙니다. 조그마한 회사의 사무직도, 생산직 업무도, 각자의 자리에서 의미 있는 역할을 수행할 수 있습니다. 그 과정에서 작은 성취들이 쌓이고, 자기 신뢰와 중심이 생깁니다.

목표는 반드시 거창할 필요 없습니다. 하루 5분이라도 나를 위한 침묵의 시간을 갖거나, "나는 지금 어떤가?"라고 스스로에게 묻고, 에너지를 소진시키는 관계를 정리하며, 나를 존중해 주는 사람 곁에 머무르는 것, 무의식적으로 괴롭히는 생각을 들여다보고 멈추는 것….
이런 작은 실천이 모이면 내면이 정화되고 삶은 서서히 흐름을 되찾습니다.

삶은 단선적이지 않습니다. 우리는 날마다 크고 작은 갈림길에 서 있습니다. 무의식의 반복에 맡길 수도 있고, 의식적으로 선택할 수도 있습니다. 중요한 것은, 선택은 오직 당신만이 할 수 있다는 사실입니다. 그 선택이야말로 삶의 에너지를 다시 흐르게 할 열쇠입니다.

행복은 목표가 아니라, 의미 있는 방향으로 나아가는 여정 속에서 자연스럽게 피어나는 감정입니다. 실패와 좌절, 되돌림조차도 그 여정 안에서 성장으로 이어집니다. 꿈은 고정된 목표가 아니라, 삶과 함께 흐르며 내면이 깊어질수록 점점 본질적인 형태로 다가옵니다.

남과 비교하지 마세요. 당신의 삶은 이미 당신만의 궤도를 따라가고 있고, 그 안의 모든 감정과 선택은 소중한 경험입니다. 오늘, 가만히 자신에게 물어보세요.

"나는 무엇을 향해 걷고 있는가?"

당신의 진짜 꿈은, '그 질문을 멈추지 않는 삶' 속에 숨어 있을지도 모릅니다.

행복의 공식

$$\text{행복} = \frac{\text{내가 이미 가진 것}}{\text{내가 원하는 것}}$$

우리 삶의 궁극적인 목표 중 하나는 결국 자신과 가족의 행복일 것입니다. 그러나 우리는 종종 그 행복을 먼 미래의 성취나 외적인 조건에서만 찾으려 합니다. 더 나은 직장, 더 큰 집, 더 많은 재산을 얻으면 행복해질 것이라 믿습니다. 하지만 원하는 것이 채워지지 않을 때, 우리는 쉽게 불행하다고 느낍니다. 그렇다면 행복은 과연 어디에서 오는 것일까요?

민수에게는 형석이라는 친한 선배가 있습니다. 형석의 아들은 올해 고3으로 대학 입학시험을 치렀습니다. 열심히 노력한 끝에 서울의 대학 중 한 곳에 합격했지만, 아들은 이에 만족하지 못하고 1년을 더 공부해 더 높은 목표를 이루고 싶어 했습니다. 부모 입장에서는 1년의 재수라는 선택이 부담스러웠지만, 아들의 확고한 의지를 존중할 수밖에 없었습니다.

민수는 그 모습을 보며 스스로에게도 물었습니다. "내 아들이 그 학생이 합격한 바로 그 대학에 들어간다면, 나는 얼마나 기뻐할까?"

같은 결과를 두고도 누군가는 아쉬워하고, 또 다른 누군가는 깊은 행복을 느낄 수 있다는 사실은, 행복이 얼마나 상대적인지 잘 보여주었습니다. 결국 행복은 외적인 조건이나 결과가 아니라, 각자가 바라보는 시선과 마음의 위치에 달려 있음을 민수는 깨달았습니다. 작은 성취와 일상의 순간에서도 충분히 느낄 수 있는 행복이 있다는 사실을, 그는 다시 한번 마음에 새겼습니다.

이처럼 행복은 단순한 감정이 아니라, 바라보는 관점의 문제입니다. 어떤 이들은 행복에 대하여 일종의 수학 공식으로 설명하기도 합니다. '행복 = 이미 가진 것 ÷ 원하는 것'이라는 식입니다.

이 공식에 따르면 행복을 키우는 방법은 두 가지입니다.

첫째, 분자를 키우는 방법입니다. 즉 '이미 가진 것'을 더 확장해 나가는 방식입니다. 구체적인 목표를 세우고 그것을 달성함으로써 성취감을 느끼며 도전 속에서 발전의 기쁨을 맛봅니다. 이는 끊임없이 나아가려는 사람들에게 특별한 의미를 줍니다.

둘째, 분모를 줄이는 방법입니다. 욕망을 단순하게 만들고, 지나친 바람을 조금씩 내려놓으며 이미 가진 것에 감사하는 태도를 갖는 것입니다. 외부 조건이 아니라 내 마음의 태도에 따라 충만함을 느끼는 방식입니다.

무엇보다 중요한 사실은, 내가 원하는 것은 외부의 조건에서 비롯되지만, 내가 가진 것은 그것을 바라보는 태도와 관점에 달려 있다는 점입니다. 결국 행복은 더 가지는 데 있지 않고, 이미 가진 것을 새롭게 바라보는 데 더 가깝습니다.

우리는 흔히 행복을 인생의 최종 목표처럼 여깁니다. 하지만 진짜 행복은 어느 날 갑자기 얻어지는 상태가 아니라, 살아가는 과정 속에서 스며드는 감정입니다. 힘든 하루를 마치고 가족의 웃음을 보며 평온을 느낄 때, 또는 내가 하는 일이 누군가에게 도움이 된다는 걸 깨닫는 순간에 행복은 찾아옵니다.

막연히 "행복하게 살고 싶다"는 바람보다, "나는 의자를 만들어 사람들의 일상에 편안함을 주고 싶다"라는 구체적인 목적이 삶을 더 깊고 충만하게 만듭니다. 어쩌면 처음에는 그저 생계를 위해 의자를 만들었을지 모릅니다.

하지만 시간이 지나며 그는 사람들이 오래 앉아 있어도 허리가 아프지 않도록 설계하고, 공간과 조화를 이루는 아름다운 디자인을 연구하며, '사람이 편안하게 머물 수 있는 자리를 만든다'라는 더 큰 의미로 자신의 일을 바라보게 됩니다. 방향이 뚜렷할수록 우리는 현재에 몰입할 수 있고, 그 과정에서 발견되는 작은 만족이 곧 행복이 됩니다.

행복은 외부에서 주어지는 보상이 아니라, 내가 이 길을 선택해 걷고 있다는 자각에서 비롯됩니다. 지금 이 자리에서 내가 무엇을 위해 살아가고 있는지 깨닫는 순간, 우리는 단지 버티는 삶이 아니라 살아있는 삶을 시작하게 됩니다.

결국 행복은 "더 많이 가지는 삶"이 아니라,

"더 깊이 느끼고, 더 선명하게 바라보는 삶"입니다

행복한 삶을 위한 작은 실천들

① 비교 대신 나만의 기준을 세우기

행복을 가로막는 가장 큰 장애물 중 하나는 끊임없는 비교입니다. 우리는 타인의 성공과 삶의 속도를 보며 자신을 평가하고, 그 결과 부족하다는 생각에 사로잡히곤 합니다. 그러나 비교는 끝이 없습니다. 더 높은 위치에 있는 사람은 언제나 존재하기 마련이고, 그런 시선 속에서 우리는 늘 뒤처진 듯한 불안에 빠질 수밖에 없습니다.

따라서 중요한 것은 타인의 기준이 아니라 '나만의 기준'을 세우는 일입니다. 나는 무엇을 소중히 여기며, 어떤 삶을 살아가고 싶은지 스스로에게 물어야 합니다. 이를테면, 누군가는 빠른 승진보다 매일 저녁 가족과 식탁을 함께하는 시간을 더 큰 가치로 여길 수 있습니다. 이런 자기만의 기준을 세우고 지켜 나갈 때 비로소 우리는 비교의 굴레에서 벗어나 자신만의 행복을 키워갈 수 있습니다.

② 감사의 습관이 주는 힘

행복은 거창한 목표에 도달했을 때만 찾아오는 것이 아닙니다. 오히려 일상의 작은 순간에 감사할 때 더 선명하게 다가옵니다.

예를 들어, 하루를 마치며 감사 일기에 오늘 있었던 고마운 일 세 가지를 적어보는 것만으로도 마음은 훨씬 따뜻해집니다. 따뜻한 차 한 잔, 누군가의 미소, 건강하게 하루를 보낸 것 같은 사소한 것들이 감사의 목록을 채울 수 있습니다. 이렇게 작은 감사를 발견하는 눈을 기를 때 우리는 삶을 결핍이 아닌 충만함의 시선으로 바라보게 됩니다. 그리고 그 순간, 행복은 멀리 있지 않다는 사실을 자연스럽게 깨닫게 됩니다.

③ 현재의 순간을 즐기는 연습

우리는 흔히 미래의 목표를 위해 현재를 희생합니다. 그러나 목표를 달성했다고 해서 반드시 행복이 따라오는 것은 아닙니다. 승진이나 성취 뒤에 남는 것은 잠깐의 성취감일 뿐, 곧 또 다른 목표가 우리를 기다립니다. 그렇기에 지금 이 순간을 충분히 누리는 연습이 필요합니다.

가족과 함께하는 저녁 식사, 짧은 산책길의 바람, 친구와의 따뜻한 대화 속에는 삶을 풍요롭게 만드는 행복이 숨어 있습니다. 이런 순간을 가볍게 흘려보내지 않고 충분히 음미하는 것, 바로 그 태도가 삶의 만족을 크게 높여 줍니다. 미래를 준비하는 것과 현재를 즐기는 것 사이의 균형이야말로 행복한 삶의 중요한 조건입니다.

④ 과정에서 의미 찾기

많은 사람들은 일을 단지 '목표를 위한 희생'으로 여깁니다. 하지만 같은 상황이라도 어떤 태도로 바라보느냐에 따라 전혀 다른 의미를 지닐 수 있습니다.

예를 들어, 매일 반복되는 업무가 지루하고 고단한 의무로만 느껴질 수도 있습니다. 그러나 그것을 스스로의 성장과 미래를 위한 '준비 과정'으로 받아들인다면, 그 안에서도 배움과 보람을 발견할 수 있습니다. 결국 행복은 성취 자체보다 그 과정에서 배우고 느끼는 의미 속에 더 많이 존재합니다. 길고 먼 여정을 걸어가는 동안, 작은 성취와 깨달음을 음미할 수 있는 사람이 더 깊은 만족을 얻게 됩니다.

⑤ 선택을 존중하고 후회하지 않기

삶은 끊임없는 선택의 연속입니다. 어떤 길을 택하든지 후회가 남을 수 있습니다. 그러나 중요한 것은 '내가 한 선택'이라는 사실을 인정하고 존중하는 것입니다.

선택이 항상 완벽할 수는 없습니다. 때로는 예상치 못한 어려움과 결과가 찾아오기도 합니다. 하지만 그 과정에서 배운 것이 나의 다음 걸음을 더 단단하게 만들어 줍니다. 후회 대신 받아들임과 학습의 태도를 가질 때, 우리는 어떤 길 위에서도 흔들리지 않고 나아갈 수 있습니다.

★ 행복은 외부의 조건이나, 다른 사람들의 기대에 따라 변하지 않습니다. 행복은 우리가 주어진 환경을 어떻게 바라보느냐에 따라 크게 달라지며 우리가 가진 것에 대한 감사와 내적인 평화를 통해 이룰 수 있습니다.

그리고 그 행복은, 지금 이 순간에도 우리 곁에 언제나 머물러 있습니다.

우리가 그것을 바라볼 준비만 되어 있다면 말입니다.

홍시

홍시는 찬호에게 특별한 의미를 지닌 과일입니다. 깊고 따스한 붉은 색깔, 그리고 그 속에 숨어 있는 달콤함은 찬호가 어릴 적부터 좋아했던 맛이었습니다. 기억 속에서 홍시는 항상 깊은 가을의 향기와 함께 어우러져 있었습니다. 홍시를 먹는 그 순간은 마치 시간이 멈춘 듯 세상의 모든 것이 잊히고, 온전히 나만의 작은 행복에 잠길 수 있었습니다. 그때의 따뜻한 햇살과 가을바람이 살짝 스치는 순간, 홍시를 한 입 베어 물고 그 달콤한 맛에 빠져들 때면 세상의 어떤 걱정도 잊어버릴 수 있었습니다.

홍시는 그 자체로 성숙함을 상징하는 과일입니다. 다른 과일들은 시간이 지나면 상하거나 부패하지만, 홍시는 시간이 지나면서 본래의 맛이 더욱 풍성해지고 깊어집니다. 처음에는 떫고 쓴맛이 나지만, 시간이 지나면서 그 떫은맛은 사라지고 고유의 달콤한 맛과 향이 살아나게 됩니다. 이러한 변화의 과정에서 홍시는 점점 더 완벽해져 가며, 마치 사람이 경험을 통해 성숙해지고 점점 더 아름다워지는 것처럼 느껴집니다.

홍시는 특이하게도 시간이 지나면서 신선함을 잃는 대신, 그 속에서 발효가 일어나고 점차적으로 가장 맛있는 상태로 변해갑니다. 이 발효 과정은 단순한 상태의 변화가 아니라, 깊은 성숙을 의미합니다.

홍시가 스스로 변하며 성숙하는 것처럼, 사람도 시간이 흐르면서 점점 더 깊어지고, 다양한 경험을 쌓으며 그 속에서 진정한 아름다움을 만들어 갑니다. 이와 같은 성숙의 과정은 단지 외적인 변화만이 아니라, 내적인 성장과 깊이를 담고 있습니다.

홍시를 좋아하는 찬호의 마음에는 달콤한 과일에 대한 취향을 넘어, 변화와 성숙을 향한 애정이 담겨 있습니다. 그는 홍시가 발효와 변화를 거쳐 깊어지듯, 삶 또한 시간이 흐르며 성숙해지고 자신을 더 깊이 이해하며 성장할 수 있다는 가능성을 느낍니다.

발효와 같은 성장

형석은 대학 시절부터 민호와 누구보다 가까운 사이였습니다. 같은 전공, 같은 동아리, 시험이 끝난 뒤 밤새도록 길거리 포장마차에서 술을 기울이며 이야기를 나누던 기억까지…. 둘은 거의 가족처럼 붙어 다녔습니다. 특히 형석이 부모님의 이혼으로 방황하던 시기, 민호는 묵묵히 그의 곁을 지켜주었습니다. 아무 말 없이 라면을 끓여주고, 음악을 틀어주고, 그냥 조용히 옆에 있어 주는 것만으로도 형석은 큰 위로를 받았습니다.

그러나 사회에 진출해 각자의 삶을 살기 시작하면서, 둘 사이의 가까웠던 거리는 서서히 멀어졌습니다. 바쁜 일정과 어긋나는 생활 리듬 속에서, 서로 다른 환경과 책임감에 놓여 있다는 막연한 거리감이 서서히 두 사람의 마음에 생겨났습니다. 그 균열이 선명하게 드러난 건, 형석이 회사를 옮긴 직후였습니다. 새 직장에서 그는 상사의 말투 하나에도 깊은 상처를 받았고, 같은 팀 동료들과도 좀처럼 마음을 나누지 못했습니다. 며칠을 고민하다 결국 민호에게 전화를 걸었습니다.

"나 요즘 좀 힘들어…. 사람들하고도 잘 안 맞고…. 내가 이상한 건가 싶어."

잠시 침묵이 흘렀습니다. 그리고 민호는 툭, 한마디를 내뱉었습니다.

"형석아, 그냥 넘겨. 다 그래. 다들 힘들어. 너무 예민하게 굴지 마."

그 말은 형석의 마음을 상하게 했습니다. 형석은 누군가가 진심으로 자신을 바라봐 주길 바랐지만, 민호는 그저 스쳐 지나가는 문제처럼 대하는 듯 느껴졌습니다. '예전의 민호가 아니야'라는 생각이 마음 한편으로 스치고 지나갔고, 그날 이후 그는 더 이상 속마음을 꺼내지 않았습니다.

반면 민호는 그 말이 형석에게 그렇게 깊은 상처로 남을 줄을 몰랐습니다. 민호는 그저 형석이 너무 지치지 않기를 바라는 마음에서, 덤덤한 말투로 담담하게 조언했을 뿐이었습니다. 그에게는 그것이 '괜찮다'는 위로의 방식이었고, 어쩌면 남자들끼리 자주 주고받는 익숙한 말투이기도 했습니다.

그러나 형석에게 그때 그 말은 전혀 다르게 들렸습니다. 그의 귀엔 '네가 예민한 거야'라는 비난처럼 들렸고, 정작 자신이 얼마나 힘든지, 얼마나 누군가에게 진심을 털어놓고 싶었는지를 민호는 알지 못하는 듯 느껴졌습니다. 같은 말도 마음의 상태에 따라 전혀 다른 의미로 닿는다는 사실을, 두 사람은 그때는 알지 못했습니다.

시간이 흐르면서 두 사람 사이에는 설명하기 어려운 어색함이 감돌기 시작했습니다. 민호는 민호대로 형석이 어느 순간부터 어두운 이야기만 늘어놓는다고 느꼈고, 형석은 형석대로 민호가 더 이상 자신을 이해하려 들지 않는다고 느꼈습니다. 작은 오해들이 차곡차곡 쌓이고, 각자의 삶이 바빠지면서 연락은 점점 뜸해졌습니다. 그러던 어느 날, 민호의 생일 알림이 형석의 핸드폰에 떴습니다. '축하한다고 보내야 하나?' 형석은 몇 번이고 메시지 창을 열었다 닫았다 하며 망설였습니다. 예전 같으면 새벽 12시 땡 치자마자 통화를 걸어 생일 축하 노래를 불러줬겠지만, 이제는 손끝이 쉽게 움직이지 않았습니다.

결국 아무 말도 전하지 못한 채 하루가 지나갔고, 민호 역시 아무런 연락이 없었습니다.

시간이 흘러 방을 정리하던 어느 날, 형석은 우연히 대학 시절 민호와 함께 찍은 사진을 발견했습니다. 낡은 기숙사 앞에서 어깨동무를 한 채 환하게 웃고 있는 두 사람의 얼굴에는, 말하지 않아도 서로를 믿던 시간이 고스란히 담겨 있었습니다. 그제야 형석은 민호가 고민을 넘겼던 건 무관심이 아니라, 어쩌면 자신의 방식으로 '견뎌내는 법'을 알려주려 했던 것일 수도 있다는 걸 깨달았습니다.

그는 위로를 '함께 아파하는 것'으로 배웠고,

민호는 '끝까지 버티게 해주는 것'으로 익혔습니다.

표현의 방식은 달랐지만, 결국 그들의 마음은 같은 곳을 향하고 있었습니다.

며칠을 고민하다 형석은 조심스럽게 메시지를 보냈습니다.

"요즘 어떻게 지내? 우리 오랜만에 밥 한번 먹자."

답상은 몇 분 반에 왔습니다.

“와, 나도 너 생각하고 있었는데. 이번 주말 어때?”

그 주말, 둘은 다시 마주 앉았습니다. 어색한 웃음과 몇 초의 침묵이 지나고 나자, 마치 푹 익은 홍시처럼 속이 저절로 열렸습니다. 오해와 거리는 말보다 눈빛으로 더 쉽게 풀렸습니다. 그날 밤 형석은 집으로 돌아오며 생각했습니다.

‘우리는 발효되고 있었구나. 급하게 끓인 국물처럼 진하지 않았던 건, 익어가는 시간이 필요했기 때문이야.’

그들의 관계는 이제 예전보다 성장해졌습니다. 매일 보진 않지만, 서로를 기다릴 줄 알게 되었고, 다정함이 서툴더라도, 진심은 서서히 깊어지는 것임을 알게 되었기 때문입니다.

마치 오랜 시간 서늘한 그늘 아래에서 익어가는 홍시처럼, 상처와 오해의 시간이 지나야 비로소 단맛이 스며듭니다. 관계도 발효와 같습니다. 충분한 시간과 이해가 쌓일 때 우리는 서로에게 더 깊은 의미로 남게 됩니다. 상처받을 수밖에 없는 우리가 서로의 다름을 인정하고 다시 다가갈 용기를 낼 때, 삶은 조금씩 따뜻해지고 단단해집니다.

“Happiness is not something ready-made. It comes from your own actions.”(행복은 미리 만들어진 것이 아니라, 당신의 행동에서 나오는 것이다.) - 달라이 라마

3) 감사, 작은 것부터

우리는 살아가며 감사의 마음을 특별한 순간에만 꺼내는 경향이 있습니다. 큰 성취를 이루었을 때, 누군가에게 큰 도움을 받았을 때, 혹은 오랜 기다림 끝에 기쁨을 마주했을 때. 물론 그런 순간의 감사는 깊고 진실합니다. 하지만 진정한 감사는 그보다 더 자주, 더 가까운 곳에서 시작됩니다. 그것은 우리가 매일 마주하는 평범한 일상 속에서 피어나는 작고 따뜻한 감정입니다.

아침에 눈을 뜨고 창밖으로 들어오는 햇살, 출근길에 마주친 경비 아저씨의 인사, 커피 한 잔을 건네며 웃어주는 동료의 표정. 이런 순간들은 너무 익숙해서 종종 지나쳐 버리지만, 그 안에는 우리가 감사할 이유들이 가득 담겨 있습니다. 감사는 거창한 사건이 아니라, 우리가 눈을 조금만 더 크게 뜨면 보이는 작은 일상 속에 숨어 있습니다.

몇 해 전, 한 친구가 심한 우울증을 겪고 있을 때의 일이 떠오릅니다. 그는 삶이 무의미하다고 느끼며 하루하루를 버티고 있었고, 주변의 위로도 잘 들리지 않았습니다. 어느 날, 그는 낮은 목소리로 말했습니다.

"요즘은 아침에 일어나서 창문을 열고 바람이 들어오는 그 순간이 제일 좋아. 그게 없었으면 하루를 시작할 힘도 없었을 거야."

그 말은 저에게 깊은 울림을 주었습니다. 우리가 당연하게 여기는 바람 한 줄기조차 누군가에게는 삶을 이어가는 이유가 될 수 있다는 사실. 감사는 그렇게, 아주 작은 것에서 시작됩니다. 감사의 마음은 단지 감정으로 끝나지 않습니다. 그것은 우리의 태도를 바꾸고, 행동을 변화시키며, 삶의 질을 높이는 큰 힘이 됩니다. 감사하는 사람은 세상을 다르게 봅니다. 같은 풍경도 더 따뜻하게 느껴지고, 익숙한 사람도 더 소중하게 느껴집니다. 이렇게 감사는 우리의 시선을 바꾸고, 그 시선은 우리의 삶을 바꿉니다.

감사는 또한 관계를 회복시키는 힘이 있습니다. 오랜 갈등 끝에 "고마워"라는 한마디가 건네졌을 때, 마음의 문이 열리고, 서로를 향한 이해가 시작됩니다. 감사는 벽을 허물고 다리를 놓습니다. 그것은 말보다 강한 언어이며, 행동보다 깊은 표현이기 때문입니다.

우리가 감사의 마음을 품을 때, 그 따뜻한 에너지는 주변 사람들에게도 전해집니다. 감사는 전염되어 누군가의 감사가 또 다른 누군가의 마음을 움직이고, 그 마음이 또 다른 행동으로 이어집니다. 결국 개인을 넘어 공동체를 변화시키는 힘이 됩니다.

감사는 씨앗과도 같습니다. 처음에는 작고 보잘것없어 보이지만, 우리가 매일 정성스럽게 가꾸면 그 씨앗은 자라나 기쁨과 행복이라는 열매를 맺습니다. 감사하는 습관은 처음엔 의식적인 노력이 필요하지만, 시간이 지나면 자연스러운 삶의 일부가 됩니다. 그리고 그 습관은 결국 우리를 더 긍정적이고 풍요로운 사람으로 만들어줍니다.

오늘 하루, 감사할 이유를 하나만 찾아보세요. 아침에 마신 따뜻한 차 한 잔, 사랑하는 사람과 나눈 짧은 대화, 우연히 받은 친절한 미소. 그 소소한 순간들이 우리의 삶을 특별하게 만들어줍니다. 그리고 그 감사의 마음을 누군가와 나눌 수 있다면, 우리는 그 순간 진정한 행복을 경험하게 될 것입니다.

작은 행복

얼마 전, 접촉사고로 인해 차를 정비공장에 맡기고 렌터카를 이용하고 있었습니다. 평소와 다름없이 출근을 하고, 회사 주차장에 차를 주차한 후 업무에 몰두하고 있던 중, 렌터카 회사로부터 전화 한 통이 걸려왔습니다.

"고객님, 차량 시동이 켜진 상태로 방치된 것 같습니다."

순간 머릿속이 하얘졌습니다. 분명 오전 7시 30분에 회사 주차장에 차를 세워두었고, 전화를 받은 시각은 오후 2시였습니다. 스스로에게 묻지 않을 수 없었습니다.

"내가 요즘 이렇게 정신이 없나? 분명히 시동을 끄고 내렸을 텐데…. 설마 깜빡한 건가?"

회의 중이었지만 마음이 급해졌습니다. 회의가 끝나자마자 자리에서 일어나 주차장으로 향해 서둘렀습니다. 주차장은 건물에서 걸어서 약 10분, 뛰면 5분 정도 걸리는 거리였습니다. 뛰는 동안 머릿속에는 온갖 생각이 스쳐 지나갔습니다.

"렌터카는 LPG 차량이라 지하 2층에서 견인도 쉽지 않을 텐데… 연료를 간이로 주입하기도 어려울 거고…."

"왜 이런 사소한 실수조차 제대로 확인하지 못했을까?"

불안한 마음으로 숨을 헐떡이며 도착했지만 차는 멀쩡히 주차되어 있었고, 시동도 꺼져 있었습니다. 결론적으로 원격 경보 시스템의 오작동이었던 것입니다.

그 순간 저는 안도의 한숨을 내쉬었습니다. 그러나 이어지는 감정은 다름 아닌 짜증이었습니다. 지나고 보니 그 걱정과 불안은 헛된 것이었고, 저는 짧은 순간 사소한 실수를 했다고 생각하여 스스로를 얼마나 몰아붙였는지 돌아보게 됐습니다.

'괜히 허둥지둥 뛰어왔네.'라는 생각에 렌터카 회사에 다시 전화를 걸었습니다. 저는 화가 난 목소리로 말했습니다.

"당신들 시스템 문제 때문에 제가 얼마나 소중한 시간을 낭비했는지 아십니까? 도대체 왜 이런 일이 생긴 겁니까?"

렌터카 회사의 담당자는 연신 죄송하다고 사과하며, 경보 시스템에 오류가 있었던 것 같다고 설명했습니다. 전화를 끊고 나서도 여전히 마음이 편치 않았습니다. 하지만 몇 분이 지나자, 문득 다른 감정이 제 안에 스며들었습니다.

돌아보니 저는 아무런 피해를 입지 않았습니다. 차는 멀쩡했고, 시동은 꺼져 있었습니다. 단지 저는 5분 정도 뛰었을 뿐이었습니다. 그 짧은 순간 동안 운동을 했다고 생각하니, 오히려 몸이 가벼워지는 기분이 들었습니다. 그리고 그제야 깨달았습니다. 아무 일도 일어나지 않았다는 사실 자체가 얼마나 큰 행운인지. 같은 상황이라도 생각을 달리하면 마음의 상태가 달라진다는 걸 떠올리자, 제 입가에는 자연스레 미소가 번졌습니다. '그래, 오히려 다행이잖아. 아무 일도 없었으니까.'

제 마음은 점점 편안해졌고, 기분이 좋아지기 시작했습니다. 사무실로 돌아가며 저는 생각했습니다.

"모든 일은 결국 마음먹기 나름이구나."

처음에는 짜증이 났던 일이, 곧 감사한 마음으로 바뀌는 것을 경험하며, 저는 제 자신에게 다짐했습니다. 앞으로는 이런 사소한 일로 쉽게 화내지 않기로.

그날 이후 저는 일상 속에서 작은 행복을 발견하려 노력하게 되었습니다. 출근길에 반짝이는 은행잎, 누군가 건네는 따뜻한 미소, 손끝을 감싸는 따뜻한 차 한 잔의 온기처럼 예전에는 무심코 지나쳤던 순간들이 이제는 하루를 특별하게 만들어 주었습니다.

그 과정에서 깨달았습니다. 행복은 거창한 성취나 특별한 사건에서만 오는 것이 아니라, 평범한 순간을 어떻게 바라보느냐에 달려 있다는 것을. 같은 상황에서도 감사할 것을 찾으려는 마음가짐이 우리의 하루와 삶을 풍요롭게 합니다.

그래서 저는 매일 아침 스스로에게 묻습니다.

"오늘은 어떤 작은 행복을 찾을 수 있을까?"

이 작은 질문은 저를 더 나은 사람으로 변화시키고, 주변과의 관계를 따뜻하게 이어줍니다. 행복은 멀리 있지 않습니다. 우리가 발견하고 받아들일 준비가 되었을 때, 사소한 일상도 삶을 빛나게 합니다.

"행복은 우리가 가진 것에 만족할 때 시작된다." - 달라이 라마

엄마의 편지

어린 시절, 친구들은 인형이나 장난감을 가장 아끼는 물건으로 꼽곤 했습니다. 하지만 소윤에게는 조금 달랐습니다. 그녀가 가장 소중히 여긴 것은 바로 어머니가 써준 작은 편지 한 장이었습니다.

소윤은 초등학교 저학년 시절, 발표 시간에 친구들 앞에서 말을 더듬고 얼굴이 빨개졌던 날을 아직도 기억합니다. 그날은 특별히 참관수업이 있는 날이었고, 교실 한쪽에 서 있는 엄마의 눈빛이 그녀를 바라보고 있었습니다. 심장이 쿵쾅거리며 떨리는 순간에도, 엄마는 소윤을 향해 조용히 고개를 끄덕이며 미소 지었습니다.

발표를 마치고 주저앉듯 자리로 돌아온 소윤에게 엄마는 작은 쪽지를 건넸습니다.

"실수해도 괜찮아, 엄마는 네가 자랑스러워."

그 짧은 글귀는 단순한 말이 아니라, 엄마가 눈빛과 표정으로 전하려던 응원과 믿음이 담긴 메시지였습니다. 소윤은 그 순간, 비록 실수했지만 자신이 소중히 여겨지고 있다는 사실에 마음이 따뜻해지는 것을 느꼈습니다. 편지를 손에 쥔 채로 그녀는 처음으로 '실수해도 괜찮다'는 감각을 이해하게 되었고, 그 작은 용기가 이후 여러 도전 앞에서 자신을 지탱해 주는 힘이 되었습니다.

그날 이후 소윤은 그 쪽지를 필통에 넣고 다녔습니다. 발표가 있는 날

이면 몰래 꺼내 읽고, 두근거리는 마음을 다독였습니다. 그 편지는 그녀에게 용기였고, 안심이었으며, 무엇보다 '괜찮다'는 믿음이었습니다.

시간이 흘러 중학생이 되었을 때, 소윤은 학교에서 억울한 오해를 받았습니다. 쉬는 시간, 친구의 지갑이 사라졌다는 소식이 퍼졌고, 교실 안은 순식간에 술렁였습니다.

누군가가 "소윤이 마지막까지 교실에 남아 있었잖아?"라고 말하는 순간, 모두의 시선이 그녀에게로 쏠렸습니다. 소윤은 당황해 손사래를 쳤지만, 설명할수록 목소리가 떨렸습니다. 선생님이 불러 세우고 가방을 열어보라 하자, 온몸이 굳어버렸습니다. 그 작은 행동 하나하나가 마치 자신이 죄인이라도 된 듯 느껴졌습니다.

집에 돌아오자마자 소윤은 울음을 터뜨렸습니다.

억울함보다 더 괴로웠던 건, 아무도 자신의 말을 믿어주지 않았다는 사실이었습니다.

그녀는 필통을 열어 예전의 쪽지를 꺼내 들었습니다. 잉크가 조금 바랜 글씨가 눈에 들어왔습니다.

'실수해도 괜찮아, 엄마는 네가 자랑스러워.'

그 문장을 바라보는 순간, 마음 한편에서 무너진 신뢰가 조금은 버틸 힘을 얻는 듯했습니다.

잠시 뒤, 어머니가 방으로 들어와 조용히 등을 토닥이며 말했습니다.

"소윤아, 네가 어떤 아이인지 엄마는 잘 알아. 세상이 널 몰라줄 때도, 엄마는 널 항상 믿고 있어."

그 말은 어린 마음에 큰 위로가 되었습니다.

다음 날, 잃어버린 지갑은 교실 문 옆 신발장 밑에서 우연히 발견되었고, 오해는 풀렸습니다. 하지만 그날의 기억은 오래 남았습니다. 억울했던 순간보다 더 선명하게 남은 건, '엄마의 믿음이 나를 지켜줬다'는 사실이었습니다.

그 후로 소윤은 세상이 자신을 오해해도 쉽게 무너지지 않았습니다.

고등학생이 되어 대학 진학을 준비할 때, 소윤은 점점 자신감을 잃어갔습니다. 원하는 성적이 나오지 않았고, 주변 친구들과 자신을 비교하며 괴로워했습니다. 어느 날 밤, 책상에 엎드린 채 울고 있는 딸에게 어머니는 따뜻한 차 한 잔을 내밀었습니다.

그 향기 속에는 언제나 변함없이 같은 메시지가 담겨 있었습니다.

"소윤아, 열심히 하고 있잖아. 노력하는 너는 이미 멋진 사람이야. 결과가 뭐든 엄마는 네 편이야."

그 말에 소윤은 눈물을 멈추고, 다시 마음을 추슬렀습니다.

대학에 입학한 뒤 처음으로 고향을 떠나 자취를 시작한 소윤은 어느 밤, 휴대전화를 손에 쥐고 한참을 망설였습니다. 평소에는 사소한 일로 전화를 걸지 않았지만, 이날따라 참아왔던 외로움이 자꾸만 마음을 두드렸습니다. 화면에 뜨는 '엄마'라는 이름을 바라보다가 결국 전화를 걸었습니다.

벨이 몇 번 울리지도 않고 들려온 어머니의 다정한 목소리에 소윤의 심장이 순간 떨렸습니다. 숨을 고르며 목 끝까지 차오른 울컥함을 꾹꾹 눌러 삼켰습니다.

"엄마… 나야."

그 한마디에 마음 한구석에 쌓여 있던 외로움이 살짝 풀려나가는 듯했습니다. 눈물이 핑 돌았지만, 소윤은 이번에는 꾹 참고 작은 미소를 지었습니다.

'괜찮아, 나 아직 잘 버티고 있어.'

그러나 마음속 깊이 감춰둔 속마음은 결국 입 밖으로 흘러나왔습니다.

"엄마, 나 너무 힘들어… 다들 잘하는 것 같고, 나만 뒤처진 것 같아…."

잠시의 정적 끝에 어머니는 조용히 말했습니다.

"소윤아, 다른 사람이 잘한다고 해서 네가 부족한 건 아니야. 너는 너의 속도로 잘 가고 있어. 너무 조급해하지 말고, 너 자신을 믿어봐. 엄마는 언제나 네 편이야."

그 말은 멀리 떨어진 곳에서도 소윤의 마음을 단단히 붙잡아주었습니다. 그날 밤, 그녀는 처음으로 홀로 있는 방 안에서 외로움 대신 따뜻함을 느끼며 잠이 들었습니다.

시간은 흘러, 소윤은 사회에 나와 직장을 구했습니다. 하지만 사회생활은 생각보다 냉정했고, 매번 혼나고 돌아오는 길은 발걸음이 무거웠습니다. 퇴근길 버스 안에서 고개를 숙이고 있던 어느 날, 문득 어릴 적 그 작은 편지가 떠올랐습니다.

"너는 언제나 내 자랑이란다."

집에 돌아오자마자 그녀는 어머니에게 전화를 걸었습니다.

"엄마, 나 오늘 진짜 힘들었어. 잘하고 있는 건지 모르겠어."

어머니는 여전히 변함없는 목소리로 말했습니다.

"잘하고 있어, 소윤아. 사람은 누구나 넘어지면서 배우는 거야. 넘어졌다고 잘못된 게 아니야. 일어나서 또 걸어가면 돼. 엄마는 네가 정말 자랑스러워."

그날 밤, 소윤은 오랜만에 깊이 잠들 수 있었습니다.

어느새 시간이 지나, 소윤은 회사에서 후배들을 이끄는 선배가 되어 있었습니다. 여전히 실수도 하고, 좌절도 겪었지만, 그녀는 이제 알고 있습니다. 어린 시절 어머니가 전해준 그 편지 한 장과 따뜻한 말들이 평생의 힘이 되어주었다는 것을.

비 오는 날, 그녀는 회사 창가에 서서 내리는 빗방울을 바라보며 어머니에게 전화를 걸었습니다.

"엄마, 나 오늘 좋은 일 있었어. 나, 회사에서 승진해서 차장이 되었어."

전화기 너머로 들리는 어머니의 웃음소리에 소윤은 미소지었습니다. 어머니의 위로와 공감은 언제나 그녀의 마음에 살아 있었고, 그것은 어떤 물질적 물건보다 훨씬 더 따뜻하고 든든한 보호막이 되어주었습니다.

소윤은 속으로 다짐했습니다.

'나도 누군가에게 이런 사람이 되어주고 싶어. 말 한마디로, 마음을 감싸주는 그런 사람으로.'

그것이 어머니가 평생 그녀에게 남겨준 가장 큰 선물이었습니다. 그리고 그날 밤, 소윤은 오랜만에 어린 시절 편지들을 꺼내보며 속삭였습니다.

“엄마, 고맙습니다. 제가 여기에 올 수 있었던 건 당신 덕분입니다. 앞으로도 저는 당신의 딸로서, 저답게 살아가겠습니다.”

창밖에는 여전히 비가 내리고 있었지만, 그녀의 마음은 더없이 따뜻했습니다.

하루를 밝히는 소소한 선물들

택배 기사 준호 씨

『준호 씨는 대형마트에서 일하는 배송 기사였습니다. 매일 새벽부터 수백 개의 물건을 싣고 도심 곳곳을 누볐습니다. 반복되는 업무 속에서 그는 점점 자신을 '움직이는 바코드'처럼 느끼기 시작했습니다. 사람들과의 대화는 짧고, 인사는 형식적이었으며, 하루가 끝나면 남은 것은 피로뿐이었습니다.

그러던 어느 날, 좁은 골목길에 위치한 단독주택에 택배를 배달하던 중, 문을 열어 준 노부인이 따뜻한 눈으로 준호 씨를 바라보며 환하게 웃었습니다.

"이 추운 날, 이렇게 무거운 짐 들고 고생이 많아요. 정말 고맙네. 빵하고 음료수 하나 먹고 해요. 내가 손주 같아서 그래."

그 한마디에 준호 씨의 마음속 얼어붙은 피로가 조금 녹는 듯했습니다. 그날 이후, 그 집에 다시 배달할 일이 생기자 문득 작은 감사의 마음이 올라왔습니다. 그는 근처 빵집에 들러 따뜻한 호빵 하나와 우유를 사서, 조심스레 봉지를 들고 문을 두드렸습니다.

"할머니, 지난번 말씀 덕분에 큰 힘을 받았습니다. 따뜻할 때 드시면 좋겠습니다."

노부인은 웃으며 말했습니다.

"이런 일은 처음이야. 요즘 젊은이들 중에 이렇게 마음을 전하는 사람이 드물지."

그날 이후, 준호 씨의 하루는 달라졌습니다. 그는 더 이상 단지 물건을 옮기는 사람이 아니라, 작은 마음을 전하는 사람이었습니다. 그 믿음은 그의 일에 의미를 더했고, 고객과의 관계도 이전보다 훨씬 따뜻해졌습니다. 그는 이제 하루의 시작이 단순한 노동이 아니라, 누군가에게 작은 기쁨을 전할 수 있는 기회라는 것을 알게 되었습니다.』

버스 기사님이 빗속에서 한 번 더 기다려준 순간

『비가 억수같이 쏟아지는 아침, 영호는 우산도 없이 버스를 향해 전력 질주 했습니다. 이미 멀어져 가는 뒷모습을 보며 '놓쳤다'는 생각이 드는 순간, 버스가 멈춰 섰습니다. 젖은 숨을 몰아쉬며 오르자, 기사님은 거울로 잠시 영호의 모습을 확인하더니 아무 말 없이 출발했습니다. 빗물로 얼룩진 옷자락이 무겁게 느껴졌지만, 마음만큼은 가벼워졌습니다. 그 순간 단 몇 초였지만, 영호에게는 하루 종일 마음속에 햇살을 내려놓은 듯한 따스함으로 남았습니다.』

아침 출근길, 경비 아저씨의 변함없는 인사

『매일 아침, 아파트 정문 앞에는 경비 아저씨가 서 계셨습니다. 비가 오나 눈이 오나, 두 손을 모은 채 환하게 웃으며 말하셨습니다.

"좋은 하루 보내세요."

바쁘게 걷던 발걸음이 잠시 멈추고, 그 인사는 하루를 시작하는 나

반의 작은 표식이 되었습니다. 때로는 커피 한 잔보다, 그 목소리가 더 깊게 나를 깨웠습니다. 마음이 무거워 인사를 받지 못하고 지나친 날도 있었지만, 다음 날에도 변함없이 건네진 그 인사 덕분에 나는 다시 고개를 들어 웃을 수 있었습니다.』

살다 보면 우리는 종종 큰 성취나 눈에 띄는 성과가 있을 때만 감사하려는 경향이 있습니다. 마치 감사가 특별한 날에만 꺼내야 하는 선물처럼 여겨지곤 합니다. 하지만 마음을 진정으로 변화시키는 감사는 거창한 순간이 아니라, 일상 속 작고 소박한 장면들에서 피어납니다.

비 오는 날 버스 기사님이 젖은 승객을 기다려준 순간, 동네 슈퍼 주인이 사탕을 쥐여 주며 건넨 웃음, 모르는 이와 함께 쓴 우산, 출근길마다 건네는 경비 아저씨의 인사…. 이런 사소한 순간들이 우리 안에서 '고맙다'는 마음을 일으킵니다. 비록 작고 사소해 보여서 쉽게 지나칠 수 있지만, 그런 순간들은 오래도록 남아 우리를 따뜻하게 지켜주고 또 다른 사람에게 전해집니다.

오늘 하루에도 분명 그런 감사의 순간이 있을 것입니다. 놓치지 말고 마음속에 가만히 담아두세요. 작은 감사가 쌓일 때, 우리의 삶 전체가 조금 더 부드럽고 따뜻하게 빛나게 될 테니까요.

인연

- 정영목 -

깊은 어둠 속, 아무것도 보이지 않는 우리의 세상
우리는 인연 따라 다시 만났네

차갑고 고요하기만 했던 내 세상에
너를 만나 꽃이 피어나기 시작했네

햇살보다 따뜻한 너를 만나
사랑이 무엇인지 알게 되었고,

달빛보다 고운 너를 만나
삶의 깊이를 배우게 되었네

캄캄했던 내 세상에 네가 찾아와
비로소 아침이 시작되었고,

환히 빛나던 내 하루는
너로 인해 평온히 끝을 맞이했지.

다시 만난 네가 내 세상에 떠오른 태양이라면,
또다시 너를 만나는 날 그 태양은 잠시 쉬어가겠지.

다음 생이 있다면,
우리는 또다시 만날 수 있을까?
그리고 또다시 너를 사랑할 수 있을까?

2.

삶의 퍼즐을 맞추는 지혜와 통찰

현대 사회는 복잡하고 다양한 이해관계가 얽혀 있어, 우리가 어떤 선택을 해야 옳은 것인지 판단하기 어려운 경우가 많습니다. 이는 개인적인 문제를 넘어서 사회 전반에서 흔히 마주하는 딜레마입니다. 이해관계가 얽힐수록, 무엇이 선(善)이며 유익한 것인지에 대한 기준이 흐려질 수 있기 때문입니다.

이러한 문제를 해결하기 위해, 우리가 선택의 기준을 명확히 설정하고 이를 바탕으로 다양한 사례를 통해 사고의 폭을 확장해야 한다고 생각합니다. 우리의 판단은 종종 개인적인 경험과 제한된 정보에 의존하게 됩니다. 그러나 더 넓은 시각과 다양한 관점을 접하게 되면, 우리는 더욱 슬기롭고 선한 선택을 할 수 있는 능력을 기를 수 있습니다.

예를 들어, 친구와의 갈등에서 자신이 옳다고 확신이 든다고 해도, 상대방의 입장을 경청하고 이해하려는 노력을 기울이는 것이 더 큰 관계적 가치를 가져올 수 있습니다. 이는 '옳음'이라는 기준을 단순히 사실적 정확성에 두기보다, 사람들 간의 유익함과 화합에 초점을 맞추는 것이 때로는 더 나은 선택임을 시사합니다.

이처럼, 현대 사회에서 우리가 선택할 수 있는 최선의 길은 단지 자신의 이익이나 명분을 고수하는 데 있지 않습니다. 대신, 우리의 선택이 더 많은 사람들에게 유익하고 선하며, 긍정적인 변화를 이끌어낼 수 있는지를 생각해 볼 필요가 있습니다. 이를 위해 필요한 것은 무엇보다도 열린 마음으로 다양한 사례를 살펴보고, 이를 통해 우리의 사고를 확장시키는 것입니다.

우리는 또한, 선택을 내리기 전 그 선택이 미칠 장기적인 영향에 대해서도 깊이 고민해야 합니다. 단기적인 결과뿐만 아니라, 그 선택이 시간이 흐를수록 어떻게 영향을 미칠지에 대한 고민이 필요합니다. 예를 들어, 단기적으로 자신에게 유리한 선택이 장기적으로는 사회적 불균형을 초래하거나 타인에게 해를 끼칠 수 있음을 인식하는 것이 중요합니다.

결국 우리가 추구해야 할 것은 단순히 "무엇이 옳은가"를 찾는 것뿐만 아니라, "무엇이 더 선하며, 유익하고, 타인과 사회에 긍정적인 영향을 미칠 수 있는가"를 고민하는 것입니다. 그러한 선택은 개인의 성장뿐만 아니라, 사회 전체의 발전에도 기여할 것입니다.

이 글을 통해 우리 모두가 마주한 상황 속에서 조금 더 넓은 관점으로 바라보고, 자신과 타인에게 선한 영향을 미칠 수 있는 선택을 해 나가길 희망합니다.

1) 통찰

우리가 살아가면서 마주하는 수많은 일들 속에서, 우리의 선택과 행위는 늘 큰 영향을 미칩니다. 그러나 종종 우리는 그 결과의 표면만을 보고 지나치거나, 문제의 본질을 외면한 채 눈앞의 상황에만 몰두하곤 합니다. 이로 인해 진정으로 필요한 답을 찾기보다는 임시방편적인 해결에 그치게 되며, 결국 더 큰 고민이나 갈등을 불러오는 경우가 많습니다.

더 나은 결과를 만들어 가기 위해서는, 눈에 보이는 것 너머의 본질을 볼 수 있어야 합니다. 이는 그저 문제를 해결하는 수단을 넘어서, 우리 자신을 돌아보고 성장시킬 수 있는 중요한 기회이기도 합니다. 본질을 보는 것은 표면적인 감정이나 사건에만 집중하는 것이 아니라, 그 안에 담긴 깊은 의미와 가치를 발견하려는 태도입니다.

이 단원에서는 우리가 이러한 태도를 기르기 위한 몇 가지 사례를 살펴보고자 합니다. 사물을 꿰뚫어 보는 통찰력은 단지 문제를 해결하는 데 그치지 않고, 삶의 본질과 마주하면서 내면의 성장을 경험할 수 있는 길을 열어줍니다. 예를 들어, 갈등이 발생했을 때 단순히 상대방의 말이나 행동에만 반응하는 대신, 그 행동의 배경이나 동기를 이해하려는 노력을 기울인다면, 갈등은 오히려 더 나은 관계로 발전할 수 있는 계기가 될 수 있습니다.

본질을 바라보는 힘은 하루아침에 생기는 것이 아닙니다. 그것은 우리가 삶을 대하는 태도와 관점이 점차 변화하고 성숙해지는 과정 속에서 서서히 길러집니다. 눈에 보이는 것만을 받아들이는 것이 아니라, 그 이면에 담긴 의미를 이해하고 깊이 사고하는 능력이 쌓일 때, 우리는 사물과 사람, 그리고 세상을 더욱 넓고 깊은 시각으로 바라볼 수 있습니다.

여우와 연못

『오래전, 한 마을 근처 숲에 한 마리 여우가 살고 있었습니다. 여우는 영리했으며 무엇보다 공짜를 무척 좋아하는 성격이었습니다. 언제나 더 쉽게 먹이를 얻을 방법이 없을까 고민하곤 했죠.

어느 날, 여우는 숲을 거닐다가 햇빛을 받아 반짝이는 아름다운 연못을 발견했습니다. 연못 옆에는 커다란 표지판이 하나 세워져 있었습니다. "이 연못은 일정 기간 동안 누구나 자유롭게 이용할 수 있습니다."

"정말? 이렇게 좋은 연못을 그냥 쓸 수 있다니!"

여우는 기뻐하며 망설이지 않고 연못 가장자리로 다가가 발을 담가 보았습니다. 물은 맑고 시원했으며, 물고기들도 많았습니다. 여우는 하루 종일 그곳에서 물고기를 잡으며 배를 채웠습니다.

며칠이 지나도 여우는 연못에 가는 것을 멈추지 않았습니다. 매일 아침 눈을 뜨면 연못으로 달려가 물고기를 먹었고, 오후에는 물가에 누워 느긋하게 낮잠을 즐겼습니다.

"이 연못은 정말 꿈같아. 왜 이제야 알았을까?"

여우는 만족스러운 표정으로 중얼거렸습니다.

하지만 며칠 후, 연못 가장자리에 새로운 표지판이 세워졌습니다.

"특별 구역: 프리미엄 물고기 제공(이용 시 금화 필요)"

그 구역은 울타리로 둘러싸여 있었고, 그 옆에는 "이곳의 물고기를 먹으려면 금화를 지불하세요."라는 문구가 적혀 있었습니다.

"금화? 분명 누구나 자유롭게 이용할 수 있다고 했잖아!"

여우는 당황했지만, 일단 프리미엄 구역이 아닌 곳에서 물고기를 잡기 시작했습니다. 그러나 예전처럼 물고기가 쉽게 잡히지 않았습니다. 여우가 고민하는 사이, 일반 구역의 물고기 수는 점점 줄어들어 결국 거의 남지 않았습니다. 반면 울타리 너머의 프리미엄 구역에는 여전히 많은 물고기들이 유유히 헤엄치고 있었습니다.

굶주림이 점점 심해지자 여우는 불안해졌습니다. 처음엔 금화를 내는 것이 억울하게 느껴졌지만, 결국 다른 방법이 없다는 걸 알게 되었습니다. 이제 여우에게 남은 선택지는 단 하나뿐이었습니다. 금화를 마련하든지, 점점 더 굶주려 가는 자신을 감당하든지.

그러던 어느 날, 여우는 연못의 물이 예전보다 탁해졌다는 것을 알게 되었습니다. 연못 주인은 여우가 물속을 제대로 들여다보지 못하게 하여, 물고기를 잡느라 시간을 허비하게끔 일부러 물을 흐려 놓았던 것입니다. 여우는 연못을 쉽게 떠날 수 없게 되었습니다. 물고기가 좀처럼 잡히지 않자, 여우는 연못에서 물고기를 잡는 일이 더 이상 즐겁지 않았습니다.

게다가 연못 주인은 여우가 금화를 지불하지 않자, 여우가 얼마나 자주 그리고 오랫동안 연못을 이용하는지를 다른 동물들에게 퍼뜨렸고, 그로 인해 여우는 점점 주변 동물들 사이에서 욕심 많고 눈치 없는 존재로 비춰지게 되었습니다.

처음에는 자유롭게 이용 가능하다는 표지판에 이끌려 왔을 뿐이었지만, 자꾸만 그 자리에 머물다 보니 자유롭게 오갈 수 있는 자유마저 잃고 있었던 겁니다. 결국 여우는 연못을 떠나기로 결심했습니다.

"이렇게 될 줄은 몰랐어. 공짜인 줄만 알았는데, 결국 내 자유를 잃고 있었던 거야." 그는 연못을 벗어나 숲속을 걸으며 처음 연못을 발견했을 때의 설렘을 떠올렸습니다. 그리고 마음속 깊이 교훈 하나를 되새겼습니다.

"세상에 진짜 공짜는 없는 법인 것 같아. 달콤한 유혹 뒤에는 언제나 대가가 따르지."

그 후로 여우는 어디를 가든 '공짜'라는 말에 쉽게 현혹되지 않기로 마음먹었습니다. 이제는 쉬운 길을 찾기보다 스스로 먹이를 구하는 법을 다시 배우기 위해 노력하기 시작했습니다.

처음에는 힘들었습니다. 오랫동안 연못에서 편하게 물고기를 잡으며 살아왔던 터라, 사냥하는 법도 잊어버렸고, 빠르게 뛰어다니는 작은 동물들을 잡는 것도 서툴렀습니다. 하지만 여우는 포기하지 않았습니다.

그는 숲속을 돌아다니며 예전처럼 사냥하는 법을 익히기 시작했습니다. 처음엔 작은 곤충을 잡아먹으며 버텼고, 점차 뛰어다니는 토끼와 작은 설치류들의 움직임을 관찰하며 사냥 기술을 익혔습니다. 뛰는 속도를 높이기 위해 매일 조금씩 몸을 단련했고, 사냥에 실패해도 좌절하지 않고 다시 도전했습니다.

또한, 여우는 숲의 자연스러운 흐름을 이해하려 노력했습니다. 바람이 어느 방향으로 부는지, 동물들이 주로 언제 활동하는지, 먹잇감이 어디에 많이 몰려 있는지를 세심하게 관찰하며, 단순히 운에 맡겨 먹이를 찾는 것이 아니라 지혜롭게 생존하는 방법을 터득했습니다.

시간이 지나자, 여우는 자신이 과거보다 훨씬 민첩해졌으며, 작은 동물들을 잡는 속도도 부쩍 빨라졌다는 것을 느꼈습니다. 그는 더 이상 한곳에 의존하지 않았고, 스스로의 힘으로 살아가는 법을 배웠습니다.

"예전에는 편하게 물고기를 얻는 것만을 생각했지만, 지금은 내 스스로 노력한 만큼 얻을 수 있다는 것이 더 값지게 느껴져."

여우는 이제 더 이상 남이 마련해 준 편리한 연못을 찾지 않았습니다. 대신, 숲속에서 자신만의 방식으로 살아가는 법을 배웠고, 그 과정 속에서 자유와 진정한 만족을 얻었습니다.

그는 비로소 깨달았습니다.

"가치 있는 것은 반드시 그만큼의 노력이 따를 때 더욱 빛나는 법이야."』

우리는 살아가며 수많은 선택의 순간을 마주합니다. 그중에서도 가장 달콤하게 느껴지는 것은 '공짜'입니다. 아무 대가 없이 얻는 것처럼 보여도, 그 뒤에는 항상 보이지 않는 대가가 숨어 있습니다. "공짜 점심은 없다"라는 말은 단순한 경고가 아니라, 삶의 구조를 꿰뚫는 통찰입니다. 무료 서비스 속에는 우리의 시간, 관심, 개인정보, 심지어 자유까지도 잠식됩니다. 처음엔 부담 없어 보여도, 결국 우리에게 더 많은 것을 요구받고 선택의 폭은 좁아집니다.

그래서 우리는 스스로 묻는 습관을 가져야 합니다. "이것이 정말 필요한가?", "뒤에는 어떤 대가가 있는가?"라는 질문은 삶을 지키는 지혜입니다. 진정한 가치는 노력과 시간을 들여야 얻을 수 있으며, 스스로 쌓아 올린 것은 결코 흔들리지 않습니다. 유혹에 흔들리지 않고 자신만의 기준으로 살아가는 삶, 그것이 진정한 만족과 자유를 가져다줍니다.

"Nothing worth having comes easy."(가치 있는 것은 쉽게 얻을 수 없다.) - Theodore Roosevelt

부의 지도

『새벽은 어둠과 빛이 맞닿는 경계에서 새롭게 시작되는 시간입니다. 장희는 공원의 벤치에 앉아 여명이 떠오르는 하늘을 바라보며 깊은 생각에 잠겼습니다.

"나는 무엇을 위해 살아가는가?"

"진정한 삶의 목표란 무엇일까?"

주변에서는 끊임없이 '부자가 되는 법'에 대한 이야기들이 들려왔습니다. 많은 사람들이 부를 쫓으며 성공을 갈망하고 있었고, 그것이 마치 삶의 필수적인 목표처럼 여겨졌습니다. 하지만 장희의 마음 한편에는 의문이 떠올랐습니다.

"부자가 되는 것만이 삶의 목표가 될 수 있을까?"

그동안 그는 고액 연봉을 받는 삶을 꿈꾸며 살아왔습니다. 학창 시절부터 끊임없이 노력했고, 유망한 대기업에 입사해 승진을 거듭하며 안정적인 경제적 기반을 다졌습니다. 그러나 현실은 달랐습니다. 뿌듯함보다 점점 커져가는 피로감과 공허함이 그를 지배했습니다.

"내가 진짜 원하는 것은 무엇일까?"

어느 날, 그의 오랜 친구 민수가 찾아왔습니다. 민수는 장희와는 전혀 다른 방식으로 삶을 살아가고 있었습니다. 그는 단순히 자신의 직접적인 노력으로 돈을 버는 것이 아니라, 자신만의 시스템을 구축하여 수익을 창출하는 삶을 살고 있었습니다. 민수는 차분히 자신의 이야기를 들려주었습니다.

"처음엔 나도 그냥 열심히 일하면 부자가 될 수 있을 거라고 생각했어. 하지만 시간이 지나면서 깨달았지. 내 노력만으로 벌어들이는 돈에는 한계가 있다는 걸."

그는 이어서 두 가지 시스템을 설명했습니다.

'돈이 돈을 벌어주는 시스템'은 주식, 부동산, 채권 등의 투자를 통해 돈이 스스로 불어나게 만드는 방식이며,

'사람이 돈을 벌어주는 시스템'은 회사를 운영하거나 조직을 구축해 사람들이 함께 가치를 창출하며 수익을 만들어내는 방식이었습니다.

"물론, 둘 다 쉬운 건 아니야. 하지만 중요한 건, 내가 직접 일하지 않아도 수익이 지속적으로 발생할 수 있다는 점이지."

장희는 민수의 말을 곱씹으며, 그동안 자신이 얼마나 좁은 시야로 세상을 바라보고 있었는지를 알게 되었습니다. 그는 오직 자신의 시간과 노력만을 투자하는 것이 부를 쌓는 유일한 방법이라고 믿어왔지만, 이제는 새로운 가능성을 발견한 것 같았습니다.

며칠 후, 장희는 결단을 내렸습니다. 그는 단순히 연봉 상승만을 목표로 삼는 대신, 자신의 삶을 더욱 풍요롭게 만들 방법을 찾기로 했습니다. 기존의 일만 지속하는 것이 아니라, 자신만의 시스템을 구축하기 위해 새로운 도전을 시작했습니다.

그는 주식과 부동산, 채권에 대한 공부를 시작하였고, 투자 감각을 익히기 위해 시간을 들였습니다. 또한 작은 사업을 구상하며 스스로

가치를 창출하는 방법을 고민하였습니다. 아울러 시간을 더욱 효율적으로 관리하며, 일과 배움의 균형을 맞추려 노력하였습니다.

시간이 흐르면서 장희의 삶은 변화하기 시작했습니다. 여전히 회사에서 열심히 일을 하고 있었지만, 예전처럼 오로지 월급만을 바라보는 삶은 아니었습니다. 그는 이제 자신이 시간을 어디에 투자해야 하는지, 어떤 선택이 더 나은 미래를 만들어줄 것인지 깊이 고민하게 되었습니다.

어느 날, 장희는 다시 민수를 만났습니다. 두 사람은 오래된 나무 아래에 앉아 대화를 나누었습니다.

"어때, 네가 꿈꾸던 삶에 가까워지고 있어?"

장희는 미소를 지으며 대답했습니다.

"처음에는 어떻게든 돈을 더 잘 버는 방법만 알고 싶었어. 하루하루를 바쁘게 보내면서도, 마음 한구석에서는 늘 '더 많이, 더 빨리'라는 욕심이 자리 잡고 있었거든. 하지만 배우고 도전하며 조금씩 깨달았어. 진정한 변화는 돈의 많고 적음에서 오는 것이 아니라, 그 과정을 통해 내가 무엇을 만들고, 어떤 의미를 부여하는가에서 비롯된다는 것을 말이야.

이제는 그저 돈을 좇는 것이 아니라, 나만의 가치를 만들어가며 살아가고 있어. 작은 선택 하나에도 의미를 담고, 하루하루를 내 방식대로 쌓아가는 과정 속에서 조금씩, 내가 진정으로 원하는 삶의 모습이 선명하게 보이기 시작했어. 그제야 알겠더라, 진짜 삶은 숫자가 아니라 내가 만들어가는 이야기 속에 있다는 걸."

민수는 고개를 끄덕이며 말했습니다.

"그게 바로 우리가 추구해야 할 삶이야. 돈은 도구일 뿐, 우리가 진짜로 찾아야 하는 건 그 위에 있는 거지."

그 순간, 장희는 확신했습니다. 삶의 목표란 단지 돈을 버는 것이 아니라, 자신이 소중히 여기는 가치를 실현하며 성장하는 과정 속에서 비로소 발견되는 것임을.

그는 더 이상 타인의 기준에 맞춰 살아가는 것이 아니라, 자신의 철학과 목표를 바탕으로 삶을 설계하는 법을 배워가고 있었습니다.

"부란 단순히 돈의 많고 적음이 아니라, 내가 진정으로 원하는 삶을 살 자유를 가질 수 있느냐에 달려 있다."

장희는 그날, 더 이상 막연한 미래를 걱정하지 않기로 했습니다. 그는 앞으로도 스스로의 길을 개척하며, 자신의 삶을 주도적으로 살아가기로 다짐했습니다.』

오늘날 많은 사람들이 부자가 되기를 원하지만, 그 방법과 과정은 사람마다 다를 수 있습니다. 중요한 것은 자신의 목표와 삶의 방향에 맞는 방식을 선택하는 일입니다.

고액 연봉자가 되는 길은 개인의 노력과 전문성을 요구하며, 즉각적인 보상을 받을 수 있습니다. 하지만 지속적으로 시간을 쏟고 에너지를 투자해야 한다는 한계가 있습니다. 반면, 시스템을 활용한 방식은 자산과 조직을 통해 수익을 창출할 수 있지만, 초기 준비와 꾸준한 관리가 필수적입니다.

그렇다면 그저 돈을 목표로 삼는 삶과, 돈을 통해 가치를 창출하는 삶은 어떻게 다를까요?

가령 누군가 신발을 만들어 돈을 벌기 시작했다고 해봅시다. 처음에는 대부분의 사람들이 그렇듯 단지 수익을 얻기 위해 신발을 만들지만, 시간이 지나면서 그는 사람들에게 좀 더 편안한 신발을 제공하는 데 더 큰 의미를 두게 됩니다. 그렇게 되면 돈도 자연스럽게 따르고, 사업도 점차 단단히 자리 잡게 됩니다. 이 사례에서 볼 수 있듯, 돈이 처음에는 목표가 될 수 있으나, 그 과정을 통해 자신이 만들어내는 가치의 결과로 따라오는 경우가 많습니다.

그러나 현실에서는 여전히 많은 사람들이 돈 그 자체를 목표로 삼고 살아갑니다. 부자가 되고 싶다는 염원은 강렬하지만, 그 부가 자신의 삶에서 어떤 의미를 지니는지, 또 그 목표를 이루기 위해 무엇을 준비해야 하는지는 깊이 고민하지 않는 경우가 많습니다.

이런 맥락에서 스스로에게 질문해 볼 필요가 있습니다. "당신에게 부란 무엇인가요?" 혹은 "부자의 기준은 무엇인가요?"라는 질문을 받았을 때, 많은 사람들은 쉽게 대답하지 못합니다. 설령 대답하더라도 '돈이 많아서 걱정 없이 사는 사람'이나 '경제적으로 여유로운 상태'처럼 다소 추상적이고 모호한 표현에 머무르는 경우가 대부분입니다.

이는 우리가 부에 대해 갖고 있는 관념이 내면에서 나온 자발적인 정의라기보다, 사회나 주변 환경에 의해 주입된 기준일 가능성이 크기 때문입니다. 다시 말해, 왜 부자가 되고 싶은지에 대한 내적인 이유나 철학 없이, 단지 타인의 기준을 따라 막연히 부를 좇고 있는 것입니다. 그렇게 되면 부를 향한 여정은 방향도 동력도 없이 흐릿해질 수밖에 없습니다.

명확한 목표 없이 달리는 경주는 결국 지치고, 방향을 잃기 마련입니다.

따라서 부를 꿈꾸기 전에 먼저 자신에게 물어보아야 합니다. 나는 왜 부자가 되고 싶은가? 나에게 부란 어떤 상태를 의미하는가? 그리고 그 목표를 이루기 위해 지금 무엇을 준비하고 있는가? 이런 질문에 대한 진지한 성찰이 없다면, 부를 추구하는 여정은 자기 삶과 동떨어진, 그저 타인의 성공을 흉내 내는 과정에 불과할지도 모릅니다.

진정으로 중요한 것은, 돈 그 자체가 아니라 그 돈을 통해 우리가 어떤 삶을 만들어갈 것인가를 고민하는 일입니다. 과정 속에서 자신만의 가치를 발견하고, 의미 있는 선택을 이어갈 때, 비로소 돈은 우리의 삶에 진정한 자유와 만족을 선사하는 도구가 됩니다.

(※ 한국의 부자 기준 – 금융자산 10억 원 이상: KB금융지주 경영연구소의 '2024 한국 부자 보고서'에 따르면, 금융자산이 10억 원 이상인 개인을 부자로 정의하며, 이러한 부자는 약 46만 1천 명으로 전체 인구의 0.9%를 차지합니다.)

우리는 물질적인 세계에서 살아갑니다. 이 현실 속에서 생존하고 성장하려면 무엇이 진정 중요한지를 아는 것이 필요합니다. 그중 돈은 핵심적인 역할을 합니다. 다만, 돈은 생존하기 위해서만 필요한 대상이 아니라, 우리가 물질을 어떻게 활용하고 관리할지를 보여주는 지표이자 방향입니다.

따라서 돈을 배척하라는 것이 아니라, 오히려 그것을 올바르게 이해하고 현명하게 활용하는 태도가 필요합니다. 우리는 최선을 다해 삶을 살아가야 하며, 그 과정에서 얻는 정당한 대가는 누구나 존중받아 마땅하다고 생각합니다. 돈은 궁극적인 목적이 아니라 우리의 자유와 가능성을 확장하는 수단이 될 수 있으며, 중요한 것은 그것을 어떻게 사용하고, 어떤 가치를 만들어 나가느냐에 달려 있습니다.

미국에서는 부자들이 사회에서 존경받는 경우가 많습니다. 그 이유는 간단합니다. 자본주의 사회에서 부자들은 자신의 노력과 역량으로 많은 수익을 창출했을 뿐만 아니라, 이를 통해 고용을 창출하고 사회에 기여하기 때문입니다. 부자란 단순히 물질적 풍요를 누리는 것을 넘어, 그 풍요를 바탕으로 사회에 긍정적인 영향을 미칠 수 있는 가능성을 가진 존재가 될 수 있습니다.

한국에서는 부자에 대한 시선이 미국이나 다른 나라와는 조금 다릅니다. 일부 사람들은 부자들에게 시샘하거나 그들을 부정적으로 바라보는 경향을 보입니다. 물론 부자가 된 과정에 대해 다양한 의견이 있을 수 있고, 때로는 그 과정이 공정하지 않았다고 생각할 수도 있습니다. 하지만 우리는 부자들을 원망하거나 비난하기보다는, 그들이 가진 장점과 배울 점을 찾아보는 것이 더 중요합니다. 그들이 사회에 어떻게 기여할 수 있을지 고민하는 것도 필요하지만, 지나치게 그들의 기여도를 탓하거나 요구하는 태도는 바람직하지 않습니다. 그들의 부는 그들이 쌓아온 결과물이며, 이를 평가하기보다는 우리 자신이 할 수 있는 선행과 기여를 고민하는 것이 더욱 의미 있는 일이 될 것입니다.

한국의 많은 사람들이 부자들에게 "월수입이 1억 원이라면 그만큼 좋은 일을 해야 하지 않느냐?"라고 묻습니다. 그러나 이에 대해 "월 300만 원을 버는 당신은, 그에 맞는 선한 행동을 하고 있나요?"라고 반문하면, 대답을 쉽게 하지 못하는 경우가 많습니다. 대부분은 "내가 돈을 많이 벌지 못해서 선행을 할 여유가 없다"라고 말합니다. 물론 월 1억 원과 300만 원의 차이는 큽니다. 하지만 월 100만 원을 버는 사람에 비해 300만 원을 버는 사람 역시 더 많이 가지고 있는 것은 부정할 수 없습니다. 모든 것을 자신의 기준으로 판단하면 편협한 사고에 빠질 수 있고, 이러한 태도는 시기심을 키우는 결과를 낳습니다. 중요한 것은, 각자의 상황에 맞는 선행을 실천하는 것이며, "더 많이 가진 사람이 더 많이 해야 한다"라는 일방적인 사고방식은 균형을 잃을 수 있다는 점입니다.

부유함은 개인적인 성취를 넘어, 더 많은 사람들에게 선한 영향을 나눌 기회를 제공합니다. 그러나 그 책임은 강요에서가 아니라, 스스로 느끼는 마음에서 시작될 때 의미가 있습니다. 억지로 하는 나눔은 오히려 자유를 해칩니다.

부는 목적이 아니라 삶을 살아가는 수단일 뿐입니다. 물질은 편리를 줄 수 있지만, 행복을 보장하지는 않습니다. 진정한 만족은 가진 것을 통해 가치를 만들고, 그 과정에서 누군가의 삶에 작은 빛을 더할 때 찾아옵니다.

나눔도 마찬가지입니다. 형식적인 나눔을 넘어, 필요한 곳에 닿아 변화를 일으켜야 합니다. 돈을 주는 것보다, 교육이나 기회를 제공하는 손길이 어쩌면 더 오래 남는 울림이 될 수 있습니다.

결국 중요한 것은 얼마나 많이 가졌는지가 아니라, 무엇을 위해 노력했고 가진 것을 어떻게 사용하는가입니다.

물질과 비물질 세계

저의 첫 번째 책인 《깨달음으로 가는 숨겨진 지도》는 오랜 시간 동안 마음속에 담아둔 생각과 경험을 정리한 결과물입니다. 이를 통해 독자들에게 긍정적인 변화를 전하고 싶었으며, 동시에 다양한 피드백을 받아 책의 완성도를 높이고자 했습니다. 제목 그대로, 이 책이 인생의 나침반이 되길 바랐습니다.

더 많은 사람에게 전할 방법을 고민한 끝에, 초판본을 선행의 의미로 무료로 배포하기도 하고, 소액으로 판매해 보기도 했습니다.

무료로 책을 나누어줄 때는 기대감과 설렘이 있었습니다.

'이 책이 사람들에게 어떤 영향을 줄까? 누군가의 삶에 작은 불빛이라도 비춰줄 수 있을까?'

하지만 현실은 제 기대와는 달랐습니다. 책을 받은 사람들은 대개 이렇게 말했습니다. "좋은 책 감사합니다. 그런데 요즘 너무 바빠서 읽어볼 시간이 없네요."

그 말처럼 바쁜 일상 속에 책을 펼치기 어려운 마음은 이해했지만, 왠지 모를 허탈감이 밀려왔습니다. 제가 정성껏 쓴 책이 그냥 책꽂이에 꽂히거나, 다른 물건 아래 묻혀버리는 것처럼 느껴졌기 때문입니다.

반면, 단돈 천 원이라도 책값을 지불한 사람들은 달랐습니다. 시간이 지나도 종종 연락을 주며, "책 정말 잘 읽었습니다. 이런 부분이 특히 인상 깊었어요.", "이 내용을 보고 제게 큰 도움이 되었습니다."라고 말해주었습니다. 그들의 피드백은 제게 큰 힘이 되었고, 그들이 책을 그냥 얻은 물건이 아니라 자신이 선택한 '투자'로 여겼다는 사실을 느낄 수 있었습니다.

이 경험은 제게 깊은 통찰을 안겨주었습니다.

첫째, 가치는 금액 그 자체가 아니라, 그 금액을 통해 독자가 마음을 담고 선택했을 때 비로소 생긴다는 것입니다. 무료로 받는 것이 아니라, 스스로 투자했다고 느끼며 참여할 때 대상은 진정한 의미를 갖게 됩니다.

둘째, 좋은 글이나 책은 단지 '좋은 내용'에 머물러서는 안 된다는 것입니다. 독자의 삶에 실질적인 영향을 주고, 작지만 의미 있는 변화를 일으킬 수 있어야 진정한 울림이 됩니다.

그 후로 저는 책을 나눌 때 더욱 신중해졌습니다. 책을 그냥 무료로 나누는 것에 그치지 않고, 읽고 난 뒤 피드백을 주는 책임감까지 함께 나누도록 했습니다. 때로는 "이 책의 가치를 직접 경험해 보세요."라는 의미로 차 한 잔 값 정도의 금액을 제안하기도 했습니다. 그 결과, 더 많은 사람들이 책을 진지하게 읽고, 의미 있는 대화를 나누기 시작했습니다. 저는 단순히 책을 나누는 것을 넘어, 독자들과 함께 책의 가치를 만들어가는 여정을 시작한 것입니다.

책은 저에게 세상과 소통하고 서로를 성장시키는 소중한 매개체였습니다. 그리고 그 여정을 통해 얻은 가장 큰 깨달음은, 진정한 가치는 일방적인 '주는 행위'에서가 아니라, 서로가 참여하고 체험하며 함께 만들어가는 과정에서 탄생한다는 것이었습니다.

이 깨달음은 물질과 비물질의 세계에 대한 제 생각으로도 이어졌습니다. 우리는 흔히 눈에 보이고 손에 잡히는 현실 세계를 '물질세계'라 부르고, 죽음 이후의 세계나 영혼의 차원을 '비물질세계'라 일컫습니다. 물질세계는 돈, 권력, 성공 같은 가치로 움직이며, 사람들은 그 안에서 생존과 성취를 위해 경쟁합니다. 반면, 비물질세계는 눈에 보이지 않지만, 더 깊은 의미와 존재의 이유를 탐구하게 만드는 정신적·영적 차원입니다.

저는 철학과 신앙에 관한 많은 책들을 읽어왔습니다. 그 책들 대부분은 비물질 세계의 중요성을 강조하며, 내면의 성장과 영적 깨달음을 이야기합니다. 그러나 저는 그 속에서 한 가지 아쉬움을 느꼈습니다. 물질세계의 중요성이 지나치게 간과되고 있다는 점입니다. 의식주 해결은 인간의 가장 기본적인 필요이며, 이를 충족하지 못한 채로 비물질세계에 몰두하는 것은 현실적으로 어려운 일입니다.

제가 통찰한 바는, 물질세계와 비물질세계는 서로 독립적인 것이 아니라, 깊은 상호작용을 통해 우리의 삶을 형성한다는 것입니다. 물질세계에서의 선택과 행동은 비물질세계의 상태에 영향을 주고, 비물질세계에서의 믿음과 깨달음은 물질세계의 삶에 방향을 제시합니다. 결국, 이 두 세계는 서로 교차하며 우리의 존재를 더욱 풍성하게 만듭니다.

저는 인간이 성장하기 위해서는 먼저 물질세계에서 일정 수준의 삶의 기반을 마련해야 한다고 믿습니다. 좋은 직장에 취업하기 위해 공부하고, 스펙을 쌓고, 기술을 배우는 일은 단순한 생계를 위한 것이 아닙니다. 그것은 내면과 외면 모두를 성장시키는 여정입니다. 월요일 아침 출근하기 싫은 마음을 참고 일터로 향하는 일, 조직 속에서 타인과 협력하는 법을 배우는 일, 모두가 우리를 더 성숙한 인간으로 만들어주는 과정입니다.

물질세계를 부정적으로만 바라보면, 세상을 제한된 틀 속에서 보게 됩니다. "탐욕을 경계해야 하므로 돈은 멀리해야 한다" 거나 "무소유야말로 가장 순수한 삶이다"라는 주장들은 자칫하면 물질세계를 악으로 간주하게 만들고, 우리 안에 은연중에 죄책감이나 거리감을 심어줄 수 있습니다. 저는 이것이 일종의 간접적인 '세뇌'라고 생각합니다.

실제로 저는 가난으로 인해 기본적인 의식주조차 해결하지 못한 분들과 대화를 나눈 적이 있습니다. 그분들의 이야기에는 겉으로 드러나는 생활고를 넘어, 반복된 실패와 그로 인한 자신감 상실이 짙게 배어 있었습니다. 그 절망은 그저 돈이 없어서가 아니라, 삶에 대한 주도권을 잃어버린 데서 비롯된 것이었습니다.

이러한 상황에서 '비물질적 가치'를 논하는 것은 현실을 무시한 이상론에 가깝습니다. 물질은 결코 삶의 전부는 아니지만, 그렇다고 무시해도 되는 것도 아닙니다. 오히려 안정된 물질적 기반은 더 깊은 성찰과 정신적 성장으로 나아갈 수 있는 토대를 만들어줍니다. 우리가 진정한 내면의 여정을 시작할 수 있는 것도, 최소한의 안전과 자유가 보장될 때 가능하다는 사실을 간과해서는 안 됩니다.

따라서 우리는 물질을 경계할 대상이 아니라, 삶을 이루는 중요한 한 축으로 받아들여야 합니다. 물질의 가치를 충분히 이해하고 존중할 때, 비로소 그 너머의 세계인 관계, 의미, 정신, 영성 등에 대해 진지하게 탐색할 수 있는 여유가 생깁니다. 즉, 비물질적 가치를 말하기 위해서는 먼저 물질적 현실을 직시하고, 그것을 온전히 살아내는 것이 선행되어야 합니다.

그리고 바로 이 지점에서 저는 삶과 영적 성장에 대해 오랫동안 고민해 오며 한 가지 확신에 가까운 생각을 하게 되었습니다. 물질적 토대와 내면적 성찰 사이의 균형이 중요한데, 그 균형을 가장 잘 갖추고 있는 계층이 바로 중산층이라는 것입니다.

중산층은 과도한 물질적 욕망에 휘둘리지 않으면서도, 삶에 필요한 기본을 안정적으로 충족할 수 있는 환경을 제공합니다. 지나친 풍요는 때로 인간을 나태하게 만들고, 극심한 궁핍은 생존 자체에 몰두하게 합니다. 그 사이에서 균형을 유지하는 중산층은 내면의 성찰과 영적 가치를 추구하기에 가장 적합한 조건을 갖추고 있습니다.

이렇듯 우리가 살아가는 세상은 이분법적으로 물질과 비물질로 나뉘는 것이 아니라, 두 세계가 긴밀히 연결되어 상호 보완하는 구조를 이루고 있습니다. 과거 철학과 종교 서적이 비물질세계를 우선시하고 물질세계를 경시한 이유는, 당시 부의 획득이 개인의 노력보다는 신분과 계급에 의해 좌우되는 경우가 많았기 때문으로 보입니다. 그래서 현자들은 스스로의 노력으로 얻은 부가 아닌, 신분과 계급에 따른 부에 대한 탐욕을 경계하며 내면의 성찰을 강조하는 글을 많이 남긴 것으로 보입니다.

하지만 현대는 다릅니다. 누구나 노력과 선택을 통해 물질적 기반을 마련할 수 있는 시대입니다. 기술과 마인드셋, 자기계발에 관한 수많은 책과 강의가 넘쳐나고, 사람들은 더 나은 삶을 위해 배우고 실천합니다. 저는 이 두 흐름인 물질적 성공과 영적 성장을 조화롭게 연결하는 삶의 방식을 제안하고 싶습니다.

많은 사람들이 "돈이 전부가 아니다", "행복은 돈으로 살 수 없다"라고 말합니다. 물론 맞는 말이지만, 현실적으로 재정적 안정 없이는 온전하고 풍요로운 삶을 살기 어렵습니다. 돈은 단지 그 이상의 수단을 넘어, 우리의 잠재력을 발휘하고, 성장과 발전을 가능하게 하는 중요한 자원입니다.

부자가 된다는 것은 재산만을 축적하려는 욕심이 아니라, 더 온전하고 조화로운 삶을 향한 본능적인 갈망이라 할 수 있습니다. 이러한 갈망은 비난받아야 할 대상이 아니라, 인간이 성장하고 발전하도록 이끄는 긍정적 힘으로 바라봐야 합니다. 가난은 단지 경제적 어려움만을 의미하지 않습니다. 그것은 꿈을 실현할 기회를 제한하고, 사랑과 행복을 온전히 누리지 못하게 만듭니다. 돈이 부족하면 중요한 순간에 소중한 사람을 지킬 수 없고, 원하는 배움의 기회를 놓치며, 끝내 체념 속에 머무를 수도 있습니다. 가난은 우리의 가능성과 꿈을 묻어버리는 장애물이 될 수 있습니다.

그렇다고 해서 부자가 되는 길이 복잡하거나 특별한 재능을 요구하는 것은 아닙니다. 중요한 것은 자신의 노력과 열정, 그리고 꾸준한 준비입니다. 물론 모든 사람이 준비를 하고 실천한다고 해서 반드시 성공하는 것은 아닙니다. 삶에는 주기(Cycle)가 있고, 운의 상승 구간에서는 작은 노력에도 좋은 기회가 찾아오지만, 하향 구간에서는 최선을 다해도 결과가 따라주지 않을 수 있습니다.

예를 들어, 어떤 사람이 치킨 가게를 열었지만 조류독감이라는 외부 변수로 실패를 겪고, 이후 삼겹살 가게에 도전했지만 또다시 돼지 콜레라로 어려움을 겪는다면, 이는 노력 부족의 문제가 아닙니다. 운과 타이밍, 노력과 환경 그리고 주변의 도움이 복합적으로 작용하는 것입니다. 성공한 사람들은 종종 자신의 성취를 노력의 결과로 설명하지만, 실패를 반복한 사람들은 그것을 '성공 팔이'라고 느끼기도 합니다. 솔직히 이처럼 성공은 의지나 열정만으로 결정되지 않는 경우도 많습니다.

하지만 저는 믿습니다. 지속적인 노력과 준비는 결국 운이 왔을 때 그것을 붙잡을 수 있는 힘이 됩니다. 자수성가한 사람들은 특별한 재능이나 환경 덕분에 성공한 것이 아니라, 올바른 선택과 행동을 통해 자신에게 주어진 기회를 최대로 활용했을 뿐입니다. 반면, 가난에서 벗어나지 못한 사람들은 종종 상황을 탓하거나 핑계를 대며 행동을 미루는 경향이 있습니다.

하지만 결국 중요한 것은 실패 속에서도 배우고, 다시 시도할 용기를 잃지 않는 일입니다. 운과 환경을 우리가 통제할 수는 없지만, 준비와 태도는 스스로 선택할 수 있습니다. 거창한 결심이나 거대한 계획보다도, 일상 속에서 성실히 해낸 작은 성취들이 쌓여 진짜 힘이 됩니다. 작은 일이라도 책임감을 가지고 완성해 내려는 태도는 곧 신뢰로 이어지고, 그 신뢰가 더 큰 기회를 불러옵니다. 결국 주도적으로 문제를 해결하려는 자세가 여러분의 성장을 이끄는 첫걸음이 될 것입니다.

그렇다면 어떻게 해야 더 나은 기회를 얻고 성장할 수 있을까요? 명확한 목표를 세우고, 구체적인 행동 계획을 실천하는 것이 필수적입니다. 막연한 목표는 미미한 결과를 가져올 뿐입니다. 무엇을 원하는지, 어디로 가야 할지를 분명히 정하고, 그 목표를 향해 꾸준히 나아가야 합니다. 또한 부정적인 말이나 환경에 흔들리지 말고, 자신의 삶을 스스로 설계하며 굳건히 걸어가야 합니다.

이러한 태도는 단지 경제적인 성공에만 해당되는 것이 아닙니다. 삶 전반에서 어떤 자세를 갖느냐는 우리가 마주하는 모든 선택과 결과에 깊은 영향을 미칩니다. 진정한 부자는 자신감을 바탕으로 한 태도와 신중한 행동으로 삶을 이끌어 갑니다. 그들은 말보다 행동으로 자신을 증명합니다.

작은 성취들을 꾸준히 이루어가는 과정은 결과의 축적을 넘어, 자신감과 실질적인 경험이라는 눈에 보이지 않는 자산을 쌓아줍니다. 이 무형의 자산은 훗날 더 큰 도전 앞에서 든든한 기반이 되어줍니다. 성공이란 갑작스럽게 찾아오는 행운이 아니라, 작은 성과들이 차곡차곡 모여 이룬 시간의 결정체입니다.

그러나 한 가지 더 중요한 점이 있습니다. 만약 우리가 돈만 좇는다면, 성공은 곧 불안정한 욕망의 굴레로 변질될 수 있습니다. 물질적 성취가 삶의 전부가 될 때, 만족은 잠시 머물고 공허는 오래 남습니다. 그래서 물질적인 성취가 어느 정도 이루어진 후에는, 반드시 그 너머의 세계에도 눈을 돌려야 합니다. 그리고 물질과 비물질 세계는 결코 대립적인 것이 아닙니다. 오히려 두 영역은 서로를 보완하며, 우리의 삶을 한층 더 깊고 풍요롭게 만들어줍니다. 물질세계에서 쌓은 경험과 성취는, 비물질적인 성찰과 영적 성숙을 위한 단단한 발판이 됩니다. 진정한 성취란 단순히 돈을 버는 데 그치지 않고, 그 과정에서 다른 이에게 선한 영향과 가치를 나누는 데 있습니다. 나눔과 기여, 그리고 스스로의 성찰은 물질적 성취를 보다 의미 있게 만드는 중요한 요소입니다. 진정한 성숙이란 이상과 현실, 정신과 물질, 나아가 자기와 타인을 잇는 균형 속에서 이루어집니다. 어느 한쪽에만 치우치지 않고 조화를 이루는 삶이야말로 가장 깊이 있는 성공이라고 믿습니다. 삶의 진정한 풍요는 손에 쥔 것이 아니라, 마음이 머무는 곳에서 비롯됩니다.

마음의 낙인

『수진은 늘 성실한 사람이었습니다.

말을 아끼고, 주변을 잘 살피며, 누군가에게 짐이 되지 않으려 노력했습니다. 그런 태도는 타고난 성격이 아니라, 불안정한 어린 시절을 견뎌내며 몸에 밴 생존의 방식이었습니다. 집은 언제나 불안하고 조심해야 하는 공간이었습니다. 술에 취한 아버지의 고함 소리, 울다 지친 엄마의 얼굴, 그리고 좁은 방문 너머로 들려오는 유리가 깨지는 소리까지 수진에게 집은 결코 안심할 수 있는 공간이 아니었습니다.

'조용히 있어야 살아남을 수 있어.'

그녀는 아주 어릴 적부터 이 생각을 품고 살아야 했습니다. 감정을 표현하는 건 위험했고, 존재감을 드러내는 건 불편을 초래하는 일이었습니다. 그러다 시간이 흘러, 수진은 성인이 되었고 직장을 얻었습니다.

표면적으로는 아무 문제가 없었습니다. 그녀는 일도 잘했고, 동료들과 관계도 매끄러웠습니다. 하지만 밤이 되면 이유 없이 가슴이 조여왔습니다. 사소한 말 한마디에도 깊은 상처를 받고, 누군가 문득 화를 내면 숨이 멎을 것처럼 불안해졌습니다.

"내가 이상한 걸까?"

"이건 그냥 내가 예민해서 그런 건가?"

그녀는 끊임없이 자책했고, 그러다 마침내 '트라우마'라는 단어를 알게 되었습니다. 처음에는 안도감이 밀려왔습니다.

"아, 내가 이상한 게 아니었구나. 이유가 있었구나."

그 단어는 그녀가 처음으로 자기 자신을 이해받는 듯한 느낌을 주었습니다. 하지만 그 안도감은 오래가지 않았습니다.

트라우마를 자각한 이후, 수진은 점점 모든 일을 트라우마 탓으로 돌리기 시작했습니다. 시도하지 않는 이유, 관계를 피하는 이유, 감정을 억누르는 이유… 모두 트라우마 때문이었습니다.

"나는 망가진 사람이야."

그녀는 그렇게 스스로를 규정했고, 그 말은 더 이상 자기이해가 아니라 자기포기의 방식이 되어버렸습니다.

한편, 지민은 '무기력'이라는 감정에 천천히 잠식되고 있었습니다. 대학 졸업 후 들어간 대기업은 겉보기엔 안정적이었지만, 그녀의 삶을 조금씩 갉아먹고 있었습니다.

성과 중심의 문화, 비인격적인 상사, 끝없는 야근과 비교….

그 속에서 지민은 점점 감정이 무뎌졌고, 어느 순간부터는 아예 '아무 감정도 느끼지 않는' 상태가 되었습니다.

출근길 지하철에 앉아 멍하니 창밖을 보던 어느 날, 문득 이런 생각이 들었습니다.

"차라리 사고라도 나면 쉴 수 있을까."

순간, 자신이 얼마나 깊은 곳까지 와버렸는지를 깨달았습니다.

병원을 찾았고, 그는 우울증 진단을 받았습니다. 의사는 약을 권했지만, 지민은 한참을 망설였습니다.

"약에 의존해서 괜찮아지면 그건 내 힘이 아닌 거잖아."

그는 완벽주의자였고, 자존심이 강했습니다. 고통 속에서도 그는 스스로 이겨내야 한다고 믿었습니다.

밤마다 그는 자신에게 질문했습니다.

"왜 이렇게 사는 걸까?"

"나는 원래 이런 사람이었나?"

그 질문들은 때로는 깊은 자책이 되었고, 때로는 작은 통찰이 되어 그를 조금씩 다른 방향으로 이끌었습니다.

그런 어느 날, 퇴근길에 우연히 지하철역 앞 버스킹 무대를 지나게 되었습니다.

처음엔 아무 생각 없이 멈췄고, 익숙하지 않은 멜로디가 귀를 스쳤습니다.

그 순간, 노래 가사가 그의 가슴을 깊이 파고들었습니다.

"당신은 당신의 감정이 아닙니다. 그건 잠시 머물다 가는 바람일 뿐입니다." 그 말에, 이유도 없이 눈물이 흘렀습니다.

감정이 메말라 있었다고 생각했는데, 마음 어딘가에서 울고 있는 자신이 있었던 겁니다.

그는 눈물을 닦으며 무대 옆을 바라봤습니다.

그곳엔 휠체어에 앉은 소년이 음악에 맞춰 손을 흔들고 있었습니다. 소년의 옆엔 어머니로 보이는 여인이 밝은 미소로 아들을 바라보고 있었습니다. 그들은 가진 것이 많아 보이지 않았지만, 눈빛은 맑게 빛났고, 작은 몸짓 하나하나에서 삶의 힘과 생기가 느껴졌습니다.

그 순간, 지민은 자신이 잃어버린 것이 그저 지나가는 감정이 아니라, 삶을 대하는 태도와 매 순간을 온전히 느끼는 힘임을 깨달았습니다.

자신은 그저 '좋은 삶'이라는 기준에 자신을 억지로 끼워 맞추며 살아 있는 채로 서서히 죽어가고 있었던 겁니다.

그날 이후, 그는 작은 실천을 시작했습니다.

아침마다 10분씩 걷고, 하루에 한 줄씩 일기를 쓰며, 그 안에 감정을 고백했습니다.

"오늘도 무기력했다. 하지만 어제보다는 조금 낫다."

"나는 아직 감정을 느낀다. 슬픔도 감정이니까."

감정이 다시 돌아왔다는 건 고통이기도 했지만, 동시에 살아 있다는 증거이기도 했습니다. 그는 점점 자신의 감정과 거리를 두는 법을 배웠습니다.

감정이 자신을 삼키기 전에, 먼저 감정을 바라보는 것.

그건 작지만 의미 있는 변화였습니다.

수진도 변화를 맞이하게 됩니다.

그 변화의 시작은, 예상치 못한 자리에서 시작되었습니다.

어느 날, 오랜만에 만난 친구와의 대화 중, 수진은 조심스럽게 자신의 어려움을 털어놓았습니다.

"나는 이상하게도, 누군가 나 때문에 불편해질까 봐 늘 조심스러워.

내가 말을 하면 그 사람이 상처받지 않을까 걱정되고, 그래서 차라리 말을 안 하게 돼."

친구는 잠시 조용히 그녀의 말을 들은 뒤, 한마디를 던졌습니다.

"근데 수진아, 그건 네가 진짜 그렇게 생각해서 그런 게 아니라, 어쩌면 어릴 때부터 네가 그렇게 배워온 건 아닐까?"

순간, 그녀의 심장이 철렁 내려앉았습니다. 그 말은 마치 오래된 진실을 건드리는 듯했습니다.

그날 밤, 수진은 침대에 누워 천장을 바라보며 마음속 질문들을 계속 되뇌었습니다.

"남들이 불편해지거나 상처받을까 걱정하는 마음이, 정말 내 생각일까?

내가 말을 하면 누군가 다칠 거라는 두려움은 어디서 왔을까?

왜 나는 늘 이렇게 조심하고, 내 마음을 숨기게 될까?"

기억의 파편들이 어린 시절로 그녀를 데려갔습니다.

신발장에 신발이 가지런하게 놓여있지 않아도 폭발하던 아버지….

눈치를 보며 말을 삼키던 엄마….

그리고 그 곁에서 숨을 죽이고 있었던 어린 자신….

작은 일에도 마음이 얼어붙는 집안.

그 속에서 어린 수진은 늘 '잘해야 한다'는 부담감을 안고 살아야 했습니다. 그때의 공포와 조심스러움은 자라면서 '예의'와 '배려'라는 이름으로 포장되었습니다. 하지만 그 안에는 분명히, 자신의 존재 자체를 숨겨야 안전했던 기억이 녹아 있었습니다.

"나는 누군가를 불편하게 해."

"나는 감정을 드러내면 안 돼."

이 믿음들은 누군가의 강요가 아니라, 살아남기 위해 스스로 만들어낸 생존 전략이었습니다.

하지만 이제는 달라졌습니다. 그때의 상황은 끝났고, 그녀는 더 이상 어린아이가 아니었습니다. 그럼에도 여전히 그 '오래된 생각'에 사로잡혀 현재의 인간관계와 감정 표현조차 제한당하고 있다는 걸, 그제야 깨닫게 된 것입니다.

수진은 처음으로, 자신이 '믿어온 생각들'을 하나하나 꺼내 낯선 눈으로 바라보기 시작했습니다.

그 생각들이 진실인지, 혹은 단지 과거의 경험에서 비롯된 자동반응인지 스스로 묻기 시작했습니다.

그 질문은 곧 치유의 시작이 되었습니다.

자신을 억눌러온 생각이 사실은 '배운 감각'일 뿐이라는 걸 알아차렸을 때, 수진은 조금씩 그 감정의 감옥에서 빠져나오기 시작했습니다. 감정을 억누르지 않고, 하고 싶은 말을 조심스럽게라도 꺼내 보기 시작한 것입니다. 물론 불안은 여전히 있었지만, 그 불안을 느끼면서도 멈추지 않는 그녀의 모습은, 회복의 길 위에 있다는 분명한 증거였습니다.

수진은 심리상담을 받기 시작했고, 조심스레 과거의 기억들을 꺼내어 하나하나 말로 정리해 나갔습니다. 그녀는 처음으로, 말하는 것이 곧 회복의 시작임을 체험했습니다.

말하는 것만으로도,

누군가와 눈을 마주치는 것만으로도,

그녀는 차츰 자신을 회복해 가고 있었습니다.

그녀가 오래도록 외면해 왔던 '자기 자신'을, 이제는 조금씩 받아들이고 있었던 것입니다. 지민과 수진은 여전히 그 길 위에 있습니다. 고통은 완전히 사라지지 않았고, 감정은 여전히 밀려옵니다. 때로는 과거의 그림자가 다시 고개를 들기도 합니다.

하지만 이제 지민과 수진은 '감정'이란 그들을 파괴하려는 것이 아니라, 무언가를 알리려는 '신호'라는 것을 알게 되었습니다.

수진은 말합니다.

"나는 상처받았지만, 망가지지는 않았어요."

그 말은 그녀가 과거의 자신에게, 지금의 자신에게,

그리고 아직 말하지 못하고 있는 누군가에게 보내는 위로였습니다.

지민은 말합니다.

"우울은 나를 꺾기 위해 온 게 아니라, 나를 돌아보게 하려고 온 신호였어요."

그녀의 목소리는 여전히 흔들렸지만, 그 흔들림조차 진실한 삶의 일부로 받아들이고 있었습니다.

두 사람은 완성되지 않았습니다.

하지만 이제는 알고 있습니다.

'치유'는 도착지가 아니라 과정이며, 서로의 이야기를 통해 우리는 계속 살아갈 수 있다는 것을.

그리고, 그 여정은 이제 다른 이들의 이야기로도 이어지려 하고 있습니다.』

우리는 때때로 감정을 나 자신으로 오해합니다.

하지만 감정은 나를 설명하는 언어이지, 나의 본질이 아닙니다.

트라우마와 우울은 삶에 드리운 그림자일 뿐, 그것이 삶의 전부는 아닙니다.

감정과 나 사이의 거리,

그 거리를 회복하는 것에서 삶은 다시 시작됩니다.

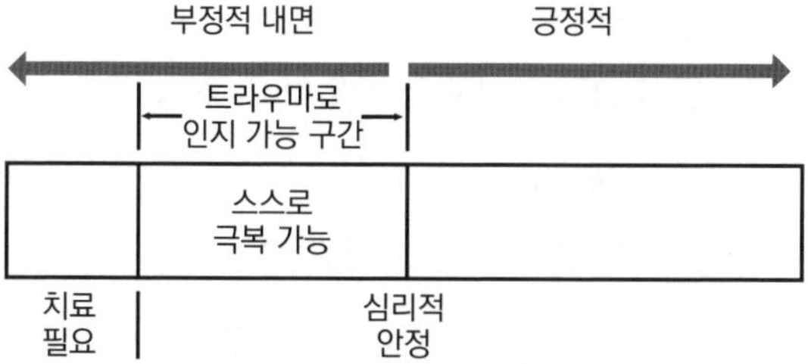

부정적 내면
긍정적
트라우마로 인지 가능 구간
스스로 극복 가능
치료 필요
심리적 안정

사랑, 두려움의 극복

지민은 어릴 적부터 죽음에 대한 막연한 두려움을 가지고 있었으며, 그 단어만 들어도 예민해졌습니다. 밤이 되면 죽음 이후의 세계는 어떨까, 내가 사라지면 이 세상은 어떻게 될까 하는 생각들로 가슴이 답답해졌습니다. 그녀가 처음으로 죽음에 대한 생각을 한 것은 초등학교 시절이었습니다. 어느 날 반 친구가 교통사고로 세상을 떠났다는 소식을 들었을 때, 어린 지민은 멍하니 하늘을 바라보며 "죽으면 어떻게 될까?"라는 질문을 품었습니다.

세월이 흐르면서 그녀는 대학을 졸업하고, 직장 생활에 적응하며 바쁘게 하루하루를 채워갔습니다. 하지만 죽음에 대한 두려움은 여전히 마음 한편에 그림자처럼 남아 있었습니다. 아무리 일상에 몰두해도, 그 두려움은 때때로 그녀를 잠식하듯 찾아왔습니다.

마흔이 되어서야, 운명처럼 그녀의 삶에 다가온 사람이 있었습니다. 책과 삶에 대한 깊은 관심을 공유한 그들은 자연스럽게 대화를 나누며 서로의 세계에 서서히 스며들었습니다. 그의 따뜻한 성품과 이해심, 그리고 삶을 긍정적으로 바라보는 태도는 지민의 마음을 조금씩 열게 했습니다. 그와 함께 있을 때면, 늘 마음을 무겁게 짓누르던 죽음에 대한 두려움도 잠시나마 잦아들고, 삶의 밝은 면을 바라볼 여유가 생기곤 했습니다.

그 만남은 결국 지민의 삶에 새로운 전환점이 되었습니다. 늦은 나이에 결혼을 결심하게 된 것도, 바로 그 사람이 그녀에게 준 따뜻한 희망과 안정감 덕분이었습니다.

결혼 후, 지민은 남편과의 소소한 일상에서 행복을 찾았습니다. 아침에 함께 마시는 차 한잔, 주말마다 함께하는 동네 산책, 그리고 서로의 하루를 이야기하며 웃고 떠드는 시간들. 그 평범하지만 따뜻한 순간들이 그녀에게는 위로가 되었습니다.

그러나 아무리 행복한 순간이 찾아와도, 마음 깊은 곳에는 여전히 죽음에 대한 두려움이 자리 잡고 있었습니다. 그것은 사라지지 않고, 순간순간 떠올라 그녀를 덮쳤습니다. 마치 잔잔한 호수에 돌을 던졌을 때 퍼지는 물결처럼, 예상치 못한 순간에 밀려와 그녀의 마음을 흔들곤 했습니다.

특히 밤이 되면, 그 불안은 다시금 그녀를 찾아왔습니다. 남편에게조차 말하지 못한 깊은 두려움은 그녀의 마음을 한 번씩 흔들었습니다.

그러던 어느 날, 남편과 함께 거실에서 차를 마시며 이야기를 나누던 중, 그는 문득 윤회에 대해 말했습니다.

"지민아, 이번 생에 우리가 이렇게 늦게 만났지만, 다음 생에는 좀 더 일찍 만나서 더 오래 함께하고, 아이도 낳고 더 행복하게 살자."

그 말은 마치 따뜻한 햇살처럼 지민의 마음을 비추었습니다. 순간적으로 그녀는 머리 위를 짓누르던 어두운 구름이 거짓말처럼 사라지는 것을 느꼈습니다. 죽음 이후에도 사랑하는 사람을 다시 만날 수 있다는 믿음은, 그녀에게 새로운 희망이 되었습니다.

그날 밤, 지민은 남편의 이야기를 곱씹으며 잠들었습니다. 그리고 꿈속에서 그들은 또 다른 삶에서 손을 맞잡고 있었습니다. 마치 과거에도, 지금도, 그리고 미래에도 함께할 운명이라는 듯한 확신이 그녀의 가슴을 가득 채웠습니다. 그 순간, 그녀를 짓누르던 두려움은 서서히 희미해지기 시작했습니다.

그 후로 지민은 조금씩 변하기 시작했습니다. 불안과 두려움에서 점차 벗어나며, 더 이상 죽음에 대한 공포에 사로잡히지 않았습니다. 대신, 그녀는 지금 이 순간을 소중히 여기고 감사하며 살기로 결심했습니다.

아침에 눈을 뜰 때면, 스스로에게 속삭였습니다.

"오늘도 건강하게 살아 있음에 감사해. 내게 주어진 모든 순간이 소중하고, 이 삶이 참 행복해."

남편과 나누는 사소한 대화, 함께 마시는 차 한 잔, 저녁 식탁에서 마주한 따뜻한 눈빛 하나까지도 그녀는 더 이상 당연하게 여기지 않았습니다. 모든 순간이 소중했고, 모든 날이 축복이었습니다.

그녀는 더 이상 죽음을 두려워하며 살기보다, 지금 주어진 삶을 온전히 살아가기로 선택했습니다.

어느 날, 남편은 그녀에게 작은 선인장 화분을 선물했습니다. 그는 말했습니다. "이 선인장은 마치 우리 같아. 척박한 환경에서도 꽃을 피울 수 있는 강인한 생명력이 있거든. 우리도 서로에게 힘이 되는 존재가 되자."

그 말에 지민은 눈물을 흘렸습니다. 그리고 매일 그 선인장을 정성껏 돌보며, 남편과 함께하는 삶이 얼마나 귀한 것인지 다시금 알게 되었습니다.

시간이 지나 지민은 남편과 함께 다양한 활동에 도전했습니다. 그녀는 필라테스를 배우며 남편과 함께 걷고 운동을 같이하며 마음의 평화를 찾았고, 여행을 다니며 새로운 사람들과 문화를 접했습니다. 지민은 매일 메모를 조금씩 하기 시작했습니다. 그날의 행복했던 순간들을 적으며 그녀는 자신의 삶이 얼마나 풍요로운지 되새겼습니다.

남편은 그녀에게 진정한 사랑이 무엇인지를 알려주었고, 그녀는 그 사랑으로 죽음에 대한 두려움을 극복할 수 있었습니다. 지민은 이제 죽음을 끝이 아닌 또 다른 시작으로 받아들이며, 남편과 함께하는 삶 속에서 매일을 더욱 빛나게 살아갑니다.

결국 지민은 삶의 가치는 주어진 시간이 아니라, 그 시간을 어떻게 살아가느냐에 달려 있음을 깨달았습니다. 비록 이번 삶이 언젠가 끝나겠지만, 그녀는 그 끝을 두려워하지 않습니다. 오늘을 충실히 살아가며, 남겨진 시간 속에서 자신만의 의미를 만들어가고 있습니다.

나는 누구인가?

『민경 씨는 성공한 사업가로, 자신의 분야에서 두각을 나타내고 있었습니다. 하지만 그녀는 종종 자신에게 묻곤 했습니다.

"나는 누구인가? 나는 내가 운영하는 회사 그 자체인가? 아니면 내가 이룬 성과와 번 돈이 곧 나인가?"

그러던 어느 날, 그녀는 심각한 건강 문제로 인해 업무를 줄여야 한다는 의사의 권고를 받았습니다. 수년간 자신의 모든 열정과 시간을 쏟아부었던 회사는 그저 생활을 이어가는 수단이 아니라, 그녀의 자부심이자 세상에 자신을 증명할 수 있는 중요한 정체성이었습니다.

그러나 건강뿐만 아니라, 경영에 대한 부담과 삶의 가치관 변화가 그녀를 흔들기 시작했습니다. 오랜 시간 사업을 최우선으로 두며 살아왔지만, 이제는 몸과 마음이 더는 이를 감당하기 어려워졌습니다. 결국, 그녀는 오랜 고민 끝에 회사 경영을 내려놓기로 결정했습니다.

사업가로서 자신을 정의해 온 시간이 길었던 만큼, 이 선택은 단순히 일을 그만두는 것이 아니라 자신의 존재 일부를 잃어버리는 것처럼 느껴졌습니다. 회사 운영을 통해 성취와 도전의 의미를 찾았던 그녀에게, 이 변화는 삶을 지탱하던 중요한 기둥을 내려놓는 일이었습니다.

하지만 그녀는 이 과정에서 중요한 통찰을 얻었습니다. 자신은 단지 '사업가'라는 타이틀로만 정의될 수 없는 존재라는 것. 외부적인 성취나 직업적 역할이 사라져도, 여전히 자신에게는 가치 있는 삶을 만들어갈 수 있는 가능성이 남아 있다는 사실이었습니다.

"내가 더 이상 사업가가 아니라면, 나는 무엇으로 나를 정의해야 할까?"

긴 사색 끝에, 민경 씨는 자신만의 답을 찾아가기 시작했습니다.
"나는 내가 선택하는 가치와 그 가치를 위해 살아가는 과정 속에 존재하는 사람이구나."

그녀는 이제 자신을 직업이나 사회적 지위가 아닌, 삶의 방향과 태도로 정의하기 시작했습니다. 회사 경영에서 물러났지만, 그녀의 삶은 끝난 것이 아니었습니다. 오히려 새로운 가능성과 방향을 찾을 기회가 열린 것이었습니다.

비록 익숙한 역할을 떠나는 것은 두려운 일이었지만, 민경 씨는 이제 더 넓은 시야로 자신의 삶을 바라보며, 스스로에게 새로운 길을 열어가기로 결심했습니다.』

후배들과의 대화 중, 저는 하나의 질문을 던졌습니다.

"나는 누구인가?"

평범해 보이지만, 결코 가볍지 않은 이 질문은 생각보다 깊은 대화를 이끌어냈습니다.

잠시의 침묵 후, 후배 중 한 명인 정호가 선뜻 말했습니다.

"제 이름은 김정호입니다."

저는 미소를 지으며 고개를 저었습니다.

"그건 네 이름이지. 이름은 우리를 구분해 부르기 위한 표식일 뿐, 네가 진짜 누구인지를 말해주지는 않아."

정호는 잠시 생각에 잠기더니 다시 말했습니다.

"저는 한 가족의 가장입니다. 다섯 살 아들이 있고, 아내는 민경이에요."

저는 고개를 끄덕였습니다.

"그건 가족 안에서의 너의 위치를 설명하는 말이야. 하지만 그것만으로는 네 존재의 본질을 담아내진 못하지."

정호는 다시 고민했습니다. 그리고 말했습니다.

"제 나이는 42살입니다."

저는 웃으며 대답했습니다.

"그건 네가 살아온 시간의 길이일 뿐이야. 시간은 지나가고 나이는 쌓이지만, 그것으로 너를 정의하지는 않아."

점점 정호의 표정에 답답함이 묻어났습니다. 그는 마지막으로 말했습니다.

"저는 K회사의 과장입니다."

이번엔 조금 더 단호하게 말했습니다.

"그건 네가 사회에서 맡은 역할이지. 중요한 일이지만, 직함이 너 자신은 아니야."

그 순간, 정호는 참았던 감정을 터뜨리듯 외쳤습니다.

"그럼 대체 어쩌란 말입니까? 선배님은 누구십니까? 그렇게 물으면 선배님은 뭐라고 대답하실 건데요?"

순간, 방 안의 공기가 달라졌습니다. 그동안 이어졌던 가벼운 농담과 일상적인 웃음은 멎고, 모두가 그 질문 앞에 정면으로 마주 서게 되었습니다. 정호의 외침은 단지 저를 향한 질문이 아니었습니다. 그 자리에 있던 모두에게 던져진, 그리고 어쩌면 평생을 따라다닐 질문이기도 했습니다.

저는 정호에게 일주일 후에 제 생각을 전하겠다고 약속하고, 그동안 정호도 스스로 생각해 보는 시간을 가지라고 말했습니다.

"나는 누구인가?"

이 질문은 단순히 이름이나 직업을 넘어, 우리가 '왜 존재하는가', '어떻게 살아야 하는가'에 대한 가장 근원적인 물음입니다.

그날 이후, 정호는 이 질문을 쉽게 떨쳐낼 수 없었습니다.

가족과 함께하는 일상 속에서도, 업무에 쫓기는 하루 속에서도 그는 문득문득 스스로를 되묻곤 했습니다.

'나는 누구인가? 나는 무엇으로 살아가는가?'

답은 쉽게 오지 않았지만, 그런 고민은 그를 그리고 그의 삶을 더 깊이 숙고하게 하고 스스로를 돌아보게 만들었습니다.

일주일 후, 정호와의 대화에서 저는 제 생각을 이야기했습니다.

"나는 단지 내가 가진 타이틀이 아니라, 과거부터 내가 선택한 행동과 그로 인해 펼쳐진 삶의 기억들의 합이라고 생각해. 그리고 정호야, 나는 네가 늘 웃으며 사람들에게 다가가는 그 모습이 진짜 너라고 생각해. 가족도, 직업도 중요하지만, 결국 너는 네가 어떤 일을 어떻게 생각하고, 어떤 태도로 임하고, 어떻게 행동하며, 어떻게 살고 있느냐의 총합으로 정의된다고 생각해."

정호는 그 말을 들으며 마음속 깊이 여운을 느꼈고, 천천히 고개를 끄덕였습니다.

"당신은 누구인가요?"

좋은 인연을 끌어들이는 마법

우리들은 종종 이렇게 이야기하곤 합니다.

"나는 남에게 특별히 선행을 베풀지는 않았지만, 그렇다고 해서 누군가에게 나쁜 짓을 하며 살아오지는 않았습니다. 그저 남에게 피해주지 않고 성실하게 살아왔을 뿐인데, 왜 내 인생에는 좋은 인연보다 나를 힘들게 하고 괴롭히는 사람들이 더 많이 나타나는 걸까요?" 하고 말입니다.

이런 의문은 누구나 한 번쯤 가져봤을 것입니다. 겉으로 보기에는 올곧고 성실하게 살아왔는데, 왜 예상치 못한 고통과 부정적인 관계를 겪어야 하는지 억울한 마음이 드는 것도 당연합니다. 인생을 단 한 번의 삶, 즉 현생이라는 짧은 시간만으로 본다면 이런 상황은 참으로 불공평하게 느껴질 수 있습니다.

그러나 인생을 조금 더 긴 흐름, 전생과 현생, 그리고 미래의 후생까지 이어지는 긴 여정의 한 부분으로 바라본다면 이야기는 달라집니다. 우리의 삶은 단절된 한순간이 아니라, 연속된 시간 속에서 계속해서 이어지고 있는 여정입니다. 전생에서 맺었던 인연, 풀지 못한 감정, 심지어 해결하지 못한 업(業)이 지금의 나에게 어떤 형태로든 영향을 미치고 있을 수 있습니다.

때로는 전생에서 내가 알게 모르게 누군가에게 상처를 주었거나, 올바르지 못한 관계를 맺었던 기억이 지금 이 생에서 다시 나타나기도 합니다. 그때 제대로 정리하지 못한 감정의 매듭이, 인연의 형태로 바뀌어 다시 찾아오는 것일지도 모릅니다. 그래서 아무런 이유 없이 나를 괴롭히는 사람, 설명할 수 없는 갈등을 반복하는 관계를 만나는 경우가 생깁니다. 이는 단순히 벌을 받는 것이 아니라, 그 인연을 통해 성장하고 깨달음을 얻을 수 있는 기회가 주어진 것일지도 모릅니다.

물론 이러한 이야기가 처음에는 받아들이기 어려울 수도 있습니다. 그리고 나에게 해를 끼치는 사람을 이해하거나 용서하는 것은 결코 쉬운 일이 아닙니다. 하지만 조금 더 넓은 시야로 본다면, 그 고통스러운 인연조차도 나를 더 깊이 성장시키기 위한 과정일 수 있습니다. 마치 강한 바람이 나무를 더 단단하게 키우는 것처럼, 때로는 인간관계 속에서 겪는 고통이 내 영혼을 단련시키고, 나를 더 지혜롭고 성숙한 존재로 만들어 주는 것입니다.

결국 중요한 것은, 지금 내게 주어진 인연을 단지 좋고 나쁨으로 나누지 않고, 그 속에서 어떤 배움과 깨달음을 얻을 수 있을지를 바라보는 태도입니다. 나를 힘들게 하는 인연이든, 나를 응원해 주는 인연이든, 모두가 나의 성장과 치유를 위한 소중한 발걸음이라는 것을 이해하게 될 때, 우리는 관계 속에서 더 큰 자유와 평화를 경험할 수 있습니다.

인간관계는 우리의 삶에서 가장 깊은 영향을 미치는 요소 중 하나입니다. 우리는 태어나면서부터 가족이라는 첫 번째 공동체 안에서 관계를 배우기 시작하고, 자라면서 친구, 학교, 직장, 그리고 다양한 사회적 모임 속에서 수많은 사람들과 연결되어 살아갑니다. 어떤 관계는 우리에게 따뜻함과 위로를 선물하지만, 어떤 관계는 우리를 지치게 하고 때로는 삶의 방향마저 흔들어 놓기도 합니다. 인간관계는 이렇게 우리의 감정, 생각, 심지어 인생의 질까지 좌우하는 중요한 부분입니다.

물론, 모든 관계가 언제나 긍정적이고 조화로운 것은 아닙니다. 우리는 살아가면서 반드시 다양한 사람을 만나게 됩니다. 우리를 아껴주고 응원해 주는 사람도 있지만, 반대로 의도치 않게 상처를 주거나 우리를 힘들게 하는 사람도 만나게 됩니다. 때로는 그런 사람들과 관계를 맺는 것이 불가피하기도 합니다. 직장 상사, 가족 구성원, 시댁 식구, 처가 식구 혹은 오랜 친구 사이에서도 갈등이 생기고, 쉽게 피할 수 없는 상황에서 우리는 깊은 스트레스를 경험하게 됩니다. 때론 "왜 이런 사람을 내 인생에 만나게 되었을까?"라는 회의감이 들기도 합니다.

그러나 여기서 정말 중요한 사실은, 우리가 만나는 모든 사람은 결코 우연히 우리 앞에 나타난 것이 아니라는 점입니다. 나를 힘들게 하는 사람도, 나를 따뜻하게 감싸주는 좋은 인연도 모두 결국 내가 만들어낸 현실의 일부입니다. 이는 운명론적 해석을 넘어, 우리의 내면이 끌어당긴 결과라는 깊은 통찰과 연결되어 있습니다. 내가 어떤 에너지를 품고 살아가는가에 따라 내 주변에 어떤 사람들이 모이게 되는지가 결정되기 때문입니다. 때론 내 안의 상처, 미해결된 감정, 성장해야 할 과제가 누군가를 통해 드러나기도 하고, 반대로 내 긍정적인 변화가 좋은 인연을 끌어들이기도 합니다.

그렇다면 이렇게 맺어진 다양한 인간관계를 우리는 어떻게 받아들이고, 또 어떻게 하면 더 건강하고 행복한 방향으로 이끌어 갈 수 있을까요? 항상 좋은 사람만 곁에 두고 나쁜 사람은 멀리하는 식의 이분법적 접근은 오히려 더 깊은 갈등을 낳을 수 있습니다. 진정한 변화는 관계를 통해 나 자신을 이해하고, 상대방을 성장의 거울로 삼을 때 시작됩니다. 때론 나를 힘들게 하는 사람도 내 안의 미완성된 부분을 비춰주는 소중한 스승일 수 있습니다. 그리고 그런 통찰을 바탕으로 관계를 새롭게 바라볼 때, 우리는 비로소 인연을 변화시키고, 더 깊은 행복과 성장을 경험할 수 있습니다.

이 단원에서 나를 힘들게 하는 사람을 대하는 법과, 좋은 인연을 어떻게 만들어 갈 수 있는지에 대해 보다 심도 깊게 탐구해 보고자 합니다. 인간관계에 대해 조금 더 넓은 시야를 갖고, 내 삶을 더욱 풍요롭고 따뜻하게 가꿀 수 있는 지혜를 함께 나누고자 합니다.

① 관계를 바라보는 새로운 시각

경수는 사업 자금을 마련하기 위해 부모님께 3천만 원만 빌려달라고 부탁했습니다. 그러나 부모님은 어떤 이유에서인지 그 요청을 냉정하게 거절했습니다. 그때 그는 "형은 이런저런 사고를 쳐도 5천만 원이나 지원해 줬으면서, 왜 나에게는 3천만 원도 못 주냐"라며 슬프게 울었고, 결국 부모님과 거의 의절한 채 살아가게 되었습니다.

실제로 주변을 살펴보면, 열 사람 중 서너 명은 가족이나 가까운 친척과의 관계가 틀어져 거의 남보다 더 멀고 날카로운 사이가 되어버린 경우를 어렵지 않게 발견할 수 있습니다.

가까운 사람일수록 갈등이 빈번하게 일어나는 이유는 무엇일까요?

그것은 바로 "기대" 때문입니다.

우리는 사랑하는 사람에게 더 많은 것을 기대합니다. "부모라면 내 마음을 이해해 줘야 해", "배우자라면 내 고통을 먼저 알아차려야 해", "내 자녀라면 내 뜻을 존중해 줘야 해", "오랜 동료라면 내 상황을 배려해 줘야 해" 등….

이런 기대가 충족되지 않을 때 우리는 실망하고, 때론 서운함이 분노로 바뀌기도 합니다.

그러나 우리가 한 가지 간과하는 사실이 있습니다.

상대방도 똑같이 우리에게 기대하고 있다는 것입니다.

부모 역시 자녀에게 기대하고, 배우자 역시 상대에게 기대합니다. 직장 동료 역시 나로부터 이해와 협력을 기대합니다. 서로가 서로에게 기대하고 있는 것입니다. 그런데 그 기대가 엇갈리거나 충돌할 때, 감정의 골은 깊어지고, 갈등은 피할 수 없게 됩니다.

그래서 가족, 연인, 친구들처럼 가까운 사람과의 갈등은 남보다 더 아프고, 더 오래가기도 합니다. 그리고 이 갈등은 감정 소모로만 끝나는 것이 아니라, 때로는 우리 인생의 방향까지 바꿔놓을 만큼 큰 영향을 미칩니다.

오히려 이 인연을 통해, 우리는 스스로를 성장시키고 깊은 깨달음을 얻을 수 있는 기회를 부여받은 것인지도 모릅니다.

"나를 힘들게 하는 사람은 내 인생에 주어진 과제다."라는 관점으로 바라본다면, 관계에 대한 이해는 완전히 달라집니다.

누군가가 나를 힘들게 할 때, 우리는 본능적으로 방어하거나, 그 사람을 비난하고 싶은 충동을 느낍니다. 하지만 잠시 그 감정을 내려놓고 이렇게 질문해 볼 수 있습니다.

"이 관계를 통해 나는 무엇을 배우고 있는가?"

"이 사람과의 갈등이 내 안의 어떤 상처를 드러내고 있는가?"

때로는 인내를 배워야 할 때도 있고, 때로는 나 자신을 더 깊이 이해해야 할 때도 있습니다. 혹은 무조건적인 사랑을 배우고, 기대하지 않고 사랑하는 법을 익히기 위해 그런 관계가 필요한 것일 수도 있습니다.

우리는 흔히 성장이라는 말을 좋아하지만, 실제 성장은 편안하고 좋은 관계 속에서만 이루어지지 않습니다. 오히려 가장 힘든 관계 속에서, 가장 큰 성장이 일어납니다. 나를 괴롭히는 사람은 결국 나를 더 단단하게, 더 지혜롭게, 더 깊이 있는 인간으로 이끌어 주는 스승이 될 수 있습니다.

아마 여러분도 비슷한 경험이 있으실 겁니다.

회사에 갓 입사했을 때, 인격적으로 상처를 주는 사람이 아니라, 업무적으로 엄격하게 지도하고 채찍질했던 선배를 떠올려 보세요.

그때는 매일이 고통스럽고 힘들었을지 모르지만, 시간이 지나 돌아보면 그 선배 덕분에 내가 훨씬 더 크게 성장할 수 있었다는 사실을 깨닫게 됩니다.

당시에는 버겁기만 했던 그 순간들이, 결국 내 실력을 키우고, 나를 한층 더 단단하게 만들어준 시간이었던 것이었습니다.

이처럼 관계를 바라보는 시각을 바꾸는 것은 단순한 위안이나 정신 승리가 아닙니다.

이것은 삶을 능동적으로 살아가는 방법입니다.

"왜 저런 사람을 만나야 하나?"가 아니라, "저 사람을 통해 나는 무엇을 배울 수 있을까?"라고 질문을 바꿀 때, 내 감정은 상대방에게 휘둘리지 않고, 내가 주체가 되어 관계를 선택하고 성장할 수 있게 됩니다.

누군가를 미워하거나 분노하는 데 에너지를 쏟는 대신, 그 에너지를 나 자신의 성찰과 성장에 쓸 수 있습니다.

이것이야말로 진정한 자유입니다.

나를 괴롭히는 상대가 바뀌지 않더라도, 내 안의 시각이 바뀌면 그 관계는 달라지기 시작합니다. 그리고 이 새로운 시각은 단순히 마음을 편하게 하는 데 그치지 않고, 실제로 관계 자체를 변화시키는 힘이 됩니다.

관계를 변화시키는 가장 깊은 힘은 바로 진짜 사랑에서 비롯됩니다.

진짜 사랑은 기대를 내려놓는 데서 시작됩니다.

가족이기 때문에, 배우자이기 때문에, 친구이기 때문에 '이래야 한다'는 조건을 붙이는 것이 아니라, 있는 그대로의 그 사람을 받아들이는 것.

실망을 느끼더라도, 섭섭함이 생기더라도, 그것을 품을 수 있는 힘.

이것이 진정한 사랑이고, 성숙한 관계입니다.

그렇다고 해서 우리가 완전히 기대를 없앨 수 있는 것은 아닙니다. 사람이기에 마음은 자연스럽게 기대를 품습니다.

그러므로 중요한 것은 기대가 충족되지 않았을 때의 태도입니다.

그 순간 실망과 분노에 머물 것인지, 아니면 그 마음을 통해 사랑의 폭을 더 넓혀 갈 것인지는 우리의 선택입니다.

결국, 모든 인간관계는 나 자신을 비추는 거울입니다.

나를 힘들게 하는 사람은 내 안의 상처를 비추고, 나를 사랑해 주는 사람은 내 안의 사랑을 일깨워 줍니다.

관계를 통해 우리는 자신을 더 깊이 알아가고, 성장해 나갑니다. 그리고 그 성장은 결국 더 큰 사랑과 자유로 우리를 이끌 것입니다.

② 힘든 관계를 극복하는 방법

앞서 말했듯이, 관계는 때로 우리에게 상처를 주지만 결국 성장의 기회가 되기도 합니다.

하지만 아무리 그런 사실을 머리로 이해한다고 해도, 힘든 관계에서 오는 스트레스는 결코 가벼운 문제가 아닙니다.

따라서 우리는 힘든 관계 속에서도 무작정 버티기만 하는 것이 아니라, 스스로를 지키고 관계를 건강하게 만들기 위해 적극적으로 노력할 필요가 있습니다.

특히 다음과 같은 세 가지 방법을 통해 어려운 관계를 극복해 나갈 수 있습니다.

첫째. 상대를 바꾸려 하지 말고, 나를 돌아보아야 합니다.

인간관계에서 가장 흔히 하는 실수 중 하나는, 상대방을 바꾸려고 하는 것입니다.

우리는 종종 이렇게 생각합니다.

“왜 저 사람은 나를 이해해 주지 않을까?”

“왜 저 사람은 변하지 않을까?”

“저 사람이 조금만 달라졌다면, 우리 관계는 훨씬 나았을 텐데….”

이런 생각은 너무나 자연스럽고 인간적인 감정입니다. 상대의 문제점을 뚜렷이 보게 될 때, 우리는 본능적으로 상대를 고치거나 변화시키고 싶어집니다. 그러나 안타깝게도, 다른 사람을 바꾸려는 노력은 대부분 실패로 끝납니다.

사람은 누구나 자신의 방식대로 사고하고, 느끼고, 행동하는 존재입니다. 누군가가 강제로 자신을 바꾸려 하면, 본능적으로 저항하게 되어 있습니다. 오히려 더 강하게 자기방어를 하며 버티게 됩니다.

그렇다면 우리는 어떻게 해야 할까요?

답은 아주 단순하면서도 어렵습니다.

상대를 바꾸려 하지 말고, 나 자신을 돌아보는 것입니다.

“내가 그를 어떻게 대하고 있었는가?”

“내가 기대하고 있는 것이 과연 현실적인가?”

“내 태도와 반응이 이 관계에 어떤 영향을 주고 있는가?”

내가 변하면, 때로는 상대도 자연스럽게 변할 수 있습니다.

변화는 ‘요구’가 아니라 ‘모델링’을 통해 일어납니다. 내가 성숙한 태도를 보여주고, 일관되게 존중을 실천할 때, 상대는 내 에너지를 느끼고 스스로 조금씩 반응하게 됩니다.

물론, 이것은 단시간에 일어나는 일이 아닙니다. 인내와 시간이 필요합니다. 하지만 내 에너지가 바뀌면, 적어도 내 마음의 평화는 지킬 수 있습니다. 그리고 그것은 어떤 변화보다도 소중한 결과입니다.

둘째. 감정의 악순환을 끊어야 합니다.

힘든 관계에서 가장 무서운 것은 감정의 악순환입니다.

한 사람이 화를 내면, 다른 사람도 화를 냅니다.

상대가 무시하면, 나도 무시합니다.

상대가 상처를 주면, 나도 상처를 주려고 합니다.

이렇게 서로가 서로에게 상처를 주고받는 악순환이 계속되면, 결국 그 관계는 복구하기 어려운 지경에 이르게 됩니다.

"상대가 나에게 상처를 줬으니 나도 똑같이 갚아줘야 해."

"저 사람이 먼저 잘못했으니, 나는 당연히 화를 낼 권리가 있어."

이런 생각은 순간적으로는 속이 시원할지 모르지만, 결국 관계를 더욱 파괴하고, 나 자신도 더욱 상처 입히는 결과를 가져옵니다.

그럼 어떻게 해야 할까요?

우선, 감정이 올라오는 순간을 알아차리는 것이 중요합니다.

그 순간, 본능적으로 대응하기 전에 한 번 숨을 고르고, 자신에게 물어보세요.

"지금 내가 감정적으로 대응하면 이 관계는 더 좋아질까, 더 악화될까?"

"내가 이 감정을 잠시 내려놓을 수 있을까?"

"이 상황을 한 발짝 떨어져서, 더 객관적으로 바라볼 수 있을까?"

감정의 흐름을 끊는 것은 '억제'가 아닙니다. 억누르는 것이 아니라, 감정을 있는 그대로 인정하고, 잠시 멈추는 것입니다.

"지금 화가 나는구나", "지금 서운한 마음이 드는구나" 하고 스스로의 감정을 알아차리는 것만으로도 우리는 감정에 끌려가지 않고, 주체적으로 행동할 수 있게 됩니다.

때로는 한마디 말을 참는 것이, 한 걸음 물러서는 것이, 수많은 상처를 예방하는 강력한 힘이 됩니다.

셋째. 긍정적인 에너지를 보내는 습관을 가져야 합니다.

상대가 우리를 힘들게 할 때, 미워하고 싶은 마음이 드는 것은 자연스러운 감정입니다.

그러나 미움은 결국 자신에게 독이 됩니다.

상대를 미워하는 마음은 상대를 변화시키지 못합니다. 오히려 나 자신의 에너지를 고갈시키고, 마음을 병들게 합니다.

여기서 중요한 전환이 필요합니다.

상대를 미워하는 대신, 긍정적인 에너지를 보내는 것입니다.

상대가 변화하기를 진심으로 기도하세요.

직접 말로 표현할 수 없다면, 마음속으로 "당신이 좋은 사람이 되기를 바랍니다"라고 기도하세요.

그 사람의 밝은 면, 좋은 면을 떠올리려고 노력하세요.

물론 처음에는 쉽지 않을 것입니다. 억지로 좋은 생각을 하려 하면 오히려 거부감이 들 수도 있습니다. 그럴 때는 억지로 긍정하려 애쓰지 말고, 다만 미움에 머물지 않는 것만으로도 충분합니다.

시간이 지나면, 마음 안에 부드러운 에너지가 조금씩 쌓입니다.

그리고 그 에너지가 바뀌기 시작하면, 사람을 바라보는 시선도 자연스럽게 달라집니다.

그 순간, 관계는 어느새 조금 더 부드러워져 있습니다.

'좋은 에너지를 보내는 연습'은 결국 나 자신을 치유하는 과정입니다.

내 안에 사랑과 평화를 키워가는 일이기도 합니다.

여기까지 제 말씀을 들었더라도 여전히 이렇게 생각하실 수 있습니다.

"말은 좋은데, 현실에서는 너무 힘든걸요."

맞습니다. 현실에서는 마음처럼 쉽지 않습니다.

그래서 힘든 관계를 대하는, 좀 더 구체적인 실천 방법을 몇 가지 제안합니다.

✓ 하루 5분, 상대를 위한 긍정의 기도를 하는 것입니다.

아침이나 잠들기 전, 하루 5분만이라도 그 사람을 떠올리며 좋은 에너지를 보내세요. 억지로가 아니라, 그냥 "이 사람도 행복하길"이라고 소망만 해도 좋습니다.

✓ 감정이 올라올 때 '멈춤 연습'을 하는 것입니다.

감정이 격해질 때, 바로 반응하지 않고 '잠시 멈추기'를 연습하세요. 심호흡을 세 번 하고 난 후에 대화하거나 대응해 보세요.

✓ 내가 변할 수 있는 작은 부분을 찾는 것입니다.

상대가 잘못했다 하더라도, 내가 조금이라도 더 성숙할 수 있는 부분을 찾고 실천해 보세요. 예를 들어, 말투를 부드럽게 한다거나, 마음을 먼저 열어본다거나.

✓ '관계 메모'를 쓰는 것입니다.

특정한 사람과의 관계에 대해 느낀 감정, 갈등의 원인, 내가 할 수 있는 변화를 일기처럼 기록해 보세요. 스스로를 객관화하는 데 큰 도움이 됩니다.

이런 작은 실천들이 모여, 시간이 흐르면 내 안의 힘을 키우고 관계의 질을 바꾸게 됩니다.

결국 힘든 관계는 우리를 괴롭히려고 존재하는 것이 아닙니다.

그 관계는 나를 더 깊이 돌아보게 하고, 더 큰 사랑을 배우게 하고, 더 성숙한 인간으로 이끌어 주는 소중한 통로입니다.

"왜 저 사람은 변하지 않을까?"라고 묻는 대신, "나는 이 관계 속에서 어떤 사람이 될 수 있을까?"라고 물어봅시다.

힘든 관계를 통해 우리는 배웁니다.

참는 법을, 이해하는 법을, 용서하는 법을, 그리고 결국은 진정한 사랑을.

관계는 내가 바꿀 수 없는 외부 환경이 아니라, 내가 선택할 수 있는 내면의 여정입니다.

상대를 변화시키려 애쓰는 대신, 나 자신의 성장에 집중할 때,

우리는 진정으로 자유롭고, 평화로운 존재가 될 수 있습니다.

힘든 관계야말로, 내 인생을 가장 빛나게 하는 기회입니다.

이 기회를 놓치지 말고, 한 걸음 한 걸음, 사랑과 성장의 길을 걸어가 봅시다.

③ 좋은 인연을 만드는 법

우리는 누구나 좋은 사람들과 따뜻한 관계를 맺기를 원합니다.

살아가면서 힘든 인연에 상처받은 경험이 많을수록, "더 이상은 아프고 싶지 않다", "이제는 꽃길만 걷고 싶다"라는 간절함이 커지게 마련입니다.

그렇다면 어떻게 하면 나를 괴롭히는 인연을 줄이고, 더 좋은 사람들과 인연을 맺을 수 있을까요?

좋은 인연은 결코 운이나 우연만으로 찾아오는 것이 아닙니다. 좋은 인연은 준비된 마음에게 찾아오는 응답과도 같습니다.

좋은 인연을 끌어당기고 싶다면, 먼저 내가 어떤 인연을 원하는지 알아야 하고, 그에 걸맞은 사람이 되기 위한 노력을 해야 합니다.

좋은 인연은 외부가 아닌 내 마음에서 비롯됩니다.

우리가 만나는 인연은 내면의 상태를 비추는 하나의 거울입니다.

내가 어떤 파장을 품고 있는가에 따라, 그와 같은 에너지를 가진 사람들이 내 삶에 스며듭니다. 따라서 인연을 바꾸고 싶다면, 누군가를 바꾸려 하기보다 내 마음을 바라보고 다듬는 것이 먼저입니다. 인연을 변화시키는 열쇠는 언제나 내 안에 있습니다.

그 과정에는 먼저 갖추어야 할 준비가 있습니다.

첫째. 내가 원하는 인연을 먼저 정의해 보아야 합니다.

우리는 "좋은 사람을 만나고 싶다"라는 수준의 생각은 누구나 합니다.

하지만 막연하게 좋은 사람을 바란다면, 그 기준이 불분명해 관계에서도 갈팡질팡하게 됩니다.

"나는 어떤 사람들과 함께하고 싶은가?"

"어떤 관계 속에서 행복을 느끼는가?"

"내가 꿈꾸는 이상적인 인간관계는 어떤 모습인가?"

이 질문에 대한 답을 조금 더 구체적으로 써보세요.

예를 들어 이렇게 말할 수 있습니다.

'나는 서로의 다름을 인정해 주는 사람과 함께하고 싶다.'

'나는 감정적으로 의지하거나 의존하지 않고, 서로 자립적인 관계를 유지하고 싶다.'

'나는 솔직하고 따뜻한 대화를 나눌 수 있는 사람을 원한다.'

이렇게 구체적으로 관계의 모습을 정의하면, 내 안에 '필터'가 생깁니다.

사람을 만날 때마다 무의식적으로 그 필터를 통과시키며 자연스럽게 나에게 맞는 사람을 끌어당기게 됩니다.

또한 이 과정을 통해 알게 됩니다.

"모든 사람과 잘 지낼 필요는 없구나."

"모든 사람에게 인정받을 필요도 없구나."

내가 어떤 인연을 원하는지를 명확히 알게 되면, 사람들과의 관계에서 불필요한 상처를 덜 받게 됩니다.

나에게 맞지 않는 사람을 억지로 끌어안으려 하지 않고, 자연스럽게 거리두기를 할 수 있기 때문입니다.

둘째. 내가 먼저 좋은 사람이 되도록 노력해야 합니다.

많은 사람들이 이런 질문을 합니다.

"나는 상처를 주지 않았는데 왜 상처받는 관계만 반복될까?"

이럴 때 우리는 자칫 억울함이나 분노에 사로잡히기 쉽습니다.

하지만 여기서 잠깐, 더 깊은 질문을 던져보아야 합니다.

"나는 정말 타인을 존중하고 있는가?"

"나는 무의식적으로 남을 조종하거나 판단하지 않았는가?"

"나는 좋은 인연이 될 준비가 되어 있는가?"

좋은 인연은 나의 거울입니다.

내가 어떤 에너지를 품고 있는지, 내가 어떤 파장을 발산하는지가 결국 나에게 돌아옵니다.

예를 들어, 내 마음 깊은 곳에 "사람들은 다 이기적이다"라는 불신이 깔려 있다면, 그런 에너지를 감지한 사람들이 다가오지 않거나, 혹은 불신을 확인시키는 사람들과 인연을 맺게 될 가능성이 높습니다.

반대로, "사람들은 기본적으로 선하다"는 믿음을 품고 있다면, 선한 면을 가진 사람들이 내 주변에 더 많아질 것입니다.

그러므로 좋은 인연을 만들기 위한 첫 번째 조건은 내가 먼저 좋은 사람이 되는 것입니다.

✓ 먼저 인사하기.

✓ 상대방의 말을 경청하기.

✓ 작은 친절을 실천하기.

✓ 상대방의 입장에서 한 번 더 생각해 보기.

이런 사소한 실천들이 쌓여서, 결국 사람들에게 신뢰와 존중을 주는 사람이 됩니다. 그러면 자연스럽게 그런 에너지를 가진 사람들이 나를 향해 다가오게 됩니다.

셋째. 무의식의 패턴을 점검해 볼 필요가 있습니다.

좋은 인연을 원하지만, 이상하게도 반복해서 비슷한 문제를 겪는 경우가 있습니다.

항상 나를 이용하는 사람과 엮인다든지, 감정적으로 소모적인 관계만 반복된다든지.

이럴 때는 나의 무의식적인 관계 패턴을 점검할 필요가 있습니다.

"나는 어떤 사람에게 끌리는가?"

"나는 관계에서 어떤 역할을 반복하고 있는가?"

"내가 무의식적으로 반복하는 패턴이 있지는 않은가?"

어릴 적 경험이나 성장 과정에서 형성된 관계의 틀은 무의식적으로 우리의 선택에 영향을 미칩니다.

예를 들어, 어린 시절 부모로부터 인정받지 못한 상처가 있는 사람은, 끊임없이 자신을 인정해 줄 사람을 찾다가 오히려 냉담한 사람에게 집착하게 될 수 있습니다.

이런 패턴을 인식하고, 그것을 의식의 영역으로 끌어올리는 것만으로도 변화는 시작됩니다.

내가 어떤 경향을 가지고 있는지 알게 되면, 더 이상 무의식에 끌려다니지 않고 의식적으로 사람을 선택할 수 있게 됩니다.

"나는 이런 유형의 사람에게 쉽게 끌리지만, 그것이 항상 행복을 가져오지는 않았다."

이렇게 깨닫는 순간, 우리는 더 건강한 관계를 선택할 자유를 얻게 됩니다.

넷째. '기다림'과 '믿음'을 가져야 합니다.

좋은 인연은 단번에 찾아오지 않습니다.

때로는 외로움을 견디며, 기다려야 할 때도 있습니다.

"왜 이렇게 좋은 사람이 없는 걸까?"

이런 생각이 들 때마다 조급함이 마음을 채우기 쉽지만, 좋은 인연은 내가 성숙해지는 시간을 기다려줍니다. 조급함 대신, 좋은 에세이나 철학책 혹은 시집을 읽고 운동을 하면서 내면을 강화시키는 시간을 갖는 것을 권장합니다.

내가 더 단단하고 따뜻한 사람이 될 때, 자연스럽게 그에 맞는 사람들이 내 인생에 들어옵니다.

우리는 종종 인연을 '찾아다니려고' 합니다.

하지만 인연은 억지로 찾아다닌다고 생기는 것이 아니라,

내가 준비되었을 때 자연스럽게 다가오는 것입니다.

그래서 중요한 것은 기다림 속에서도,

✓ 스스로를 사랑하는 것,

✓ 나를 존중하는 것,

✓ 나를 성장시키는 것 등이 중요합니다.

자신을 아끼고 존중하는 사람에게는, 그런 에너지를 알아보는 사람들이 다가옵니다.

그것이 좋은 인연을 만드는 가장 확실한 비밀입니다.

다섯째. 좋은 인연을 만났을 때 지켜야 할 것들이 있습니다.

좋은 인연을 만나면, 그것을 소중히 가꾸는 것도 중요합니다.

좋은 관계는 저절로 유지되지 않습니다. 정성과 관심이 필요합니다.

✓ 상대방을 당연하게 여기지 않기.

✓ 감사의 표현을 아끼지 않기.

✓ 갈등이 생겼을 때 솔직하고 부드럽게 대화하기.

✓ 서로의 다름을 존중하기.

특히, 서로 다를 때 갈등을 피하지 말고, 건강하게 풀어나가는 것이 중요합니다.

좋은 인연이라 해서 항상 의견이 같을 수는 없습니다. 중요한 것은, 다름을 어떻게 대하느냐입니다.

다른 점을 존중하며, 서로를 이해하려는 노력을 지속할 때, 관계는 시간이 지날수록 더욱 깊어지고 견고해집니다.

좋은 인연을 만나는 것은 행운이나 우연과 같은 '기적'만이 아닙니다. 그것은 내가 얼마나 좋은 사람이 되려고 노력했는지, 얼마나 사랑과 존중을 품고 살아가고 있는지의 결과입니다.

힘든 인연을 탓하기보다는, 나를 돌아보고, 내 안에 사랑을 키우고, 내가 원하는 인연의 모습을 구체화하고, 그에 맞는 사람이 되기 위해 노력해 보세요.

그러면 언젠가, 생각지도 못한 순간에 당신의 삶에 따뜻한 인연이 찾아올 것입니다.

좋은 인연은, 바로 당신의 마음에서부터 시작됩니다.

④ 현실에서 실천할 수 있는 방법

인생에서 좋은 인연을 만나고, 힘든 관계를 지혜롭게 극복하는 것은 결코 이론만으로 해결되지 않습니다. 결국 삶은 '실전'이며 '현장'입니다.

작은 실천 하나, 태도의 변화 하나가 우리의 인간관계를 조금씩, 그러나 확실히 바꿔갑니다.

이번에는 실제로 현실에서 적용할 수 있는 구체적이고 실질적인 방법들을 살펴보겠습니다.

첫째. 힘든 사람과의 관계를 개선하기 위한 실천법으로, 감정을 억누르지 말고, 건강하게 표현하는 것입니다.

우리는 갈등이 생겼을 때 흔히 두 가지 극단적인 반응을 합니다.

하나는 분노를 폭발시키는 것이고, 다른 하나는 감정을 억누르고 참아버리는 것입니다.

하지만 어느 쪽도 건강한 해결책이 되지 못합니다.

억눌린 감정은 결국 터져 나오거나, 마음속에 깊은 상처를 남깁니다.

건강한 감정 표현의 핵심은 '나의 감정'을 이야기하는 것입니다.

✓ "당신 때문에 내가 화가 났어!" → (×)

✓ "나는 당신의 그 말에 상처를 받았어." → (○)

즉, 상대를 비난하는 대신, 나의 감정을 솔직하게 표현하는 것입니다.

이런 방식은 상대방에게 방어심을 덜 일으키고, 오히려 진심이 전달될 가능성을 높입니다.

"나는 당신이 약속을 지키지 않았을 때, 실망하고 서운했어."

이런 문장은 상대를 공격하는 대신, 내 감정을 공유합니다.

그렇게 하면 대화의 문이 닫히지 않고, 오히려 열릴 수 있습니다.

그리고 상대를 바꾸려 하지 말고, 나의 반응을 바꾸는 방향이 훨씬 효과적입니다.

우리는 본능적으로 상대를 바꾸려 합니다.

"저 사람이 변하면 관계가 좋아질 텐데…." 하고 바람을 품지만, 현실에서는 대부분 변하지 않습니다.

상대는 내 뜻대로 바뀌지 않는다는 사실을 받아들이는 것이 첫 번째입니다.

그러면 다음 단계는 무엇일까요?

바로, 나의 반응 방식을 바꾸는 것입니다.

✓ 상대의 말에 바로 감정적으로 반응하는 대신, 한 박자 쉬고,

✓ 상처받은 것 같을 때, 상대에게 바로 되갚지 않고, 내 감정을 관찰하며,

✓ 필요하다면 잠시 거리를 두고 나를 보호하는 것입니다.

내가 반응을 바꾸면, 예상치 못한 결과가 나타납니다.

상대방이 당황하거나, 스스로 자신의 행동을 돌아보기도 합니다.

심지어 관계의 역학이 서서히 바뀌는 것을 느낄 수 있습니다.

둘째. 나쁜 인연을 멀리하고 좋은 인연을 끌어들이는 법으로 우리는 현재 우리의 관계의 '필요성'과 '긍정성'을 점검해 볼 필요가 있습니다.

모든 관계를 유지해야 하는 것은 아닙니다.

때로는 관계를 끊거나 멀어지는 것이 나를 위한 최선의 선택일 수 있습니다.

✓ "이 관계는 나를 성장시키는가, 아니면 소모시키는가?"

✓ "나는 이 관계 안에서 나답게 존재할 수 있는가?"

이 질문을 스스로에게 던져보세요.

만약 어떤 관계가 나를 끊임없이 무력하게 만들고, 자존감을 깎아내리고, 내 에너지를 소진시킨다면, 그 관계를 계속 이어갈 이유는 없

습니다.

물론 무작정 사람을 밀어내는 것도 옳지 않습니다.

그러나 나를 힘들게만 하는 관계는 스스로 정리할 수 있는 용기를 가질 필요가 있습니다.

그리고 주변 사람을 객관적으로 바라보는 힘을 키워야 합니다.

가끔 우리는 단지 오래된 인연이거나 가족이라는 이유만으로, 계속해서 상처를 주고받는 관계를 유지하려 합니다.

✓ "이 사람이 과연 내 삶에 긍정적인 영향을 주는가?"

✓ "나는 이 사람과 있을 때 편안한가, 아니면 위축되는가?"

이런 관점에서 주변 사람을 살펴보면, 자연스럽게 나를 아껴주고 존중하는 사람들과 더 많은 시간을 보내고 싶은 마음이 생깁니다.

그리고 그것이 바로 좋은 인연을 끌어당기는 출발점입니다.

아울러 긍정적인 신념을 품어야 합니다.

인연에 대해 품고 있는 믿음이 결국 현실이 됩니다.

✓ "세상엔 믿을 사람 없다."

이런 생각을 가진 사람은 불신을 부르는 관계를 끌어당깁니다.

반면에,

✓ "나는 좋은 사람들과 인연을 맺을 수 있어."

이렇게 믿는 사람은, 그 믿음대로 좋은 사람들을 만나게 됩니다.

믿음은 단순한 생각이 아니라, 삶을 이끄는 에너지입니다.

좋은 인연을 믿으세요.

그리고 스스로 좋은 인연이 되겠다는 다짐을 매일 하세요.

그 믿음은 분명히 당신을 더 나은 방향으로 이끌 것입니다.

마지막으로 나 자신을 성장시키는 가장 확실한 방법은, 매일 마음을 돌보는 습관을 갖는 것입니다.

✓ 명상: 하루 5분이라도 눈을 감고 내 호흡에 집중하기.

마음이 점점 고요해지고, 감정에 휘둘리지 않게 됩니다.

✓ 자아성찰: 오늘 하루, 내가 어떤 감정을 느꼈는지 돌아보기.

무엇이 나를 흔들었는지, 어떤 부분에서 불편했는지 기록해 봅니다.

✓ 감사메모: 하루에 감사한 일 3가지만 적어보기.

작은 감사가 쌓이면, 삶을 바라보는 시선이 따뜻해집니다.

이런 습관은 단순히 마음을 다스리는 데 그치지 않습니다.

나를 더 좋은 사람으로 성장시키는 강력한 도구가 됩니다.

그리고 감정을 조절하는 연습을 해보세요.

나도 완벽하지 않지만 내가 만나는 사람도 완벽하지 않습니다.

그러므로 좋은 인연을 볼 수 있는 눈이 있어야 하고 좋은 사람이 나타나 좋은 인연을 맺으려면, 나의 감정에 휘둘리지 않는 힘이 필요합니다.

감정은 소중하지만, 때때로 감정에 끌려다닌다면 중요한 순간에 실수를 하게 됩니다.

✓ 상대가 화를 낸다고 함께 화내지 않고,

✓ 상대가 무례하다고 똑같이 무례하게 굴지 않으며,

✓ 상대가 무관심해도, 내 중심을 지키는 것입니다.

감정은 인생의 주인이 아니라, '손님'입니다.

손님이 왔다고 집주인이 끌려다닐 필요는 없습니다.

감정을 존중하되, 주도권은 나에게 있다는 사실을 잊지 마세요.

모든 인간관계는 나에게 배움을 줍니다.

좋든 나쁘든 어떤 상황에 직면하면 "이 상황에서 나는 무엇을 배울 수 있을까?"를 스스로에게 질문해 보세요.

좋은 인연은 나를 기쁘게 하고, 힘든 인연은 나를 성장시킵니다.

✓ "이 사람을 통해 나는 인내를 배우는구나."

✓ "이 갈등을 통해 나는 나를 표현하는 연습을 하는구나."

✓ "이 상처를 통해 나는 나를 더 사랑해야 함을 깨닫는구나."

이런 시각을 가지면, 세상의 모든 인연이 소중한 스승이 됩니다.

어떤 상황에서도 성장의 기회를 찾는 습관, 그것이 진정한 성숙입니다.

힘든 관계를 극복하고, 좋은 인연을 만나고, 나를 성장시키는 길은 결코 하루아침에 이루어지지 않습니다.

하지만 매일 작은 실천을 쌓아가면, 어느 순간 달라진 나 자신과 변화된 관계를 발견하게 될 것입니다. 그 작은 선택들이 모여, 결국 당신의 인생을 따뜻하고 깊은 인연으로 채워줄 것입니다.

2) 지혜로운 대처

살아가며 우리는 누구나 크고 작은 실수를 합니다. 아무리 깊은 통찰력을 갖추었다고 해도, 사람이라면 완벽할 수 없기에 때로는 잘못된 선택을 하거나 예상치 못한 상황에 맞닥뜨리기도 합니다. 하지만 실수 자체가 우리의 실패를 결정짓는 것은 아닙니다. 오히려 중요한 것은 그 실수를 어떻게 받아들이고 수습하며, 이를 통해 어떤 교훈을 얻어 성장하는가에 달려 있습니다. 실수는 우리를 좌절시키는 요소가 아니라, 우리의 부족함을 깨닫게 해주고 더 나은 방향으로 나아갈 수 있는 기회가 될 수 있습니다. 실수를 대하는 태도에 따라 우리는 더 지혜롭고 성숙한 사람이 될 수도, 아니면 같은 실수를 반복하며 제자리걸음을 할 수도 있습니다. 결국, 실수를 성장의 밑거름으로 삼는 힘은 우리에게 달려 있습니다.

예를 들어, 한 팀의 리더가 중요한 프로젝트에서 잘못된 결정을 내려 큰 손해를 보게 되었다고 가정해 봅시다. 이때 리더가 자신의 잘못을 회피하거나 변명으로 일관한다면, 신뢰를 잃고 팀 분위기는 악화될 것입니다. 그러나 리더가 실수를 솔직히 인정하고, 원인을 분석하며, 팀원들과 함께 해결책을 찾아 나간다면, 그 과정에서 리더십은 더욱 강화되고 팀의 결속력도 높아질 것입니다.

이처럼 지혜로운 대처란 단순히 문제를 해결하는 것을 넘어, 실수를 통해 자신을 돌아보고 배움을 얻는 과정을 포함합니다. 때로는 실수로 인해 상처받고 힘든 시간을 보낼 수도 있지만, 그 시간을 통해 우리는 더 큰 깨달음을 얻고 한층 성숙해질 수 있습니다.

실수를 대할 때의 감정적인 반응을 관리하는 것도 중요합니다. 실수를 하거나 잘못된 결정을 내릴 때, 당연히 분노나 좌절감, 또는 불안감이 밀려올 수 있습니다. 이러한 감정을 피할 수는 없지만, 그 감정을 인정하고, 잠시 쉬어 가면서 자기 자신을 다독이는 법을 배우는 것도 중요합니다. 감정적인 과잉 반응을 줄이고, 문제 해결에 집중하는 태도가 결국 더 효과적인 대처로 이어지기 때문입니다. 예를 들어, 실수 후 순간적으로 혹은 감정적으로 반응하기보다는 잠시 시간을 갖고, 그 실수에서 무엇을 배울 수 있을지 곰곰이 생각해 보는 것이 중요합니다.

또한 실수를 인정하고 책임지는 과정은 우리에게 겸손함을 가르쳐 줍니다. 우리는 자신의 한계를 마주하며 타인의 조언과 도움을 기꺼이 받아들이게 됩니다. 이로 인해 더 깊은 공감과 신뢰가 관계 안에서 자연스럽게 자라나게 되고, 공동체 안에서 더 성숙한 관계를 맺을 수 있게 됩니다.

결국, 실수는 우리가 피할 수 없는 삶의 일부이자, 자신을 돌아보고 더 나은 방향으로 나아갈 수 있는 기회입니다.

그것을 어떻게 받아들이고 대처하는가에 따라, 우리는 좌절에 머무를 수도 있고, 성장을 위한 새로운 시작을 만들 수도 있습니다.

야속한 형님의 이야기

친한 선배님과 점심을 함께하던 날이었습니다. 식사가 절반쯤 지나갈 무렵, 선배님은 조심스레 이야기를 꺼내셨습니다.

"며칠 전에 아내랑 좀 다퉜어. 아직도 내가 뭘 잘못했는지 모르겠어."

그 말에 고개를 들자, 선배님의 표정엔 어딘가 억울함이 묻어 있었습니다.

이야기는 이렇게 시작됐습니다.

선배님의 아내는 다섯 남매 중 셋째 딸입니다. 그중 첫째인 형님은 유일한 아들이자 장남이었습니다. 부모님이 돌아가신 후 유산 대부분을 형님이 상속받았고, 나머지 자매들은 각자의 가정을 꾸려 살아가고 있었죠. 그래도 분기마다 한 번씩은 모여 식사 자리를 가졌다고 합니다. 겉보기엔 따뜻한 가족 모임이었지만, 그 자리에 늘 따라붙던 말이 하나 있었습니다.

"지금까지는 내가 냈으니까, 다음엔 돌아가면서 내도록 하자."

형님의 말이 틀렸다고는 할 수 없었지만, 자매들의 마음은 늘 복잡했습니다. 그들 대부분은 평범한 가정의 일원으로 살아가고 있었고, 그 말이 지닌 '당연함'은 묘하게 무게감을 남겼습니다. 어느 날, 셋째 딸인 형님의 아내는 둘째 언니와 함께 집으로 돌아가며 푸념을 흘렸다고 합니다.

“오빠는 유산도 많이 받았으면서, 왜 꼭 그런 얘기를 해야 하는지 모르겠어. 매번 부담스러워.”

그 말은 선배님의 귀에도 들어갔습니다. 그는 아내의 마음이 꽤나 깊은 불편함을 품고 있었다는 걸 그제야 알게 되었다고 했습니다.

그리고 그다음 가족 모임 날, 선배님은 그 말을 그냥 삼킬 수 없었습니다. 술기운을 빌려 조심스럽게 꺼낸 한마디는 곧 파문이 되었습니다.

“형님, 부모님 유산도 많이 받으셨잖아요. 가족끼리 밥 먹는 자리에서 너무 인색하신 거 아닙니까?”

말이 끝나자, 형님의 표정은 굳었고, 한 박자 늦게 대답이 돌아왔습니다. “나도 넉넉하지 않아. 너희가 생각하는 것만큼 여유롭지 않다고.”

그날 모임은 싸늘하게 끝났고, 돌아오는 길에 선배님의 아내는 말했습니다.

“왜 그런 말을 했어? 분위기만 이상해졌잖아.”

선배님은 억울하다는 듯 대꾸했습니다.

“그 말, 당신이 먼저 했잖아. 당신이 못 한 말을 내가 대신한 거잖아. 솔직히 나라도 하지 않으면, 누가 했겠어?”

그 순간에도, 선배님의 마음에는 ‘정의감’이 있었던 것 같았습니다. 누군가는 말해야 한다는, 자신이 대신 나섰다는 일종의 책임감 같은 것. 하지만 아내는 그 말을 원하지 않았습니다. 마음속 무게를 누군가와 나누고 싶었을 뿐, 대신 싸워 주길 원했던 건 아니었던 거죠.

며칠이 지난 후에도 아내는 여전히 그 일로 서운해하고 있었다고 했습니다. 선배님은 점점 더 답답함을 느끼며 제게 말했습니다.

"나는 진짜 잘해보려고 한 건데…. 아직도 아내가 나한테 왜 그렇게 마음을 닫았는지 모르겠어. 내가 뭘 그렇게 잘못한 걸까?"

그 말을 듣는 순간, 저는 잠시 생각하다가 한 가지 이야기를 꺼냈습니다.

"영호라는 사람이 있었어요. 어느 날 길을 가다 보니 거지가 한 명 앉아있더군요. 안타까운 마음에 오랜만에 좋은 일을 해볼까 싶어서 지갑을 열고 5천 원을 꺼내 주려고 했죠. 그런데 그 거지가 영호의 지갑 속에 5만 원짜리 여러 장이 있는 것을 보고 이러는 거예요. '이왕 주시는 거 5만 원 주시면 안 돼요?' 그 말을 들은 영호는 몹시 기분이 상했습니다. '좋은 마음으로 베푸는 건데, 당연하다는 듯 요구하다니.' 결국 그는 지갑을 닫고 돌아섰죠. 그러면서 이런 생각을 했습니다. '그러니까 저 사람은 저렇게 길바닥에서 살아가는 거지.'"

저는 그의 반응을 살피며 물었습니다.

"선배님은 이 이야기를 어떻게 생각하시나요?"

그는 단호히 대답했습니다.

"그 거지가 잘못했지."

저는 고개를 끄덕이며 말을 이어갔습니다.

"맞아요. 자비를 베푸는 것은 베푸는 사람의 몫이고, 그것은 그 사람의 자유입니다. 영호가 5천 원을 주든, 5만 원을 주든, 아니면 아무것도 주지 않든 그것은 전적으로 그의 선택이죠. 형님께서 부모님께

유산을 많이 받았든 적게 받았든 그 돈을 어떻게 쓰느냐는 형님 마음이에요. 다만, 가족끼리 함께 모이는 자리에서는 조금 더 넓은 마음으로 베푸는 모습을 보여주셨으면 좋겠다는 바람이 들긴 해요. 물론 그것도 형님의 선택이죠."

저는 그의 눈을 보며 천천히 말을 이어갔습니다.

"하지만 이런 이야기는 가족들이 모두 모인 자리에서 하는 것보다는, 형님과 둘만 있을 때 조심스럽게 진심을 담아 말씀드리는 게 더 좋지 않을까요? 그리고 사실 이런 민감한 문제를 이야기할 때는 혈육인 자매 중 한 사람이 먼저 말을 꺼내는 것이 더 적절하다고 생각합니다. 특히 형님이 아닌 형수님께서 단둘이 있을 때 그런 말씀을 하셨더라면, 형님 입장에서 부담이 덜했을 수도 있겠죠. 형수님은 가족 간의 감정에 조금 더 부드럽게 다가갈 수 있는 분이니까요."

저는 그의 얼굴을 살피며 덧붙였습니다.

"물론 이렇게 말씀드리는 건, 선배님의 입장을 충분히 이해하고 있기 때문입니다. 선배님도 선배님의 방식대로 가족을 사랑하고 배려하고 싶어 하신다는 걸 압니다. 그리고 저는 용기를 내어 적극적으로 나서는 분들을 좋아하고 존중합니다. 다만, 가족 간에 이런 이야기를 나눌 때는 배려와 소통의 방식이 조금 더 다정할 수 있다면 좋겠다는 생각이 들어요."

그는 제 말을 들으며 고개를 끄덕였습니다. 우리는 종종 누군가의 마음을 들으려 하기보다 대신 설명하고, 이해해 주기보다 대변하거나 판단하려 듭니다. 감정이라는 것은 때로 말로 충분히 전해지지만,

어떤 순간에는 침묵과 기다림이 더 깊은 이해로 이어지기도 합니다. 누군가의 속마음을 알아챘다고 해서, 그 감정을 대신 표현하거나 터뜨릴 권한까지 생기는 것은 아닙니다.

그날 선배님과 나눈 대화는 유산이나 돈, 형제간의 형평성과 같은 외적인 문제가 아니라, 사실 사람 사이의 이해와 소통, 서로에게 어떻게 다가가야 하는지에 대한 이야기였습니다. 저는 그가 '무엇이 옳은가'를 넘어서, '어떻게 다가갈 것인가'를 곰곰이 생각해 볼 수 있기를 바랐습니다.

"To give is to live. To take is to exist."(주는 것은 사는 것이고, 받는 것은 존재하는 것이다.)

김장

해마다 찬 바람이 불기 시작하면 김장의 계절이 다가옵니다. 김장은 온 가족의 손길이 모여야 완성되는, 정성과 시간이 필요합니다. 하지만 이 과정에서 종종 오래 묵혀둔 감정과 불만까지 함께 터져 나오기 마련입니다.

영숙의 올케 언니에 대한 이야기는 김장철마다 한 번씩 화제에 오릅니다. 결혼 전, 친정에 머물던 시절부터 영숙은 생색내기 좋아하는 올케언니의 행동에 대해 속상해하곤 했습니다. 김장을 한다는 것은 단순히 양념을 바르는 일만이 아니었습니다. 크게 세 가지 과정이 필요한데, 먼저 배추를 소금에 절여 물기를 빼야 하고, 이어서 정성 들여 양념를 만들어야 하며, 마지막으로 그 양념을 배추에 골고루 바르는 과정이 뒤따릅니다.

하지만 올케는 늘 마지막 단계, 양념 바르기만 참여했습니다. 김치를 만드는 핵심적인 과정인 배추 절이기와 양념 만들기는 영숙과 그녀의 어머니가 도맡아 했습니다. 배추 절이는 것부터가 허리가 휘는 고된 노동이고, 양념소스를 만드는 일은 그만큼 손이 많이 가며, 재료 준비에서부터 많은 정성이 요구되는 일이었습니다. 그러나 올케는 양념을 바르며 고작 한두 시간 도와준 뒤, 마치 김장의 주역이 자신인 양 생색을 내곤 했습니다.

"힘든 일은 다 우리가 하고, 올케는 매번 와서 김치에 양념 버무르기만 하잖아. 그래놓고 세상에서 제일 큰일 한 사람처럼 행동해!"

영숙은 집에서 김장을 할 때마다 이런 불만을 털어놓았습니다. 특히나 올케가 양념에 들어가는 재료비를 명목으로 조금이라도 도움을 줬다면 마음이 덜 상했을 텐데, 그렇지도 않았습니다. 그 시절, 김장은 늘 그렇게 진행되었습니다. 영숙과 그녀의 어머니가 대다수의 일을 떠맡고, 올케는 짧은 순간 등장해 주연처럼 떠나는 것이 반복되었습니다.

영숙이 결혼하며 친정집의 김장 풍습은 자연스럽게 막을 내렸고, 그와 함께 그녀가 늘어놓던 푸념들도 더 이상 없었습니다. 올케도 더 이상 시댁 김장에 참여할 일이 없어졌고, 이제는 각자가 본인이 먹을 김치만 조금씩 담그기로 했습니다. 부족한 부분은 사서 먹기로 하며 간편하게 해결하게 되었습니다.

그렇게 시간이 흘러, 올케는 처음으로 김치를 처음부터 끝까지 직접 담가 보게 되었습니다. 이전까지는 그저 양념을 버무리는 단계만 도왔던 그녀였지만, 이번에는 배추를 절이고, 깨끗이 헹궈 물기를 빼고, 하나하나 재료를 손질하고 다듬는 모든 과정을 온전히 혼자 해낸 것이었습니다. 생각보다 훨씬 많은 시간과 정성이 드는 이 일은, 음식 하나를 만드는 것이 아니라 한 사람의 인내와 정성을 고스란히 담아내는 일이었습니다.

"김치 양념 만드는 게 생각보다 정말 힘들더라고요."

숨을 고르듯 말을 꺼낸 그녀는, 마치 무언가를 처음 제대로 바라보게 된 사람처럼, 천천히 이야기를 이어갔습니다.

"왜 사람들이 그렇게 힘들어했는지 이제야 조금은 알 것 같아요. 김장을 해보니, 제가 몰랐던 일이 이렇게 많더라고요. 다른 사람들은 그보다 훨씬 더 많은 수고를 하셨겠죠. 사람들은 흔히 자신이 아는 것만이 전부라고 생각하며 살아가잖아요. 저도 그저 양념을 버무리는 일만 중요한 줄 알았는데, 그 이전에 배추를 절이고, 재료를 손질하고, 준비하는 과정 하나하나가 얼마나 큰 정성과 노력이 필요한지 상상도 못했어요. 그동안 늘 준비해 주셨던 모든 수고가 이제야 얼마나 큰 의미였는지, 감사한 마음이 절로 생깁니다."

그녀의 말에, 영숙은 말없이 고개를 끄덕였습니다. 마음 한편에 오래도록 쌓여 있던 씁쓸함이 스쳐갔지만, 그래도 이렇게나마 스스로를 깨닫게 되어서 기뻤습니다.

사람은 누구나 자기 경험의 테두리 안에서 세상을 보고 판단하는 존재입니다. 올케 또한 마찬가지였습니다. 신앙심 깊고, 교회에서는 누구보다 열심히 기도하고 봉사하며 스스로를 단단하게 여겼던 그녀였지만, 정작 가정 안에서는 다른 이들의 보이지 않는 수고와 진심을 미처 헤아리지 못했던 것입니다.

하지만 이제, 올케는 아주 작고 평범한 일상의 경험을 통해, 그동안 보지 못했던 삶의 틈새를 들여다보게 되었습니다. 이해는 언제나 공감에서 시작되며, 공감은 결국 자신이 직접 해보고 몸으로 겪어낼 때 비로소 깊이를 더하는 법입니다.

이번 깨달음은 단지 김치를 담근 일이 전부가 아닐 것입니다. 그것은 오히려 관계 속에서 타인을 이해하고 자신의 관점을 조금씩 확장해 나가는 첫걸음이었습니다. 삶은 수많은 관계와 사건이 어우러지는 발효의 과정과도 같고, 사람이란 그 속에서 자신만의 온도와 시간으로 천천히 익어가는 존재라고 생각합니다. 올케 역시, 이번 일을 계기로 자신의 생각을 조금씩 벗어나며 진정한 성숙으로 나아갈 것입니다. 마치 갓 담근 김치가 시간이 흐를수록 깊은 맛을 더해가듯, 그녀 또한 스스로 경험하고 배우는 시간을 통해 더 따뜻하고 넓은 사람이 되어갈 것입니다.

투덜대는 능력자와 긍정적인 서투름

철수는 두 명의 후배인 영호와 경수를 통해 업무에 대한 태도가 얼마나 다른 결과를 가져오는지 알게 되었습니다.

영호는 늘 투덜거리며 일을 시작합니다. 새로운 업무를 주면 항상 "제가 하기엔 다른 업무도 많고 너무 어려운 일인 것 같습니다."라는 불평으로 시작합니다. 철수는 상사로서 그의 이런 성향을 오래전부터 알고 있었습니다. 사실 처음에는 그의 태도에 신경이 쓰였지만, 시간이 지나면서 그의 업무 결과물이 만족스럽다는 것을 알게 되었습니다. 비록 투덜거림으로 시작하지만, 영호는 항상 맡은 일을 꼼꼼하게 잘 마무리합니다.

반면, 경수는 정반대의 성향을 가지고 있습니다. 그는 어떤 업무를 맡겨도 "네, 제게 시켜주십시오."라며 밝은 태도로 시작합니다. 그러나 경수는 업무를 끝내지 못하거나, 결과물이 부족한 경우가 많습니다. 그의 긍정적인 태도와 달리, 결과를 보면 종종 실망스러울 때가 있습니다. 철수는 항상 '영호의 꼼꼼함과 경수의 긍정적인 태도를 조화롭게 결합할 수 있다면 얼마나 좋을까' 하고 속으로 생각했습니다.

영호와 경수를 살펴보면 사람들이 자신의 문제를 제대로 인식하지 못하는 경우가 많다는 점입니다. 영호는 자신의 투덜거리는 태도가 동료들에게 어떤 영향을 미치는지 전혀 알지 못합니다. 그는 단지 자신의 스트레스를 해소하기 위해 불평을 늘어놓는 것이지만, 그로 인해 주변 사람들이 불편해질 수도 있다는 사실은 깊이 생각하지 못합니다. 반면, 경수는 자신의 밝은 태도가 업무 성과와 직결되지 않는다는 점을 깨닫지 못합니다. 그는 긍정적인 태도만으로 충분하다고 생각하며, 그로 인해 자신이 부족한 부분을 보완하려는 노력을 간과합니다.

어느 날 부서에서 신제품 출시를 위한 마케팅 기획 프로젝트가 생겼습니다. 이 프로젝트는 신제품의 타깃 분석, 홍보 콘텐츠 제작, 소셜 미디어 캠페인 계획, 그리고 출시 이벤트 진행까지를 포함한 종합 마케팅 업무였습니다. 철수는 문득 좋은 아이디어가 떠올랐습니다. '두 사람의 장점을 조화롭게 살리면 이 프로젝트를 완벽하게 해낼 수 있겠다'는 생각이었습니다. 그는 영호와 경수를 함께 참여시켜 서로의 장점을 살려 프로젝트를 진행하도록 계획했습니다.

영호는 평소처럼 투덜거리며 시작했습니다. "이 프로젝트 정말 시간이 많이 걸릴 것 같습니다. 왜 하필 저입니까?"라며 불만을 늘어놓았지만, 업무를 진행하며 그는 여느 때처럼 꼼꼼하게 프로젝트를 진행해 갔습니다. 특히 경수의 소셜 미디어 홍보 자료 작성 중 빠뜨린 타깃 분석과 콘텐츠 검수, 이벤트 진행 체크리스트 확인 등 세부 사항을 꼼꼼히 챙기며 전체 계획을 완성했습니다.

반면 경수는 "이 프로젝트 정말 흥미로워 보입니다! 제가 열심히 하겠습니다!"라고 자신감 있게 시작했습니다. 비록 세부 사항을 놓쳐 마감 기한을 지키지 못했지만, 경수의 밝은 에너지와 적극적인 태도는 팀 분위기를 끌어 올리고, 영호가 꼼꼼하게 업무를 처리하는 동안 긴장감을 완화시켜 주는 역할을 했습니다. 영호도 경수의 열정과 긍정적인 에너지를 느끼며, 자신의 업무를 마무리할 때 조금 더 안정감 있게 집중할 수 있었습니다.

프로젝트가 끝난 후, 철수는 두 사람과 함께 이야기를 나누었습니다. 먼저 영호에게 말했습니다.

"영호 씨, 이번 프로젝트에서도 꼼꼼히 일을 잘 마무리해 주셔서 감사합니다. 하지만 업무를 시작할 때마다 불평을 하시는 모습이 동료들에게 부담이 될 수 있습니다. 조금 더 긍정적인 마음으로 업무를 받아들이면, 경수 같은 후배에게도 좋은 영향을 줄 수 있을 것 같습니다."

영호는 고개를 끄덕이며 말했습니다.

"사실 저도 그 점을 알고 있습니다. 그런데 저도 모르게 불평부터 나옵니다. 노력해 보겠습니다."

이어 경수에게 말했습니다.

"경수 씨, 밝고 긍정적인 태도로 업무를 시작하는 점은 정말 훌륭합니다. 하지만 세부 사항을 놓치지 않도록 영호 선배를 참고해 보세요. 그렇게 하면 긍정적 태도와 꼼꼼함이 함께 어우러진 더 큰 시너지를 낼 수 있습니다."

경수는 미소를 지으며 대답했습니다. "알겠습니다. 앞으로는 세부적인 부분도 더 신경 쓰겠습니다. 영호 선배님처럼 꼼꼼하게 일하는 방법을 배우겠습니다."

그날 이후, 철수는 두 사람에게 서로의 장점을 배우도록 제안했습니다. 영호는 경수의 밝은 태도를, 경수는 영호의 꼼꼼함을 배우며 주기적으로 피드백을 주고받았고, 점차 서로의 단점을 보완해 나갔습니다.

영호와 경수를 보며 철수는 깨달았습니다. 사람은 자신의 장점을 발전시키는 데에만 몰두하지만, 진정한 성장은 단점을 인식하고 이를 보완하려는 노력에서 비롯됩니다. 장점은 우리의 강력한 도구가 될 수 있지만, 단점을 받아들이고 다듬는 과정이야말로 우리를 더 성숙하고 조화로운 사람으로 만들어 줍니다. 우리 모두는 영호와 경수처럼 각자의 장단점을 가지고 살아갑니다.

오늘도 철수는 스스로에게 묻습니다.

"나는 나의 단점을 얼마나 잘 알고 있는가? 그리고 그것을 보완하기 위해 무엇을 하고 있는가?"

그 질문에 답을 찾아가는 과정 자체가, 어쩌면 우리 인생에서 가장 깊이 있는 의미일지도 모릅니다.

행동보다 말이 빠른 착한 민지 씨

민지는 대학 캠퍼스에서 누구보다 눈에 띄는 사람이었습니다. 밝은 웃음, 넘치는 에너지, 그리고 주위 누구와도 금세 친해지는 성격 덕분에 친구들은 그녀를 '우리 학과의 인싸'라 불렀습니다. 복도에서 그녀를 마주치면 하루가 밝아지는 것 같았고, 그녀가 있는 곳에는 늘 웃음소리가 끊이지 않았습니다.

그런 그녀가 학과 대표로 선출되었을 때, 모두가 박수 치며 기대를 보냈습니다. 민지 역시 자신감에 차 있었습니다. 선출된 날, 그녀는 단상에 올라 당당히 선언했습니다.

"우리 학과의 휴게실을 새롭게 단장하겠습니다! 그리고 학과 행사 예산을 두 배로 늘리겠습니다!"

그 순간, 강의실은 환호로 가득 찼습니다. 친구들은 그녀의 열정에 박수를 보냈고, 교수님들조차 흐뭇한 미소를 지었습니다. 민지는 그날 밤, 자신이 무언가 큰일을 해낼 수 있을 것 같은 벅찬 감정에 잠을 이루지 못했습니다. 그녀는 노트에 계획을 빼곡히 적으며, 머릿속으로 바뀐 휴게실의 모습을 그렸습니다. 따뜻한 조명, 편안한 소파, 휴식이 있는 공간, 모두가 쉬어 갈 수 있는 작은 쉼터를 만들고 싶었습니다.

하지만 현실은 생각보다 훨씬 복잡했습니다. 휴게실 단장을 위해 학교 측과 협의하려 했지만, 예상치 못한 규정과 절차들이 그녀를 가로막았습니다. 수십 장의 서류, 수차례의 회의, 그리고 이해하기 어려운 예산 구조. 그녀는 처음으로 '의욕'만으로는 해결되지 않는 벽을 마주했습니다.

행사 예산 증액을 위해서는 교수님들에게 안건을 설명하고 동의를 얻어야 했습니다. 그러나 그녀는 예산 항목의 세부 구조조차 제대로 파악하지 못한 상태였습니다. 교수님들 앞에서 발표하는 순간, 열정 어린 목소리와 달리 구체적인 근거는 부족했고, 날카로운 질문이 쏟아졌습니다. 회의실 공기는 점점 무거워졌고, 교수님들의 표정은 굳어갔습니다. 결국 약속했던 변화들은 하나둘씩 지연되기 시작했습니다.

처음엔 그녀를 응원하던 친구들도 점점 실망의 눈빛을 보내기 시작했습니다.

"말만 번지르르했지, 결국 아무것도 못 하잖아."

"괜히 기대했네."

그런 말들이 주변에서 들리기 시작하자 그녀는 점점 자신감을 잃어갔습니다. 사람들 앞에 나서는 것이 두려워졌고, 회의 때마다 말수가 줄어들었고, 스스로를 책망하기도 했습니다.

"내가 너무 쉽게 말했어. 준비도 안 된 상태에서, 사람들로부터 더 큰 호응을 얻기 위해 큰소리부터 쳤던 거야."

그녀는 처음으로 '말'의 무게를 실감했습니다. 말은 사람의 마음을 움직일 수 있지만, 동시에 그 마음을 무너뜨릴 수도 있다는 것을. 선의로 시작한 약속이라 해도, 그것이 지켜지지 않으면 오히려 상처가 된다는 것을.

하지만 민지는 그 실패 속에서 멈추지 않았습니다. 그녀는 도서관에 앉아 학교의 예산 구조를 공부하기 시작했습니다. 선배들을 찾아가 자문을 구했고, 행정실을 수차례 드나들며 필요한 절차를 하나하나 익혔습니다. 때로는 무시당하고, 때로는 좌절했지만, 그녀는 포기하지 않았습니다.

그녀는 친구들에게 직접 설문을 돌려 학생들이 원하는 공간이 무엇인지 들었습니다. 디자인 전공 친구에게 도움을 받아 휴게실의 레이아웃을 그렸고, 건축학과 학생과 함께 공간 활용도를 분석했습니다. 이제 그녀는 '대표'가 아니라, 실제로 발로 뛰는 '실행자'에 가까웠습니다.

몇 달 후, 그녀는 다시 회의실에 섰습니다. 이번엔 말보다 자료가 먼저였습니다. 휴게실 개선을 위한 설계안, 예산 항목별 계획, 학생 의견이 담긴 설문 결과까지. 교수님들은 고개를 끄덕였고, 친구들은 박수를 보냈습니다. 결국 휴게실은 새롭게 단장되었고, 예산은 두 배까지는 아니었지만 충분히 확보되었습니다. 무엇보다도, 민지는 말보다 행동이 앞서는 사람으로 성장해 있었습니다.

그때 그녀는 깨달았습니다. 말은 단지 출발선일 뿐이며, 그것을 실현할 수 있는 힘은 철저한 준비와 꾸준한 실천에서 나온다는 것을. 실패는 멈춤이 아니라 더 나은 자신으로 나아가는 과정이라는 것도 말입니다. 그리고 진심 어린 꾸준함만이 사람들의 마음을 움직일 수 있다는 사실도 배웠습니다.

민지는 또한, 리더란 단순히 말 잘하는 사람이 아니라, 한 번 내뱉은 말을 끝까지 책임지는 사람임을 깨달았습니다. 우리는 모두 때때로 준비가 부족한 채 약속을 내뱉곤 합니다. 그러나 중요한 것은 그 다음입니다. 사람들의 실망 앞에 주저앉을 것인지, 아니면 다시 일어나 배우며 앞으로 나아갈 것인지.

그녀의 이야기는 우리에게 묻고 있습니다.

당신은 지금, 어떤 말에 책임지고 있습니까?

세상의 진리

『옛날 아주 먼 나라에 지혜롭지만 호기심 많은 왕이 살았습니다. 이 왕은 세상에 존재하는 모든 진리를 알고 싶어 했습니다. 단지 통치의 도구로서가 아니라, 인간으로서의 삶을 더 깊이 이해하고자 하는 갈망이 그의 마음속에 자리하고 있었습니다. 그래서 어느 날, 왕은 자신의 궁전으로 나라에서 가장 현명한 학자들을 모두 불렀습니다. 그들은 과학자, 철학자, 역사학자는 물론, 시인과 예술가에 이르기까지 각 분야에서 이름을 떨친 사람들이었습니다.

왕은 그들에게 엄숙한 목소리로 명령했습니다. "너희의 모든 지혜와 지식을 모아 이 세상의 모든 진리를 담은 책을 만들어라. 이 나라와 후손들에게 가장 귀한 유산이 될 것이다."

학자들은 왕의 명령을 듣고 기뻐하며 곧바로 작업에 착수했습니다. 그들은 각자의 전문 분야를 바탕으로 세상의 모든 진리를 탐구하며 방대한 양의 책을 집필했습니다. 오랜 시간이 흐른 뒤, 그들은 드디어 여러 권의 두꺼운 책들로 이루어진 '진리의 대백과'를 완성했습니다.

학자들은 책들을 왕에게 가져가며 말했습니다. "폐하, 이 책들에는 세상의 모든 진리가 담겨 있습니다. 이를 통해 누구나 지혜를 얻을 수 있을 것입니다."

그러나 왕은 책들을 보고 눈썹을 찌푸리며 말했습니다. "이 책들은 너무 두껍다. 아무도 읽지 않을 것이다. 이를 간소화하여 한 권으로 만들어라."

학자들은 다시 머리를 맞대고 책들을 한 권으로 요약하기 시작했습니다. 몇 년이 흐른 뒤, 그들은 마침내 한 권으로 줄인 책을 왕에게 바쳤습니다.

그러나 왕은 이번에도 만족하지 않았습니다. "여전히 길다. 이를 한 장의 종이로 요약하라."

학자들은 점점 더 고민이 깊어졌지만, 왕의 명령을 따르기 위해 노력했습니다. 오랜 시간이 지나 한 장의 종이에 모든 내용을 압축하여 다시 왕에게 가져갔습니다. 그 종이에는 그림과 도표, 짧은 문장들이 빼곡히 담겨 있었습니다.

그러나 왕은 이번에도 고개를 저으며 말했습니다. "그래도 복잡하다. 이를 단 한 줄로 요약하라."

학자들은 절망하며 깊은 회의에 빠졌습니다. "진리를 단 한 줄로 요약하라니, 과연 그것이 가능할까?" 하지만 그들은 포기하지 않고 지혜를 모아 고민을 거듭했습니다. 마침내, 그들은 단 한 줄의 문장으로 모든 진리를 압축해 냈습니다.

학자들은 떨리는 손으로 왕에게 그 문장이 적힌 종이를 내밀었습니다. 왕은 종이를 받아들고 읽었습니다. 거기에는 이렇게 적혀 있었습니다.

"세상에 공짜는 없다."

왕은 이 문장을 읽고 비로소 웃으며 말했습니다.

"이것이야말로 진리의 핵심이다. 세상 모든 일이 노력과 대가 없이 이루어질 수 없다는 것을 잊지 말아라. 이 한 줄이면 후손들에게도 충분히 교훈을 줄 수 있을 것이다."

왕은 이 문장을 나라 곳곳에 퍼뜨리며 백성들에게 삶의 진리를 전했습니다. 백성들은 이 짧은 문장에서 깊은 의미를 깨달으며 부지런히 일하고 자신의 삶을 가꾸기 위해 노력했습니다.[1]』

세상에서는 자신의 노력 이상으로 얻으려 할 때, 언제나 그에 상응하는 대가가 따르기 마련입니다. 처음에는 운이 좋다고 느낄 수도 있지만, 노력으로 쌓지 않은 결과는 오래가지 못합니다. 욕심이 자라날수록 판단은 흐려지고, 결국 스스로를 속이게 됩니다. 겉으로는 공짜로 얻은 것처럼 보여도, 그 이면에는 언제나 보이지 않는 값이 있습니다. 시간이든 신뢰든, 결국 어느 순간 그 대가를 치를 수 있습니다.

삶은 대부분 정직한 균형 위에 서 있습니다. 흘린 땀만큼의 결실이 돌아오고, 견뎌낸 인내만큼의 기쁨이 찾아오며 노력 없는 결실은 결코 없습니다.

그 단순한 진리를 마음에 새긴다면, 우리는 눈앞의 유혹이나 달콤한 말에 쉽게 흔들리지 않을 수 있습니다.

삶의 참된 지혜는 자신의 부족함을 인정하면서도, 그 안에서 더 나은 자신으로 나아가려는 용기에 있습니다.

---

1) 본 내용은 퍼블릭 도메인에 속한 인도·페르시아계 설화의 모티프에서 영감을 받아, 현대적 맥락과 언어로 재해석한 글입니다.

소영 씨 이야기

『소영 씨는 한 종교 단체에서 활동하며 신앙생활을 이어가고 있었습니다. 그녀는 주일마다 예배에 참석하고, 성경 공부 모임에도 빠짐없이 참여하며, 성실한 모습으로 공동체 안에서 신앙심이 깊은 신도로 자리 잡고 있었습니다. 신앙은 그녀의 삶을 지탱하는 중심이었고, 그 안에서 평안과 의미를 찾고 있었습니다.

그러던 어느 날, 같은 신도로부터 다단계 사업을 권유받았습니다. 경숙이라는 신도는 종교 단체 내에서 누구나 알 정도로 열성적인 사람이었습니다. 그는 예배에서 늘 앞자리에 앉아 찬양을 인도하고, 행사 때마다 아낌없이 헌금을 내놓는 모습으로 다른 신도들의 존경을 받고 있었습니다.

그가 소영 씨에게 다가와 말했습니다. "소영 자매님, 제가 최근에 좋은 사업을 시작했습니다. 하나님이 주신 축복을 나누고자 이 기회를 공유하려고 해요. 이것은 단순히 돈을 버는 일이 아니라, 더 나은 삶을 추구하는 과정입니다. 자매님도 참여하시면 큰 은혜를 받을 겁니다."

소영 씨는 그의 말을 듣고 깊이 고민했습니다. 종교 단체 내에서 신뢰받는 그의 권유를 거절하는 것이 쉽지 않았습니다. 그는 자신이 이미 이 사업으로 성공하고 있으며, 이를 통해 교회에 더 많은 헌금을 할 수 있었다고 강조했습니다. 이 이야기를 들은 소영 씨는 그가 정말로 좋은 의도로 이 일을 하고 있다고 믿었습니다. 결국 그녀는 참여를 결정했고, 투자금을 마련하기 위해 저축한 돈까지 사용했습니다.

처음에는 사업이 순조롭게 진행되는 듯 보였습니다. 소영 씨는 열심히 제품을 판매하고, 주변 사람들에게 사업의 기회를 소개하며 최선을 다했습니다. 그러나 시간이 지나면서 문제가 하나둘씩 나타나기 시작했습니다. 제품의 품질이 기대에 미치지 못했고, 주변 사람들의 반응도 점점 냉담해졌습니다. 더 큰 문제는 그녀가 주변 사람들에게 이 사업을 추천했다는 점이었습니다. 그녀를 믿고 사업에 참여했던 사람들 역시 실패를 경험하며 소영 씨를 원망하기 시작했습니다.

"소영 자매님, 이건 정말 좋은 기회라고 하지 않으셨나요? 그런데 왜 이런 결과가 나온 거죠?"라는 말이 그녀의 귀를 맴돌았습니다. 소영 씨는 자신을 믿고 참여한 사람들에게 미안한 마음을 감출 수 없었습니다.

사업이 실패로 돌아가면서 소영 씨는 큰 빚을 지게 되었습니다. 하지만 그녀가 느낀 가장 큰 고통은 재정적 손실이 아니라, 종교 공동체 내에서의 신뢰를 잃었다는 것이었습니다. 그녀가 참여했던 사업이 무너진 후에도, 그녀에게 사업을 권유했던 경숙 씨는 여전히 새로운 다단계를 홍보하고 있었습니다. 교회의 목사님이나 장로님, 집사님들도 이 사실을 알고 있었지만, 그녀가 교회 행사 때마다 거금을 내놓는 바람에 아무도 그녀를 비난하거나 막지 않았습니다. 목사와 교회 간부들은 그의 헌금이 교회의 재정에 크게 기여하고 있다는 이유로 그의 행동을 묵인했으며, 이를 문제 삼으려는 신도들을 조용히 설득하거나 무시했습니다.

경숙 씨는 여러 번의 다단계 사업을 하며 기존의 신도들과의 관계가 문제를 겪었지만, 교회에 새로 온 신입 신도들에게는 항상 다정하게 다가갔습니다. 그녀는 그들이 교회에 적응할 수 있도록 도와주는 척하면서도, 한편으로는 은근히 다단계 사업 참여를 권유했습니다. "이건 자매님에게도 큰 축복이 될 겁니다. 하나님이 우리에게 주신 기회를 놓치지 마세요."라는 말로 사람들을 설득하곤 했습니다.

점점 더 많은 사람들이 그의 권유를 받고 사업에 참여했지만, 성공한 사람은 거의 없었습니다. 피해를 본 사람들은 교회를 떠나거나 신앙생활에서 멀어졌습니다. 소영 씨 역시 이 상황 속에서 점점 더 고립되었습니다. 그녀는 신앙 공동체 내에서도 마음의 평화를 찾기 어려워졌습니다. 주일 예배에 참석할 때마다 그녀를 향한 시선이 따갑게 느껴졌고, 이는 그녀의 마음에 큰 상처를 남겼습니다.

결국 소영 씨는 그녀의 상황을 돌아보며 이렇게 말했습니다. "처음에는 신앙과 신뢰로 시작한 일이었는데, 결과적으로는 많은 사람들을 실망시키고 제 자신도 무너진 것 같습니다. 이제는 어떤 권유도 쉽게 받아들이지 않으려고 합니다."

소영 씨의 이야기는 단순히 한 개인의 실패담이 아닙니다. 그것은 신앙과 신뢰를 이용한 다단계 사업이 실패할 경우, 얼마나 많은 사람들에게 상처를 줄 수 있는지 보여줍니다. 그녀는 지금도 자신의 삶을 다시 세우기 위해 노력하고 있으며, 동시에 다른 사람들에게 같은 실수를 반복하지 않도록 경고의 메시지를 전하고 있습니다.』

많은 사람들이 다단계 사업에 참여하거나, 최소한 한 번쯤은 다단계 혹은 네트워크 사업의 권유를 받아본 경험이 있을 것입니다. 현대 사회에서 다단계는 여전히 존재하며, 어떤 사람들은 이를 필수적인 마케팅 방법이라고 주장하기도 합니다. 하지만 다단계는 그 구조적 특성과 운영 방식 때문에 통계적으로 열에 일곱, 여덟 이상은 실패로 끝나는 경우가 많습니다. 다단계 마케팅은 본래 마케팅 비용을 절감하고, 절약된 자원을 판촉 활동에 집중하기 위해 고안된 구조였습니다. 초기에는 방문 판매라는 형식으로 제품을 직접 고객에게 전달하며 신뢰를 쌓는 방식이 주를 이루었습니다. 우리나라에서도 초기의 많은 기업들이 방문 판매로 사업을 시작했던 것은 사실입니다. 이러한 방식은 마케팅 비용의 일부를 판촉자들에게 보상으로 제공하여 판매 활동을 촉진하는 데 그 목적이 있었습니다.

예를 들어, 1,000원짜리 치약을 판매할 때, 일반적인 마케팅 방식에서는 300원이 광고비로 쓰인다고 가정해 봅시다. 다단계 마케팅에서는 이 광고비 300원을 판촉자들에게 돌려주는 구조입니다. 여기서 핵심은 나머지 700원의 제품 가치입니다. 제품이 실제로 그 가치를 충족시키지 못하거나, 700원 이상의 원가가 소요되는 경우, 결국 지속하지 못하게 됩니다.

문제는 돈이 모이는 곳에 탐욕이 생기고, 구조적으로 돈을 만들어내지 못하는 다단계 시스템이 확대될 때 발생합니다. 다단계 사업이 실패할 경우, 그 결과는 단순한 경제적 손실을 넘어섭니다. 인간관계가 파괴되고, 신뢰를 기반으로 한 관계들이 무너질 위험이 있습니다. 소개를 해준 사람도, 소개를 받은 사람도 모두 가해자이자 피해자가 되는 복잡한 상황이 만들어지기 때문입니다.

1990년대와 2000년대 중반까지 대한민국에서는 대형 다단계 사건들이 연이어 발생하였습니다. 특히 '조희팔 사건'이나 '제이유네트워크 사건' 등은 당시 사회에 큰 충격을 주었습니다. 수많은 사람들이 막대한 경제적 손실을 입었으며, 피해 규모는 수천억 원에 달했습니다. 이 사건들로 인해 많은 가정이 파탄 났고, 극단적인 선택을 한 사람들도 적지 않았습니다. 이러한 비극적인 사건들은 다단계 산업의 구조적 문제와 그로 인해 발생할 수 있는 사회적 위험성을 명확히 드러냈습니다.

이후 정부는 피해를 줄이기 위해 2004년 「방문판매 등에 관한 법률」(다단계 규제법)을 제정하였습니다. 이 법은 다단계 판매업자의 등록 의무를 부과하고, 과도한 수당 지급 구조를 제한하며, 소비자 보호를 위한 다양한 규제를 마련하였습니다. 이는 다단계 산업을 더욱 투명하게 만들고, 부정적인 영향을 줄이기 위한 첫걸음이었습니다.

그러나 이러한 법적 규제만으로 다단계의 위험성을 완전히 방지하기는 어려웠습니다. 규제를 피하기 위해 변형된 형태의 피라미드 구조나 사기성이 짙은 새로운 다단계 사업이 등장했기 때문입니다. 사람들은 여전히 새로운 다단계 구조에 노출되고, 그 안에서 피해가 반복되고 있습니다.

둘만의 대화

경수에게는 성우라는 후배가 있습니다. 성우는 누구보다 성실하고, 맡은 일은 빈틈없이 해내는 사람이었습니다. 동료들 사이에서도 신뢰가 두터웠고, 상사들 역시 그를 높이 평가했습니다. 하지만 경수는 알고 있었습니다. 성우에게는 아직 다듬어야 할 한 가지가 있다는 것을. 바로 감정의 조절이었습니다.

성우는 자신의 뜻과 맞지 않는 상황이 생기면, 감정을 숨기지 못했습니다. 평소에는 침착하고 이성적인 사람이지만, 예상치 못한 반대나 비판 앞에서는 목소리가 높아지고 표정이 굳어졌습니다. 얼마 전, 경수와 성우는 사소한 의견 차이로 언쟁을 벌인 적이 있었습니다. 말끝이 날카로워졌고, 둘 사이에는 어색한 침묵이 흘렀습니다. 그날 이후, 둘 사이에는 보이지 않는 벽이 생긴 듯했습니다.

며칠 뒤, 회사에서 정년퇴직을 앞둔 고문님과 성우는 회의 중 의견 차이를 보이며 격양된 목소리로 언쟁을 벌였습니다. 성우는 자신의 주장을 강하게 밀어붙였고, 그 광경은 주변 사람들에게 불편함을 주었으며, 고문님 또한 당황한 표정을 감추지 못했습니다.

경수는 그 자리에서 바로 성우를 지적할 수도 있었지만, 그렇게 하지 않기로 했습니다. 그는 아직 성장할 가능성이 많은 후배였고, 공개적인 자리에서 비판을 받는다면 그의 자존심이 상할 것을 염려했습니다. 그래서 회의가 끝난 후, 성우를 따로 불러 조용히 이야기를 나누기로 했습니다.

“성우야, 너와 잠시 이야기를 나누고 싶어서 불렀다. 너는 정말 일을 잘하고 회사에서도 인정받는 사람이지. 하지만 오늘 회의에서 고문님과의 언쟁은 조금 과하지 않았나 싶다. 나이가 스무 살 이상 차이 나는 어르신에게 그렇게 큰소리로 얘기하는 것은 적절하지 않은 것 같아.”

성우는 잠시 머뭇거리더니, “선배님, 제가 생각이 짧았습니다. 앞으로 주의하겠습니다.”라고 말했습니다. 경수는 성우가 자신의 조언을 받아들였음을 확인하고 안심하며, 이어서 말을 이었습니다.

“성우야, 내가 이 얘기를 아까 많은 사람들 앞에서 할 수도 있었지만, 그러지 않은 이유는 너의 입장을 고려했기 때문이야. 회사 일을 하다 보면 네 뜻과 맞지 않는 상황이 생길 수도 있어. 하지만 그럴 때마다 화를 내거나 감정을 드러내면 결국 손해는 네가 보는 거야. 나도 너처럼 이곳이 첫 직장이 아니고 세 번째 직장이지만, 시간이 지나 보니 결국 남는 것은 일이 아니라 사람인 것 같더라. 너는 머리가 좋고, 총명한 사람이야. 그래서 내가 확신하건대, 너는 감정만 잘 조절한다면 우리 회사에서 크게 성공할 수 있을 거야.”

성우는 고개를 끄덕이며,

“선배님, 정말 감사합니다. 앞으로는 더 성숙한 모습으로 행동하도록 노력하겠습니다.”라고 말했습니다. 그날 이후, 성우와 경수는 훨씬 가까워졌습니다. 그는 자신의 태도를 반성하며 더 성숙한 모습을 보이기 시작했고, 동료들과의 관계도 점차 나아졌습니다. 성경에는 '네 형제가 죄를 지으면, 가서 너와 그 사람만 있을 때 그의 잘못을 말하여라. 그가 네 말을 들으면, 너는 형제를 얻을 것이다.'라는 말씀이 있습니다.

경수는 이 말씀을 떠올리며, 성우와의 대화가 그에게 성장의 밑거름이 되기를 바랐습니다. 다행히도 그는 그 대화를 통해 자신의 단점을 받아들이고, 이를 개선하려는 노력을 시작했습니다.

며칠 후, 성우는 또 한 번 감정을 조절해야 하는 상황에 직면했습니다. 새로운 프로젝트 회의에서 한 동료가 성우의 아이디어에 반대하며 다른 제안을 내놓았습니다. 평소 같았으면 성우는 자신의 의견을 강하게 주장하며 동료와 언쟁을 벌였을 것입니다. 그러나 이번에는 달랐습니다. 그는 차분한 목소리로 자신의 의견을 설명했고, 동료의 제안을 경청하며 함께 해결책을 찾아갔습니다.

회의가 끝난 후, 동료는 성우에게 다가와 말했습니다.

"오늘 회의에서 정말 멋지게 대처하더라. 성우 과장 덕분에 우리 팀 분위기가 더 좋아진 것 같아."

성우는 그 말을 듣고 미소를 지으며 대답했습니다.

"감사합니다. 저도 오늘 많이 배운 것 같아요."

단둘이 나눈 대화는 성우에게 작은 변화의 씨앗을 심어주었습니다. 그는 자신의 감정을 조절하는 법을 배우며, 회사 내에서 더 많은 신뢰를 쌓아갔습니다.

정의의 사자와 올빼미

『옛날, 숲속 작은 마을에 강한 목소리로 옳고 그름을 가리는 사자가 살고 있었습니다. 그는 언제나 바른말을 하고, 잘못된 행동을 보면 참지 못하는 성격이었습니다. 마을 동물들은 그를 '정의의 사자'라 부르며 존경했지만, 동시에 그의 큰 목소리와 단호한 태도에 부담을 느끼기도 했습니다. 사자는 자신이 옳다고 믿는 것을 말하는 데 주저함이 없었고, 동물들에게 공정함과 정의를 가르치는 것이 자신의 사명이라고 생각했습니다.

어느 날, 다람쥐 한 마리가 나무에서 떨어뜨린 도토리를 다른 다람쥐가 주워 먹는 것을 본 사자는 크게 소리쳤습니다.

"이 도토리는 네 것이 아니다! 어째서 남의 것을 함부로 가져가는가!"

사자의 큰 목소리에 마을 동물들은 모두 숨을 죽이고 지켜보았습니다. 다른 다람쥐는 당황하여 도토리를 내려놓고 도망쳤고, 도토리를 떨어뜨린 다람쥐는 무안한 얼굴로 고개를 숙였습니다.

그 장면을 지켜보던 올빼미가 사자에게 다가와 말했습니다. "사자님, 과연 그 목소리가 다른 다람쥐에게 도움이 되었을까요?"

사자는 의아한 표정을 지으며 대답했습니다.

"물론이지. 나는 정의를 위해 잘못을 바로잡았소. 그게 공동체를 위한 길이 아니겠소?"

올빼미는 고개를 끄덕이며 말했습니다.

"그렇지만 때로는 잘못을 지적하기보다, 스스로 깨달을 수 있도록 돕는 것이 더 나을 때도 있습니다."

사자는 그 말에 잠시 생각에 잠겼습니다.

"스스로 깨닫도록 돕는다니, 어떻게 그런 일이 가능합니까?"

올빼미는 미소를 지으며 대답했습니다.

"제가 한번 보여드리겠습니다."

그날 밤, 올빼미는 도토리를 떨어뜨린 다람쥐와 그것을 주워 들었던 다람쥐를 불러서 각각 다른 입장에서 그날의 상황을 각자 말해 보라고 했습니다.

떨어뜨린 다람쥐는 말했습니다.

"이 도토리는 내가 오랫동안 모은 소중한 것이에요. 단지 실수로 떨어뜨렸을 뿐인데, 누군가 주워갔다는 사실이 속상하고 억울했어요."

주운 다람쥐는 조심스럽게 입을 열었습니다.

"저는 굶주리고 있었어요. 도토리가 떨어지는 걸 보고 하늘의 선물처럼 느껴졌어요. 누군가의 것인 줄 몰랐고, 그저 하루를 버티기 위한 기회였을 뿐이었어요."

올빼미는 두 그림을 나란히 놓고 말했습니다.

"보세요. 같은 상황이지만, 두 마음은 전혀 다릅니다. 공정함이란 단순히 누가 옳고 그른지를 가리는 것이 아니라, 그 마음의 배경과 맥락까지 살피는 일입니다. 진짜 공정한 판단은 한쪽의 억울함을 없애는 것이 아니라, 서로가 다치지 않도록 마음의 자리를 만들어주는 것이지요."

두 다람쥐는 서로의 그림을 바라보다, 조용히 고개를 끄덕였습니다. 결국, 그들은 도토리를 절반으로 나누는 대신, 함께 도토리를 모으기로 했습니다. 하나를 나누는 대신 '함께 모으는' 길을 택한 것이었습니다. 그날 밤 그들은 오랜만에 웃으며 잠이 들었습니다.

이 상황을 지켜보던 사자는 잠시 말이 없더니, 마침내 고개를 떨구며 중얼거렸습니다.

"나는 그저 옳고 그름만 따졌을 뿐이었어. 누구의 마음이 아팠는지, 왜 그런 일이 생겼는지는 생각하지 못했어. 나는 목소리를 높이며 정의를 말했지만, 정작 누구의 마음도 구하지 못했구려."

올빼미는 조용히 고개를 끄덕였습니다.

"진짜 정의는 '누구를 꾸짖는가'가 아니라, 서로를 향한 따뜻한 마음으로 '어떻게 함께 살아갈 것인가'를 고민하는 마음에서 시작됩니다."

그 순간, 사자의 마음에 무언가가 깊이 스며들었습니다. 강한 목소리보다 더 강한 것이 있다는 것, 바로 공감과 이해로 세워진 정의라는 것을 그는 처음으로 깨닫게 되었습니다.』

인생에서도 우리는 '정의의 사자'처럼 나서서 다른 사람의 잘못을 지적하는 사람들을 만나곤 합니다. 하지만 때로는 지적보다, 그들이 스스로 깨달을 수 있도록 돕는 것이 더 큰 도움이 될 수 있습니다.

선택의 자유

『재훈과 윤아의 만남은 마치 한 편의 영화처럼 아름다운 순간으로 시작되었습니다. 도서관에서 같은 책에 동시에 손을 내밀던 찰나, 두 사람의 손끝이 살며시 닿았고, 그 짧은 접촉은 우연을 인연으로 바꾸는 시작이 되었습니다.

공통된 관심사와 깊이 있는 대화는 자연스럽게 마음의 거리를 좁혀 주었고, 서로에 대한 이해와 존중은 서서히 사랑이라는 이름으로 피어나기 시작했습니다.

그 사랑은 머뭇거림 없이 한 지붕 아래 함께 살아가기로 이어졌고, 재훈은 윤아가 채식주의자라는 사실을 알게 되었을 때조차 그녀의 신념을 있는 그대로 존중했습니다. 그는 믿었습니다. 사랑은 모든 차이를 극복할 수 있다고.

시간이 흐른 어느 날, 윤아는 조심스레 임신 소식을 전했습니다. 재훈의 마음은 벅차올랐습니다.

"내가 이제 아빠가 된다니…." 그는 상상만으로도 행복했고, 이 새로운 생명과 함께할 미래를 그려 나갔습니다. 그러나 아이의 양육 방식을 두고 두 사람 사이에 처음으로 깊은 의견 차이가 생겼습니다. 윤아는 아이 역시 자신처럼 채식주의자로 키우겠다고 했고, 그 말에 재훈은 걱정을 감추지 못했습니다.

"우리 아이는 건강하게 자랄 수 있을까?"

윤아는 단호했습니다. "나도 채식으로 자랐고, 건강했어. 우리 아이도 그렇게 자랄 수 있어."

윤아는 처음 채식을 결심했던 그날을 떠올렸습니다. 어린 시절, 급성 알레르기로 응급실을 들락날락하던 날들, 그리고 채식으로 건강을 되찾았던 시간들. 채식은 단순한 식단이 아니라, 생존의 증거였고 정체성의 일부였습니다. 그녀가 그 신념을 포기하는 건, 스스로를 배신하는 일처럼 느껴졌습니다.

재훈은 갈등보다는 윤아와의 관계를 더 중요하게 여기며, 그녀의 믿음을 존중하기로 결심했습니다.

아이의 이름은 수아. 두 사람의 사랑을 오롯이 담은 이름이었습니다. 아기의 울음소리, 첫 미소, 작고 따뜻한 손길은 둘에게 세상 어떤 것과도 바꿀 수 없는 기쁨이 되었지만, 수아가 자라면서 그 기쁨 속에 불안이 스며들기 시작했습니다. 또래 아이들보다 또렷하게 작은 체구, 반복되는 감기와 무기력한 표정. 재훈은 점점 커지는 걱정에 병원 검진을 받자고 했지만, 윤아는 단호히 고개를 저었습니다.

"시간이 지나면 나아질 거야. 우리 아이는 괜찮아."

그녀는 인터넷 커뮤니티를 뒤져가며 대체 단백질과 영양소를 보완하는 식단을 구성했고, 정성과 노력은 분명 진심이었지만, 수아의 상태는 기대만큼 나아지지 않았습니다.

윤아가 집을 비운 날, 재훈은 어머니와 함께 딸 수아를 몰래 병원에 데려갔습니다. 병원의 진료실에서 의사는 단호한 어조로 말씀하셨습니다.

“단백질 섭취가 심각하게 부족합니다. 성장 지연은 물론, 면역 체계도 많이 약화되어 있습니다. 지금부터라도 식단을 바로잡지 않으면 장기적인 건강 문제로 이어질 수 있습니다.”

재훈의 가슴은 철렁 내려앉았습니다. 아이가 평소 잘 웃지 않고 자주 감기를 앓던 이유가 단순한 성장통이 아니었다는 사실에 죄책감이 밀려들었습니다. 그는 윤아의 신념을 존중하려 애썼지만, 아이가 건강을 잃는 대가로 그 신념을 지켜야 할 이유는 없다고 느꼈습니다. 그 날 이후, 재훈과 그의 어머니는 몰래 수아의 식단을 바꾸기 시작했습니다. 유아용 닭죽, 삶은 달걀, 고기완자 같은 고단백 식품을 조금씩 식단에 넣었습니다.

놀랍게도 수아의 변화는 눈에 띄었습니다. 기운 없던 얼굴에 생기가 돌고, 병치레도 현저히 줄었습니다. 재훈은 안도와 기쁨이 뒤섞인 감정을 느끼며, 이 길이 맞다고 확신했습니다.

하지만 평화는 오래가지 않았습니다. 어느 날 윤아가 예상보다 일찍 귀가했고, 싱크대 위에 놓인 고기 국물을 보게 되었습니다. 차가운 침묵 끝에 윤아는 분노에 찬 눈빛으로 재훈을 바라보았습니다.

“당신이 내 원칙을 무너뜨렸어. 아이를 이렇게 키우는 건 내가 용납할 수 없어!”

재훈은 조심스럽게 답했습니다.

“윤아, 나는 네 원칙을 이해하고 존중해. 하지만 수아는 자신의 선택을 할 만큼 자라지 않았어. 지금은 균형 잡힌 방법으로 아이를 키우고, 수아가 자라 자신의 선택을 할 때까지 기다리자. 너도 네가 채식을 스스로 선택한 것처럼 수아도 선택을 할 수 있게 해주자."

윤아는 그의 말에 깊이 고민했지만, 결국 자신의 신념을 굽히지 않기로 했습니다. 하지만 윤아는 단호했습니다.

"나는 내가 옳다고 믿는 길을 갈 거야. 수아는 나와 같은 방식으로도 충분히 건강하게 자랄 수 있어. 당신은 날 이해하지 못해…."

윤아의 목소리는 단호했습니다. 재훈은 더 이상 그녀를 설득할 수 없음을 느꼈습니다.

시간이 흘러, 윤아는 수아와 함께 낯선 도시의 작은 아파트에 터를 잡았습니다. 직장을 옮기고, 채식 식단에 철저하게 맞춰 아이를 키웠습니다. 유기농 대체 단백질, 식물성 비타민, 다양한 견과류와 채소로 수아의 식단을 관리했습니다. 윤아는 밤마다 수아의 상태를 점검하며 인터넷 커뮤니티에서 정보를 찾고, 같은 신념을 지닌 부모들과 소통했습니다.

하지만 현실은 녹록지 않았습니다. 수아는 여전히 또래보다 키가 작고 체력이 약했으며, 어린이집에서도 활동량이 떨어졌습니다. 선생님은 조심스럽게 윤아에게 아이의 건강 상태를 이야기했지만, 윤아는 "우리 아이는 잘 자라고 있어요. 조금 느릴 뿐이에요."라고 웃으며 말을 흘렸습니다.

윤아의 내면은 점점 무거워졌습니다. 한밤중에 수아가 아파서 열이 나거나, 이유 없이 밥을 거부하는 날이면 윤아는 불안에 잠 못 들었습니다. 그럼에도 그녀는 '내가 선택한 길이 잘못된 건 아니다'라고 스스로를 다독였습니다. 그녀에게 채식은 단순한 식단이 아닌, 신념이었고 삶의 방식이었습니다.

반면, 재훈은 깊은 무력감에 힘들어했습니다. 법적으로 결혼하지 않은 상태여서, 그는 수아의 건강에 영향을 끼칠 수 있는 권한이 없었습니다. 몇 번이나 윤아에게 연락해 부탁했지만, 윤아는 단호하게 거절했습니다.

"네 방식은 나를 부정하는 거야. 아이에게도 혼란만 줄 뿐이야."

재훈은 매일 밤 수아의 사진을 보며, 수아를 걱정하였습니다. 아이의 건강과 윤아의 신념, 두 가치가 충돌할 때 무엇이 정답인지 확신할 수 없었습니다. 그저, 수아가 건강하고 행복하길 바랄 뿐이었습니다.

결국 두 사람은 다시 마주 앉았지만, 서로의 신념을 넘을 수 없다는 것을 깨달았습니다. 윤아는 "수아가 건강을 잃으면 내가 책임질 거야"라고 말했고, 재훈은 "그 책임을 지는 건 아이야. 우리는 지금 수아 대신 선택하고 있어. 더 이상은 외면하지 말자"라고 호소했습니다.

하지만 마지막 순간까지 윤아는 자신의 길을 고수했으며 둘은 눈물을 머금고 헤어졌습니다.

재훈은 눈물을 삼키며 말했습니다.

"수아를 위해서라도 언젠가 네가 다시 생각해 보길 바랄게."

윤아는 수아를 안고 집으로 돌아가며 재훈의 말이 자꾸만 마음속에서 맴도는 걸 느꼈습니다. '진정한 선택의 자유란….' 그녀는 고개를 숙인 채 수아의 이마에 입을 맞췄습니다. 그 밤, 윤아는 처음으로 자신의 신념이 흔들리는 것을 느꼈습니다.』

삶은 끊임없는 선택의 연속입니다. 어떤 선택은 일상 속에서 가볍게 이루어지지만, 때로는 신념과 사랑, 책임이 얽힌 복잡한 갈등을 불러옵니다. 재훈과 윤아의 이야기는 채식과 육식의 문제만이 아닙니다. 각자의 신념과 아이에 대한 사랑이 충돌할 때, 우리는 어떤 선택을 해야 할까요? 아이의 삶은 부모의 선택 위에 세워지는 경우가 많기에, 그 선택에는 넓은 시야와 깊은 책임감, 그리고 사랑이 필요합니다.

실수와 회복

오늘 아침, 회의실 공기는 긴장감으로 가득했습니다. 경호 부장은 중요한 프로젝트에 대해 논의하며 각자의 역할을 배분했습니다. 이번 일은 일정이 촉박했고, 거래처와의 신뢰에도 직접적인 영향을 미치는 중대한 과제였습니다. 그래서 부장은 그 중요성을 충분히 강조하며 각자 맡은 바를 확실히 해 줄 것을 요청했습니다.

"민수 과장, 이 부분은 과장이 맡아 줬으면 해. 차주에 민수 과장이 중국 출장을 가기 전에 제일 필요한 부분이기도 하니."

부장은 차분히 말했습니다. 민수 과장은 고개를 끄덕이며 메모를 하는 듯했습니다. 모든 것이 매끄럽게 진행되는 것처럼 보였습니다.

하지만 그 기대는 얼마 지나지 않아 실망으로 바뀌었습니다. 며칠 후, 각자의 진행 상황을 점검하는 회의를 열었는데, 돌아온 결과는 실망 그 자체였습니다. 민수 과장은 자신에게 할당된 일을 전혀 진행하지 않았고, 거래처에 연락조차 하지 않은 상태였습니다. 부장은 자신이 무시당했다는 느낌과 함께 일정까지 지연된다는 사실에 실망했고, 이는 곧 분노로 이어졌습니다.

"민수 과장!"

경호의 목소리는 낮고 단호했습니다.

"이 중요한 일을 아직 시작조차 안 한 이유가 무엇입니까?"

회의실 안 공기는 얼음처럼 차가워졌습니다. 다른 동료들이 숨죽이며 부장과 과장을 번갈아 바라봤습니다. 하지만 부장은 멈추지 않았습니다.

"이건 단순히 민수 과장의 문제가 아닙니다. 우리 팀 전체의 올해 성과가 달린 문제입니다. 이런 태도로 일을 맡을 거라면, 앞으로 어떻게 믿고 맡기겠습니까?"

과장은 아무 말 없이 고개를 숙였습니다. 회의는 서둘러 마무리되었지만, 부장도 과장도, 그리고 동료들 역시 무거운 분위기 속에서 자리를 떠났습니다.

회의가 끝난 후, 민수 과장이 부장에게 다가왔습니다.

"부장님, 잠시 차 한잔하시죠."

그의 목소리는 평소와 달랐고, 둘은 작은 회의실로 들어갔습니다. 민수 과장은 차분히 입을 열었습니다.

"부장님, 아까 말씀하신 거, 충분히 이해합니다. 제가 잘못한 부분도 맞고요. 그런데 회의에서 그렇게 공개적으로 말씀하신 건 조금 과하지 않았나 싶습니다."

그의 말은 예상 밖이었지만, 틀린 말은 아니었습니다. 부장은 잠시 말을 고르고 고개를 끄덕였습니다.

"민수 과장 말이 맞아요. 내가 좀 심하게 말했던 것 같아. 하지만 어제 확인했을 때도 진행이 안 된 걸 보고 화가 났던 것도 사실이야. 중요한 일을 제때 처리하지 않는 건 팀 전체에 큰 영향을 미치니까…."

민수 과장도 이해한다는 듯 고개를 끄덕였습니다. 짧은 대화를 나누긴 했지만, 겉으로는 서로의 입장을 이해하려는 모습을 보였을 뿐, 속마음까지 완전히 털어놓은 것 같지는 않았습니다. 미묘한 거리감은 여전히 남아 있었고, 부장 역시 그 어색함을 느끼고 있었습니다. 이대로 두었다간 두 사람 사이의 관계가 점점 더 멀어질 것 같다는 생각에 부장은 깊은 고민에 잠겼습니다.

점심시간이 지나자, 부장은 조용히 민수 과장을 다시 불렀습니다. 이번에는 다소 긴장된 분위기 대신, 부드러운 미소와 함께 말문을 열었습니다.

"민수 과장, 잠시 시간되나?"

그리고 둘은 작은 회의실에 들어갔습니다.

"솔직히 말해서, 나는 민수 과장과 좋은 관계를 유지하는 게 더 중요하다고 생각해. 오늘 오전에는 내가 심하게 말했던 부분이 있었고, 민수 과장이 잘 들어줬고 끝나고 나서 차분히 얘기해준 점, 정말 고마웠어. 아까 차 한 잔 하면서 서로를 조금 이해하긴 했지만, 오해를 풀고 관계를 바로잡기 위해 잠시 마음을 털어놓고 싶어서 다시 보자고 했어."

과장은 살짝 미소를 지으며 말했습니다.

"부장님, 저도 좀 생각해 봤습니다. 사실 제가 너무 방심했던 게 맞습니다. 그래서 점심시간 동안 과제를 정리해서 가져왔습니다. 늦어서 죄송합니다."

경호는 그의 노력을 인정하며 미소 지었습니다.

"이렇게 바로 문제를 해결하려고 노력해 줘서 고마워. 난 그렇게 생각해. 사람들은 누구나 실수를 할 수 있다고 생각해. 사람이니까 당연한 거지. 하지만 그 실수를 어떻게 대처하느냐가 더 중요하다고 봐. 그래서 잠시 이야기 나누자고 한 거고, 나는 이 일을 계기로 우리 관계가 더 좋아질 거라고 믿어. 비가 온 후 땅이 더 단단해지듯이, 이런 이슈 때문에 서로 멀어질 수도 있지만, 더 단단해질 수도 있다고 생각해. 결국 모든 것은 마음먹기에 달렸지만, 나는 우리가 후자를 선택했다고 믿어."

오전에 형식적으로 주고받았던 사과와는 비교할 수 없을 만큼 깊고 진솔한 대화가 오가기 시작했습니다. 둘은 감정을 숨기지 않고 서로의 속내를 나누었고, 그 과정을 통해 관계는 한층 더 단단해졌습니다.

함께 웃으며 대화를 마무리할 무렵, 두 사람은 업무를 넘어 사람과 신뢰를 함께 다루는 동료로 나아가고 있음을 느꼈습니다. 그날 이후, 과장과 부장은 직책에 머무르지 않고 한 팀의 성숙한 구성원으로 조금씩 성장했습니다.

누구나 실수는 할 수 있지만, 중요한 것은 실수를 어떻게 받아들이고 해결하려 애쓰느냐입니다. 진심 어린 노력과 태도가 진정한 성장을 만듭니다.

"실수를 인정하는 용기는 곧 신뢰를 쌓는 첫걸음이다." – 존 우든

3) 배움

많은 사람들은 학교를 졸업하면 공부도 끝난다고 여깁니다. 학창 시절의 시험과 성적에 대한 부담은 때로 공부라는 단어 자체를 꺼리게 만듭니다. 하지만 진정한 공부는 학교를 떠난 후에도 계속됩니다. 오히려 삶 그 자체가 거대한 학교이며, 사람들과의 관계 속에서 우리는 끊임없이 배우게 됩니다. 매일의 삶 속에서 우리는 예상치 못한 상황에서 중요한 교훈을 얻을 수 있습니다.

공부는 단지 지식을 쌓는 것을 넘어, 사람들과의 소통과 이해를 통해 삶의 지혜를 얻는 과정입니다. 친구와의 오해를 풀거나, 가족과의 대화를 통해 서로의 생각을 이해하는 순간들이야말로 삶의 가장 중요한 공부입니다. 이는 단지 갈등을 해결하는 것을 넘어, 우리를 더 성숙하고 넓은 마음을 가진 사람으로 만들어 줍니다. 이러한 경험을 통해 우리가 배우는 것은, 어떤 지식이나 정보보다 중요한 인간관계의 깊이와 상호 존중입니다.

삶에서의 공부는 나이와 환경에 구애받지 않습니다. 직장에서의 협력, 가정에서의 소소한 경험, 실패와 실수에서 얻는 교훈까지 모든 것이 배움의 기회입니다. 어려운 순간일수록 우리는 더욱 많은 것을 배울 수 있습니다. 예를 들어, 직장에서 힘든 프로젝트를 진행하며 동료와 협력하는 과정에서 불만이나 갈등이 생기더라도, 시간이 지나 스스로를 되돌아보고 문제를 잘 해결하며 서로를 이해하려는 노력이 결국 더 좋은 관계를 만듭니다. 실패를 겪은 후 그 원인을 분석하고, 어떻게 개선할 수 있을지 고민하는 과정 역시 또 다른 배움의 순간입니다.

중요한 것은 이러한 배움을 성장의 기회로 받아들이는 태도입니다. 배운다는 것은 단순히 새로운 정보를 흡수하는 것만이 아니라, 그 지식이나 경험을 실제 생활에 어떻게 적용할 수 있는지 고민하는 과정입니다. 때로는 배움의 과정에서 좌절하거나 어려움을 느낄 수 있지만, 그 속에서 배우는 법을 익히고, 그 경험을 토대로 더 나은 선택을 하는 것이 진정한 성장입니다.

결국, 공부란 특정 시기에만 머무는 것이 아니라 삶과 함께 이어지는 여정입니다. 사람들과의 관계 속에서 배우는 작은 깨달음들은 우리의 내면을 성장시키고, 세상을 바라보는 시야를 넓혀줍니다. 우리는 언제나 배우고 있다는 사실을 잊지 말아야 합니다. 그 배움은 작은 것부터 시작되어, 우리 삶을 더 풍요롭고 의미 있게 만들어줍니다. 그렇게 우리는 매일 조금씩 더 나은 사람이 되어 갑니다.

나의 기쁨에 당신의 마음이 닿을 때

책을 출간한 후, 저는 이 기쁜 사실을 가족에게 알린 후 그다음 외삼촌에게 전했습니다. "삼촌, 저 책 출간했어요!" 전화기 너머로 들려오는 외삼촌의 반응은 그야말로 열광적이었습니다.

"뭐? 우리 조카가 책을 썼다고? 대단하다! 정말 훌륭해!" 그는 마치 자신이 책을 출판한 것처럼 기뻐하며 환호했습니다. "와, 우리 가족 중에 이렇게 멋진 작가가 나올 줄이야!"

저는 그의 진심 어린 축하에 가슴이 따뜻해졌습니다.

그러나 이와 대조적으로, 아버지에게 전화를 걸었을 때의 반응은 달랐습니다. "아, 출간했다니 축하한다. 고생 많았겠네." 말로는 축하한다고 했지만, 아버지의 톤은 무덤덤했습니다. 감정이 실리지 않은 말투와 짧은 대화는 어쩐지 저를 허전하게 했습니다. 아버지 세대의 많은 남성들이 그렇듯, 감정을 쉽게 드러내지 않도록 배워온 삶이었을 것입니다.

'자랑 끝에 티 선다'는 말처럼, 아버지의 말 속에는 자신의 성취나 장점을 드러내기보다 늘 겸손할 것을 강조하는 가치관이 자연스럽게 스며 있었습니다. 그것이 사랑이나 응원이 부족해서가 아니라, 오히려 아들이 더 잘되기를 바라는 마음에서, 성급히 자랑을 드러내면 아들의 길을 방해할까 걱정하신 표현 방식이었음을 저는 알고 있었습니다.

그날 두 사람의 반응을 통해, 저는 사람과 관계에 대한 소중한 통찰을 얻게 되었습니다.

어떤 일이든 축하받는 입장에서는 상대방의 반응이 크게 와닿기 마련입니다. 기쁜 일이 있을 때, 그것을 함께 기뻐하고 진심으로 축하해 주는 사람은 그 자체로 큰 선물이 됩니다. 외삼촌의 반응은 저에게 단순한 축하 이상의 의미를 전달했습니다. 그는 저의 성취를 자신의 일처럼 느끼고, 제 기쁨을 함께 나눴습니다. 반면, 아버지의 조심스러운 반응은 잠시 제 마음을 서운하게 만들었지만, 그 뜻을 이해하고 나니 자신감이 자만으로 흐를 수 있음을 경계하게 되었습니다. 이번 일을 통해 저는 스스로를 돌아보고, 더 겸손하게 자신을 다듬는 법을 배울 수 있었습니다.

그날 이후, 저는 스스로에게 물었습니다. '이웃과 친구, 주변 사람들이 좋은 일을 겪었을 때 나는 과연 그 기쁨을 나의 일처럼 느끼고 진심으로 축하해 주었는가?' 곰곰이 생각해 보니, 저 역시 그렇게 하지 못했던 것 같았습니다. 이 일을 계기로 부족했던 제 모습을 인정하며, 앞으로는 그들의 기쁨을 더 온전히 나눌 수 있는 사람이 되겠다고 다짐했습니다. 진심으로 기뻐해 주는 일은 결코 가벼운 행동이 아니라, 그 사람의 삶을 따뜻하게 만드는 작은 기적이라는 것을 느꼈습니다.

특히, 제 아들에게는 감정을 표현하는 데 인색하지 않은, 열린 마음의 아버지가 되고자 합니다. 예전보다 더 자주 웃고, 더 자주 "잘했어"라고 말해 주는 그런 아버지 말입니다.

우리는 모두 서로 다른 방식으로 사랑하고, 축하하고, 응원합니다. 어떤 이는 외삼촌처럼 열정적으로, 어떤 이는 아버지처럼 조용히. 중요한 것은 그 마음이 진심이냐는 것입니다. 표현의 크기보다 마음의 깊이가 더 중요하다는 것을, 저는 그날 두 사람을 통해 배웠습니다.

삶은 끊임없는 배움의 연속입니다. 나이가 많든 적든, 우리는 주변 사람들과 일상 속에서 배우며 성장합니다. 그날 저는 '공감'이라는 단어가 가진 깊은 의미가 마음속으로 스며드는 것을 느꼈습니다. 공감은 그저 상대를 이해하는 것이 아니라, 그들의 감정을 함께 느끼고 나누려는 마음입니다. 그 마음이야말로 우리의 관계를 더욱 깊고 따뜻하게 만들어 줍니다.

누군가의 기쁨과 슬픔에 마음을 열 수 있는 능력은 우리 모두에게 주어진 선물입니다. 그것을 얼마나 자주, 얼마나 진심으로 사용하는가가 삶의 질을 결정짓는 중요한 요소가 됩니다.

시간이 지나 곰곰이 생각해 보니, 공감이란 결국 사랑의 또 다른 이름임을 알게 되었습니다. 누군가의 성취에 진심으로 기뻐해 주는 것, 그들의 슬픔에 함께 눈물 흘리는 것, 그리고 그들의 이야기에 귀 기울이는 것. 이 모든 것이 사랑의 실천입니다. 우리는 각자의 자리에서 이러한 공감을 실천하며 살아갈 수 있고, 그렇게 할 때 우리의 삶은 더욱 풍요롭고 따뜻해집니다.

영국인이 좋아하는 속담 3가지

속담은 그 나라의 문화와 사고방식을 반영하며, 짧지만 깊은 지혜를 담고 있습니다. 영국 역시 수많은 속담이 전해져 내려오며, 이들은 영국인의 사고방식과 삶의 철학을 잘 보여줍니다. 이번 글에서는 영국인이 특히 좋아하는 세 가지 속담을 중심으로 그 의미와 교훈을 깊이 있게 탐구해 보겠습니다.

제때의 바늘 한 땀

옛날 한 마을에 늙은 재봉사가 살고 있었습니다. 그는 마을의 모든 사람들이 인정하는 솜씨 좋은 재봉사였지만, 나이가 들어 손놀림이 예전 같지 않았습니다. 어느 날, 재봉사는 마을 부잣집에서 주문받은 고운 비단옷을 만들고 있었습니다. 그러던 중, 비단옷 한 부분에서 작은 실밥이 풀린 것을 발견했습니다. 하지만 그는 피곤함에 지쳐 중얼거렸습니다.

"이 정도는 괜찮겠지. 나중에 고쳐도 늦지 않을 거야." 재봉사는 중얼거리며 실밥을 무시했습니다.

며칠 후, 옷이 완성되었을 때 그 작은 실밥은 점점 더 풀려 옷의 한 부분이 망가지기 시작했습니다. 재봉사는 급히 옷을 고치려 했지만, 이미 손상된 부분은 복구하기 어려웠습니다. 결국 그는 처음부터 다시 만들어야 했고, 시간과 비용은 두 배로 들었습니다.

그 모습을 지켜본 그의 제자가 물었습니다.

"스승님, 처음에 실밥을 바로 고치셨다면 이렇게 큰 문제가 생기지 않았을 텐데요."

재봉사는 깊이 한숨을 쉬며 대답했습니다.

"맞다. 제때의 바늘 한 땀이 아홉 바늘을 던다. 작은 게으름이 큰 대가를 부르게 되었구나."

이후 마을 사람들은 이 말을 교훈 삼아, 사소한 문제라도 즉시 해결하려 노력했습니다. 작은 구멍을 메운 농부는 가뭄 속에서도 물을 지켰고, 삐걱거리는 문을 고친 상인은 큰 사고를 막을 수 있었습니다.

이 속담은 우리에게 말합니다.

"A stitch in time saves nine."

작은 문제를 제때 해결하면, 더 큰 손실을 막을 수 있다는 단순하지만 강력한 진리. 우리는 종종 '나중에'라는 말로 문제를 미루지만, 그 미룸이 결국 더 큰 후회를 낳는다는 것을 잊지 말아야 합니다.

병아리를 세기 전에

옛날 옛적, 한 시골 마을에 야심 많은 농부가 살고 있었습니다. 그는 어느 날 장에서 좋은 품종의 계란 열 개를 사와 집으로 돌아왔습니다. 알을 보며 농부는 환하게 웃으며 말했습니다.

"이 알이 부화하면 병아리가 열 마리가 될 테고, 자라면 닭이 될 거야. 닭들이 알을 더 낳으면 마을에서 가장 큰 양계장을 운영하게 되겠지. 그리고 그 돈으로 멋진 집과 말까지 살 수 있을 거야!"

농부는 벌써 부자가 된 자신을 상상하며 한껏 들떠 있었습니다. 그는 계란을 따뜻한 바구니에 담아 부엌 선반 위에 올려두고 부화기를 기다렸습니다. 하지만 며칠 후, 그는 부주의하게 바구니를 손으로 치는 바람에 계란이 바닥에 떨어져 모두 깨지고 말았습니다.

계란을 바라보며 농부는 깊은 한숨을 쉬었습니다.

"병아리가 부화하기도 전에 너무 앞서 생각했구나. 이제 아무것도 남지 않았네."

그때 옆에서 지켜보던 현명한 이웃이 농부에게 다가와 말했습니다.

"병아리가 부화하기 전까지는 그 수를 세지 않는 법이야. 결과가 확실하지 않은데 너무 서두르면 실망만 남지."

"Don't count your chickens before they hatch."

이 속담은 우리에게 신중함을 가르칩니다. 아직 오지 않은 미래를 너무 앞서 기대하거나, 확정되지 않은 결과에 들뜨는 것은 위험하다는 것. 기대는 희망이지만, 그 희망이 현실을 가릴 때 우리는 쉽게 실망에 빠집니다. 오늘의 한 걸음을 충실히 내딛는 것, 그것이 진짜 미래를 준비하는 길입니다.

행동이 말하는 힘

한 마을에 두 명의 지도자가 있었습니다. 한 사람은 말이 많고 화려했습니다. 그는 늘 사람들 앞에서 약속했습니다.

“여러분을 위해 언제나 함께하겠습니다!”

하지만 정작 도움이 필요할 때 그는 보이지 않았습니다. 반면, 다른 지도자는 말이 적었습니다. 그는 약속하지 않았지만, 언제나 먼저 손을 내밀었습니다. 가뭄이 들면 물을 나누고, 아이가 길을 잃으면 가장 먼저 나섰습니다.

어느 날, 마을에 큰 홍수가 났습니다. 말 많은 지도자는 광장에서 연설을 했습니다.

“우리는 함께 이겨낼 수 있습니다!”

그러고는 집으로 돌아갔습니다. 말이 없는 지도자는 강가로 달려가 둑을 쌓고, 사람들을 구했습니다. 사람들은 그를 따라 움직였고, 마을은 무사히 위기를 넘겼습니다.

“Actions speak louder than words.”

말보다 행동이 더 큰 울림을 준다는 이 속담은, 우리가 얼마나 자주 말로만 약속하고 행동으로는 외면하는지를 돌아보게 합니다. 진심은 말이 아니라, 행동으로 증명됩니다. 그리고 그 행동은, 때로는 말보다 더 깊은 신뢰를 만들어냅니다.

이러한 속담들은 삶을 살아가는 방식이며, 세상을 바라보는 태도입니다. 작은 문제를 미루지 않는 태도, 결과를 서두르지 않는 신중함, 말보다 행동으로 증명하는 진심입니다.

침묵을 깨고

『가을의 어느 날, 한적한 공원 벤치에 앉은 스물여덟 살의 직장인 민준은 손에 들고 있던 책을 덮은 채 멍하니 하늘을 바라보고 있었습니다. 노랗게 물든 은행잎이 바람에 흩날렸지만, 그의 시선은 허공을 맴돌 뿐이었습니다. 회사에서 겪은 일이 여전히 머릿속을 떠나지 않았기 때문입니다.

'나는 왜 이렇게 말하기가 어려울까?'

며칠 전 설계 회의에서 팀장이 별도의 디테일을 추가하자고 했을 때, 민준은 그 의견이 비합리적이라고 느꼈지만 끝내 입을 열지 못했습니다. 결과적으로 일정은 밀리고 예산도 초과되었지만, 아무도 그를 탓하지 않았습니다. 문제는 민준 스스로였습니다. 그는 스스로를 향해 끝없이 책임을 물으며 자책하고 있었습니다.

민준은 원래부터 내성적인 아이였습니다.

친구들과 어울리기보다 혼자 조용히 지내는 걸 더 편하게 느꼈고, 수업 시간에도 발표를 잘하거나 적극적으로 손을 드는 일은 거의 없었습니다.

선생님이 질문을 던지면 머릿속에는 답이 떠올랐지만, 입에서는 옹알이 같은 소리만 맴돌다가 끝내 말로 이어지지 않았습니다. 그리고 시간이 지나면 늘 같은 후회를 했습니다.

'그때 이렇게 대답했더라면 좋았을 텐데.'

그는 알고 있는 답을 말하지 못한 채, 스스로의 침묵 속에 갇혀 지내곤 했습니다.

그날 밤, 민준은 거울 앞에 서서 자신에게 물었습니다.

"왜 그때 한마디도 하지 못했을까. 말했더라면 결과가 달라졌을 텐데."

거울 속의 그는 말없이 자신을 바라보고 있었습니다. 그제야 깨달았습니다.

지금까지 어디에서도 '자신의 생각을 말하는 법'을 배운 적이 없었다는 것을. 회사에서의 발표는 그저 외운 내용을 읊는 형식이었고, 토론은 누군가의 말에 고개를 끄덕이는 시간에 불과했습니다.

그는 진짜 문제란 '모르는 것'이 아니라, '말하지 못하는 자신'이었다는 것을 비로소 알게 되었습니다.

민준은 결심했습니다. 다음 회의에서는 반드시 자신의 의견을 말하겠다고. 그 결심은 작은 불씨처럼 그의 마음속에 타올랐습니다.

며칠 후 열린 회의에서 팀장은 또다시 비효율적인 방식을 제안했습니다. 민준은 주저하다가 용기를 내어 손을 들었습니다.

"팀장님, 제 의견을 말씀드려도 될까요?"

회의실의 시선이 일제히 그에게로 쏠렸습니다. 그는 조심스럽지만 분명한 목소리로 말했습니다.

"이런 방법으로 복잡한 절차 대신 핵심만 정리하면 충분히 전달할 수 있습니다. 그렇게 하면 시간도 절약되고 더 효율적으로 진행할 수 있습니다."

하지만 예상과 달리 회의실의 공기는 싸늘해졌습니다.

팀장은 눈썹을 찌푸리며 말했습니다.

"민준 씨, 그건 말은 쉽죠. 하지만 실제 상황은 다릅니다. 복잡한 일엔 다 이유가 있습니다. 너무 단순하게 보면 오히려 놓치는 게 생깁니다."

잠시 침묵이 흘렀습니다. 민준의 얼굴은 붉어지고 심장은 쿵쾅거렸지만, 그는 시선을 피하지 않았습니다. 냉랭한 분위기 속에서도 이번만큼은 끝까지 자신의 생각을 말했습니다.

'그래도 이번엔, 말했다….'

그는 비록 인정받지 못했지만, 스스로에게 작은 승리를 느꼈습니다.

며칠이 지나, 그가 제안했던 방식이 동료들 사이에서 다시 논의되기 시작했습니다. 결국 팀장은 민준의 의견을 일부 반영했습니다. 아무도 그것이 민준의 아이디어라는 것을 크게 언급하지 않았지만, 그는 그것으로 충분했습니다. 누군가의 인정보다 스스로의 변화를 확인한 것이 더 값졌기 때문입니다.

그날 이후 민준은 매일 아침 거울 앞에서 말을 연습했습니다. 대화의 흐름을 상상하며 목소리의 속도와 억양을 조절했고, 녹음한 목소리를 다시 들으며 부족한 점을 고쳤습니다. 그뿐만 아니라 자신의 의견을 더 부드럽게 제안하는 방법도 고민해 보았습니다. 회사에서는 동료들과 소규모 워크숍을 열어 의견을 교환하고, 서로의 피드백을 주고받았습니다.

그는 서서히 '말하는 자신'을 만들어가고 있었습니다.

시간이 흘러, 민준은 팀의 핵심 멤버로 성장했습니다. 어느 날 회의 중, 그는 구석에 앉은 한 신입사원을 발견했습니다. 말없이 메모만 하던 그 신입은, 회의가 진행되는 내내 입을 열지 못했습니다. 모두가 자리에서 일어날 때, 그 신입의 노트 한쪽 끝에는 조심스레 적힌 메모가 눈에 띄었습니다.

'이 부분은 다른 방식으로도 가능할 것 같은데….'

민준은 잠시 고민하다가 그에게 다가가 부드럽게 말했습니다.

"좋은 생각인데, 다음 회의 때 한번 이야기해 봐요. 분명 도움이 될 거예요."

그 말에 신입은 놀란 듯 고개를 끄덕였지만, 끝내 아무 말도 하지 못했습니다. 그날 저녁, 회의가 끝나고 복도에서 다시 마주쳤을 때, 신입사원이 조심스레 다가왔습니다.

"민준 선배… 사실 저도 오늘 말하고 싶었는데, 입이 안 떨어졌어요."

민준은 그 말을 듣는 순간, 내성적이고 자신감이 부족해 쉽게 말을 꺼내지 못하던 자신을 떠올렸습니다.

그는 잠시 미소를 지으며 대답했습니다.

"괜찮아요. 나도 예전엔 그랬어요. 중요한 건, 다음번엔 꼭 한마디를 꺼내보겠다고 마음먹는 거예요. 그게 시작이에요."

신입사원은 고개를 끄덕였고, 눈빛은 조금 달라져 있었습니다. 민준은 그 눈빛 속에서 미묘한 확신을 느꼈습니다. 침묵은 두려움의 언어이기도 하지만, 때로는 변화의 전조이기도 하다는 것을 그는 이제 알고 있었습니다.

그날 밤, 민준은 다시 거울 앞에 섰습니다. 이번엔 거울 속의 자신이 미소 짓고 있었습니다.

"말하기는 생각을 드러내는 기술이 아니라, 자신을 이해하는 과정이었구나."

그는 속으로 중얼거렸습니다.

세상은 그에게 여전히 완벽하지 않았습니다. 여전히 부당한 일도 있었고, 의견이 묵살되는 순간도 있었습니다. 그러나 그는 이제 침묵을 두려워하지 않았습니다. 말할 때도, 말하지 않을 때도, 그는 자신이 선택한 자리에서 서 있었습니다.

민준은 회의가 끝난 뒤 창밖을 바라보며 생각했습니다.

'침묵을 깨는 건, 소리를 내는 일이 아니다. 마음속의 벽을 무너뜨리는 일이다.'

그는 조용히 미소 지었습니다. 그리고 그 미소 속에는, 이제 막 누군가의 침묵을 깨우기 시작한 한 사람의 확신이 담겨 있었습니다.』

말하기는 삶의 방식이자, 관계와 세상을 이해하는 도구입니다. 비록 학교에서 제대로 말하는 법을 배우지 못했더라도, 지금부터라도 익히고, 자신의 부족함을 솔직히 인정하며 직면할 용기를 가져야 합니다. 그것이 변화를 만드는 가장 강력한 도구입니다.

때로는 조용히 머무는 것이 필요할 때도 있지만, 말해야 할 순간을 놓치지 않는 것이 관계를 지키는 힘이 됩니다. 오해와 갈등의 대부분은 말하지 않아서 생기므로, 진심 어린 대화는 관계를 회복하고 신뢰를 쌓는 가장 빠른 길이 됩니다. 또한 자신의 생각과 감정을 솔직히 표현할 줄 아는 사람은 자신을 더 깊이 이해하고 타인에게도 안정감과 신뢰를 줍니다. 이는 성장과 관계를 단단하게 만드는 중요한 힘입니다.

말하기 능력은 연습을 통해 성장할 수 있습니다. 예상 질문에 대한 답변을 준비하고, 자신의 말을 되돌아보며, 주변 사람과 피드백을 주고받는 과정이 필요합니다. 무엇보다 중요한 것은 상대의 마음을 존중하며 말하는 법을 익히는 것입니다. 말은 다리가 되어 관계를 잇거나, 칼이 되어 상처를 남길 수도 있기 때문입니다.

늦은 배움의 꽃

『대부분의 나이 드신 분들이 그러하겠지만 미주의 엄마 경숙도 인터넷이나 스마트폰 같은 새로운 기기에 익숙해진다는 것은 낯설고 어려운 일이었습니다. 항상 그렇듯이 인터넷 주문은 딸 미주가 해주었고 그녀는 종종 미주에게 말했습니다.

"인터넷 주문? 나이 들어서 그런 걸 배워서 뭐 해."

그 말에는 익숙하지 않은 세계에 대한 막연한 두려움과, 자신은 그저 뒤에서 조용히 살아가면 된다는 체념이 담겨 있었습니다.

미주는 그런 엄마를 위해 묵묵히 필요한 물건들을 대신 주문해 주었습니다. 생필품부터 건강식품까지, 엄마가 필요하다고 말하면 미주는 곧장 스마트폰을 꺼내 주문을 완료했습니다. 하지만 그녀의 마음 한구석에는 늘 작은 바람이 있었습니다. '엄마도 스스로 해보면 좋을 텐데….'

그 바람은 말로 꺼내지 않았지만, 미주는 엄마가 조금씩이라도 디지털 환경에 대한 새로운 도전에 마음을 열기를 기다리고 있었습니다.

그러던 어느 날, 경숙은 친구 영미와 함께 산책을 나갔습니다. 영미는 경숙과 같은 나이였지만, 전혀 다른 삶의 태도를 가지고 있었습니다. 스마트폰으로 꽃 사진을 찍고, SNS에 올려 지인들과 소통하며 하루하루를 즐기는 모습은 경숙에게 신선한 충격이었습니다.

"경숙아, 이 꽃 좀 봐. 얼마나 예쁘니? SNS에 올렸더니 사람들이 다들 좋아해. 너도 한번 배워봐. 생각보다 어렵지 않아." 영미의 말에 경숙은 웃으며 고개를 끄덕였지만, 마음속에는 복잡한 감정이 일었습니다. 친구가 누리는 작은 기쁨이 자신에게는 너무 멀게만 느껴졌기 때문입니다.

그날 밤, 경숙은 미주가 인터넷 주문을 하는 모습을 지켜보았습니다. 손가락으로 화면을 넘기고, 주소를 입력하고, 결제까지 마치는 미주의 손놀림은 마치 마법 같았습니다.

"젊은이들에겐 아무것도 아닌 일인데, 나는 왜 이렇게 두렵게 느껴질까?"

그녀는 속으로 중얼거렸습니다. 영미는 똑같이 나이가 들었지만, 새롭게 배우는 것에 두려움이 없었습니다. 반면, 자신은 '어려울 거야'라는 생각에 갇혀 있었습니다.

다음 날 아침, 경숙은 조심스럽게 미주에게 다가갔습니다. "미주야, 그 인터넷 주문하는 거… 나도 한번 배워볼 수 있을까?"

미주는 놀라면서도 눈빛이 반짝였습니다.

"엄마, 물론이죠! 제가 천천히 알려드릴게요."

그 말은 경숙에게 할 수 있다는 용기를 주었습니다. 처음에는 모든 것이 낯설었습니다. 화면을 터치하는 것도, 앱을 여는 것도 경숙에게는 쉽지 않았습니다. 버튼 하나를 누르기까지 몇 번을 망설였고, 실수할까 봐 손이 떨리기도 했습니다. 하지만 미주는 인내심을 가지고 하나하나 설명해 주었습니다.

"엄마, 여기 누르면 돼요. 잘하셨어요!"

그 말 한마디에 경숙은 조금씩 자신감을 얻어갔습니다.

며칠 후, 경숙은 스스로 인터넷으로 첫 주문을 성공적으로 마쳤습니다. 화면에 '주문 완료'라는 문구가 뜨자, 그녀는 스스로 해냈다는 사실에 만족스러운 표정을 지었습니다.

"내가 해냈어!"

그녀가 스스로의 한계를 넘어선 순간이었습니다. 그날 저녁, 경숙은 영미에게 전화를 걸었습니다.

"영미야, 나도 이제 인터넷 주문할 줄 알아! 네가 찍은 꽃 사진도 볼 수 있을 것 같아." 영미는 환하게 웃으며 말했습니다. "그럼 이제 같이 산에도 가고, 꽃 사진도 찍자! 배움은 늦은 게 아니라 시작이 중요한 거야."

경숙은 그날 이후로 조금씩 더 많은 것을 배우기 시작했습니다. 사진을 찍고, 메시지를 보내고, 친구들과 소통하는 법을 익혔습니다. 그녀는 더 이상 늦은 나이를 탓하지 않았습니다. 오히려 새로운 것을 배우는 즐거움에 눈을 뜨며, 하루하루를 더 활기차게 살아갔습니다.』

이 이야기는 우리에게 말해줍니다.

배우고자 하는 마음만 있다면 어떤 것도 늦지 않다는 것을. 어려움은 생각에서 시작되며, 두려움을 깨면 배움은 곧 기쁨으로 다가옵니다.

용서로 피어나는 새로운 희망

『은혜는 평소 강하고 의연한 사람으로 알려져 있었습니다. 주변 사람들은 그녀를 흔들림 없는 존재로 여겼고, 그녀 역시 그런 기대에 부응하며 살아왔습니다. 그러나 최근 그녀의 삶은 고통과 상처로 가득했습니다.

첫째 아이를 잃는 슬픔은 그녀의 심장을 찢어 놓았고, 남편의 외도라는 충격은 그녀의 자존감을 산산조각 냈습니다. 설상가상으로 사랑하는 친정아버지마저 세상을 떠나면서, 은혜의 세상은 완전히 무너졌습니다.

모든 것이 잿빛으로 보였고, 그녀는 자신이 누구인지조차 의문을 품기 시작했습니다. 강했던 자신은 어디로 갔는지, 매일 아침 눈을 뜨는 것조차 버거운 나날이 이어졌습니다. 그녀는 혼란과 슬픔 속에서 자신의 삶을 되돌아보지 않을 수 없었습니다. 첫째 아이를 잃은 상실감은 그녀의 마음에 깊은 상처로 남았고, 남편의 배신은 그녀의 신뢰를 무너뜨렸습니다. 친정아버지의 부재는 그녀를 더욱 외롭고 불안하게 만들었습니다.

하지만 삶은 멈추지 않았고, 그녀는 어떻게 하든지 버텨야 했습니다.

어느 날 저녁, 남편이 은혜에게 조심스럽게 말을 걸었습니다.

"차 한 잔 하면서 얘기할 수 있을까?"

그의 눈빛은 간절했지만, 은혜는 그를 마주하는 것조차 쉽지 않았습니다. 잠시 고민 끝에 그녀는 그의 제안을 받아들였습니다. 동네 카페에서 마주 앉은 남편은 떨리는 목소리로 말을 꺼냈습니다.

"정말 미안해. 내가 얼마나 큰 잘못을 했는지 알아. 다시는 이런 일이 없을 거야. 너와 둘째를 위해 최선을 다할게. 제발 한 번만 더 기회를 줘."

그의 말은 은혜의 마음에 복잡한 감정을 일으켰습니다. 분노와 실망, 슬픔이 교차했지만, 한편으로는 그의 후회와 진심이 느껴졌습니다. 그러나 믿음을 잃어버린 자신을 보며 은혜는 스스로에게 물었습니다.

'내가 정말 용서할 수 있을까? 용서란 도대체 무엇일까?'

그날 밤, 은혜는 깊은 고민에 빠졌습니다. 마음속에서는 당장 이혼하고 혼자 아이를 키우는 것이 나을 것 같다는 생각이 들었지만, 둘째 아이를 생각하면 '아빠의 존재가 필요하지 않을까?'라는 고민도 스쳐 지나갔습니다.

은혜는 스스로에게 물었습니다.

'만약 누군가가 단 한 번의 실수로 나를 평가하고 모든 책임을 묻는다면, 나는 과연 얼마나 많은 이들을 잃게 될까? 나 또한 결코 완벽하지 않았고, 누군가의 용서를 통해 다시 일어섰던 순간들이 있지 않았던가.'

이 물음은 은혜의 마음 깊은 곳에 작은 울림을 남겼습니다. 그 여운을 곱씹으며 은혜는 서서히 마음속의 따스한 통찰을 마주했습니다. 용서란 단순히 상대를 위한 너그러움이 아니라, 스스로를 해방시키는 선택이며, 붙잡고 있는 상처가 오히려 자신을 더 옥죄고 있다는 사실을 깨닫는 것입니다.

그제야 은혜는 고요히 다짐했습니다.

"상처를 내려놓고, 나와 아이를 위해 앞으로 나아가야겠다."

남편은 변하기 위해 노력하기 시작했습니다. 매일 아침 일찍 일어나 집안일을 돕고, 은혜에게 작은 배려를 아끼지 않았습니다. 가족 상담 프로그램에 참여하며 자신의 잘못을 되돌아보고 변화를 보여주었습니다. 그의 진심 어린 태도는 은혜에게 점차 닿기 시작했습니다.

그러나 은혜는 용서가 결코 쉽지 않다는 것을, 그리고 그것이 단순히 잘못을 덮는 일이 아니라, 자신을 묶고 있던 고통을 내려놓는 길이라는 것을 알고 있었습니다. 그래서 은혜는 조급해하지 않기로 했습니다. 상처를 치유하는 데는 시간이 필요했고, 사람을 다시 믿는 데는 더 큰 용기가 필요했습니다. 남편의 변화만으로 상처가 모두 치유되는 것은 아니었지만, 은혜는 자신과 둘째를 위해 그를 받아들이기로 마음을 다잡았습니다. 그 선택은 남편을 위한 희생이 아니라, 스스로 더 강해지기 위한 결정이었습니다.

"당신을 완전히 용서하려면 시간이 걸릴 거야. 하지만 나도 노력할게. 그리고 당신도 끝까지 노력해 줘."

은혜의 이 말에 남편은 말없이 고개를 끄덕이며 그녀의 손을 잡았습니다. 그 눈빛에는 후회와 함께, 다시 시작하려는 희망이 담겨 있었습니다.

그날 이후, 은혜는 자신만의 시간을 갖기 시작했습니다. 기도 속에서 상처 입은 마음을 내려놓고, 묵상을 통해 자신을 돌아보며 삶의 방향을 정리해 나갔습니다.

은혜는 '용서는 나를 자유롭게 하고, 다시 사랑할 용기를 주는 선택이라는 것을' 스스로 알게 되었습니다.

그녀는 더 단단해진 모습으로, 불완전하지만 진심이 담긴 새로운 삶을 향해 한 걸음씩 나아갔습니다.』

요즘처럼 작은 다름이나 오해에도 쉽게 등을 돌리는 시대에, "우린 맞지 않아"라는 말보다 먼저 "한 번 더 믿어볼까?", "내 마음을 다시 들여다볼까?"라는 생각을 떠올릴 수 있다면, 관계는 깊어지고 삶은 한결 여유로워질지도 모릅니다.

용서는 과거를 잊는 것이 아닙니다. 그것은 과거를 끌어안고 더 앞으로 나아갈 수 있는 용기를 선택하는 일입니다. 그 용기는 우리를 더 강하게 만들고, 삶을 회복시켜 줍니다.

혹시 지금 여러분도 용서를 고민하고 있나요?

누군가를 향한 용서든 혹은 스스로에 대한 용서든 그 선택은 상처를 치유하고 삶을 풍요롭게 만드는 첫걸음이 될 수 있습니다. 용서는 타인을 위한 것이 아니라, 나 자신을 위한 자유의 시작입니다.

"True repentance is not merely regretting one's sins, but making a resolution to break free from them and become renewed."(진정한 회개란 단지 죄를 뉘우치는 것이 아니라, 그 죄에서 벗어나 새로워지려는 결단이다.) - 아우구스티누스

끝나지 않은 이야기

『수진과 경태는 대학 동아리에서 처음 만났습니다. 경태는 언제나 유쾌하고 사교적인 사람이었고, 수진은 조용하지만 따뜻한 내면을 가진 사람이었습니다. 성격은 달랐지만, 오히려 그 차이가 서로에게 강한 끌림이 되었습니다.

결혼식 날, 경태의 활기찬 친구들로 가득한 예식장은 그야말로 축제 분위기였습니다. 친구들과 기념사진을 찍을 때에는 하객들이 너무 많아 무려 네 번에 나누어 촬영을 해야 할 정도로 경태는 단연 인기의 중심이었습니다. 수진은 그런 경태의 모습이 자랑스러웠습니다. 내성적인 자신과는 달리 늘 사람들로부터 에너지를 받으며 주변을 밝히는 그의 존재가 든든하고 멋져 보였기 때문입니다.

하지만 결혼 이후, 현실은 생각보다 훨씬 다르게 다가왔습니다. 두 사람은 사랑스러운 딸을 맞이하며 가족의 새로운 시작을 열었지만, 육아는 예상보다 더 많은 에너지를 요구했습니다. 수진은 출산 후 급격히 지친 몸과 마음으로 하루 대부분을 딸을 돌보는 데 쏟아부었고, 점점 자신을 돌볼 여유조차 잃어갔습니다.

그런 가운데 경태는 예전처럼 바깥에서 사람들과 어울리며 자신의 일상을 이어갔습니다.

수진은 처음에는 그저 참고 넘기려 했습니다.

'조금만 지나면 우리도 다시 예전처럼 돌아가겠지….'

그러나 수진에게는 점점 경태의 그런 모습이 멋지기보다는 낯설고 멀게 느껴지기 시작했습니다. 예전에는 자랑스러웠던 그의 사회성도 이제는 자신을 혼자 두고 떠나버리는 것 같은 외로움으로 다가왔습니다. 그리고 시간이 흐를수록 달라지는 것은 없었습니다. 오히려 경태의 외출은 점점 잦아졌고, 집에서 함께하는 시간은 눈에 띄게 줄어들었습니다.

밤이 늦도록 경태는 친구들과 어울리기 일쑤였고, 수진이 전화를 걸어도 "조금만 더 있다 갈게."라는 말이 반복될 뿐이었습니다. 그녀는 점점 집에 혼자 있는 시간이 많아졌고, 딸아이의 웃음만이 그녀에게 유일한 위로가 되었습니다.

"우린 왜 점점 멀어지는 걸까?"

한때 사랑했던 사람과 함께 있음에도 불구하고, 수진은 깊은 외로움을 느끼기 시작했습니다.

시간이 흐르면서 둘 사이의 거리는 더욱 멀어졌습니다. 수진은 대화를 시도하려 했지만, 경태는 늘 바쁘다며 피했습니다. 답답함과 외로움 속에서, 그녀는 점점 자신이 혼자가 되어가는 느낌에 갇혀갔습니다.

그녀는 거울 앞에 서서 문득, 이렇게 혼자 외로움을 느끼고 있는 자신의 모습이 너무 낯설고 초라하게 느껴졌습니다. 언젠가부터 웃는 일이 줄었고, 아이의 얼굴을 보면서도 마음 깊은 곳은 텅 빈 듯했습니다.

"이건 내가 바라던 삶이 아니야."

그녀는 마음속으로 자주 그렇게 되뇌었습니다. 아이를 위해 참고, 버티고, 견디려 했지만, 수진의 내면은 이미 점점 무너지고 있었습니다.

어느 날 아이를 재운 뒤, 수진은 경태와 마주 앉았습니다. 오랜만에 진심을 담은 대화를 시도하고 싶었습니다.

"경태야, 우리 솔직하게 얘기 좀 하자."

하지만 경태는 휴대폰을 손에 쥔 채 무심하게 대답했습니다.

"지금 피곤해. 나중에 얘기하자."

그 순간, 수진의 가슴에서 무언가 '툭' 하고 부서지는 소리가 들리는 듯했습니다.

그날 밤, 그녀는 침대에 누워 한참을 울다, 결심을 굳혔습니다.

이대로는 안 되겠다고. 이 집에서, 이 관계 안에서, 더 이상 자신이라는 사람을 지켜낼 수 없다고.

며칠 뒤, 수진은 아이를 친정에 맡긴 후 잠시 집을 나섰습니다. 오랜만에 자신만의 시간을 갖기로 한 것이었습니다. 처음에는 카페에서 책을 읽고, 오래전 친구들과 연락을 주고받는 정도였습니다.

하지만 반복되는 외로움과 허전함은 쉽게 가시지 않았고, 그녀는 자신도 모르게 누군가의 관심에 조금씩 흔들리기 시작했습니다.

집 근처에서 우연히 마주친 대학 동창 민호는, 경태와 달리 그녀의 이야기를 잘 들어주었고, 그녀의 지친 눈빛을 알아보는 듯한 말투는 수진의 마음 한편을 은근히 흔들어 놓았습니다.

"수진아, 네가 이렇게 지쳐 보일 줄은 몰랐어. 예전엔 참 밝았잖아."

그는 그녀를 설득하려 하지도, 가엾게 여기지도 않았습니다.

단지 한 인간으로서 그녀를 바라봐 주는 듯한 시선이, 오히려 더 큰 위안으로 다가왔습니다.

민호와의 관계는 천천히, 그리고 조심스럽게 발전하였습니다.

하지만 어느 순간부터 수진은 경계선을 넘기 시작했고, 그것이 바람인지 아니면 오래된 고립의 끝자락에서의 마지막 몸부림이었는지는 아무도 알 수 없었습니다.

그리고 그해, 수진의 절친 혜인은 뜻밖의 문자를 받았습니다.

발신자는 수진이었고, 그 내용은 충격적이었습니다.

"수진이가 우리 딸까지 내팽개치고 바람을 피웠어."

혜인은 순간 숨이 멎는 듯했습니다.

"무슨 소리야? 수진이가 그럴 리가 없잖아."

그런데 이상한 점이 있었습니다. 문자를 받은 사람이 혜인뿐만이 아니었습니다. 수진의 지인들, 가족들, 심지어 그녀와 가깝던 직장 동료들에게까지 같은 내용이 퍼져 있었습니다.

그제야 모두가 알게 되었습니다.

수진이 보낸 게 아니었습니다. 수진이의 폰으로 경태가 수진이의 지인 모두에게 보낸 것이었습니다.

하지만 가장 충격적인 사실은, 수진이가 완전히 사라졌다는 것이었습니다. 아무도 그녀와 연락이 닿지 않았고, 어디에 있는지 아는 사람도 없었습니다.

혜인과 미수를 비롯한 수진의 가까운 사람들은 혼란에 빠졌습니다.

"대체 무슨 일이 있었던 거야?"

수진의 삶은, 사랑이라 믿었던 관계가 무너지는 순간 함께 붕괴된 듯했습니다. 아마 그녀도 언제부턴가 금이 가고 있음을 느끼고 있었을 겁니다. 다만 그 균열이 이렇게 폭발적인 파국으로 이어지리라곤 누구도 상상하지 못했습니다.

하지만, 그녀가 정말로 떠난 이유는 무엇일까요?

그리고 경태는 왜 이런 문자를 수진이의 폰으로 보냈을까요?

아무도, 그 답을 알지 못했습니다.

혜인과 미수는 수진과 연락을 시도했지만, 어떤 응답도 돌아오지 않았습니다. 수진은 마치 세상에서 사라진 듯했습니다.

몇 년 후, 혜인은 백화점에서 우연히 수진을 발견했습니다.

그녀는 다른 남성과 함께 있었고, 완전히 새로운 모습으로 변해 있었습니다. 짧은 머리, 화려한 옷차림, 어딘가 낯선 표정까지. 혜인은 다가가고 싶었지만, 발걸음이 떨어지지 않았습니다.

"정말 수진이 맞을까?"

혜인은 그녀 뒤를 따라갔지만, 수진은 이미 다른 방향으로 사라지고 없었습니다.

그날 밤, 혜인은 경태에게 딸아이의 안부를 물었습니다.

경태는 씁쓸하게 웃으며 말했습니다.

"딸은 부모님이 돌보고 있어. 그 아이는 이제 엄마가 누군지도 기억 못 할 거야."

혜인은 조용히 그를 바라보며 말했습니다.

"경태야, 네가 수진이를 그렇게 외로이 내버려두지 않았다면, 이렇게까지 되지 않았을지도 몰라. 또 헤어질 때라도 서로를 존중했더라면, 아이에게도 상처가 덜 가지 않았겠니?"

경태는 그 말에 아무런 대꾸도 하지 못했습니다. 말없이 고개를 숙인 채, 마음 깊은 곳에서 후회가 밀려들었습니다. 감정에 휘둘려 수진을 몰아세웠던 일, 아내의 외도에 충격을 받아 순간적인 분노로 그녀의 핸드폰을 통해 모든 사람에게 사실을 퍼뜨렸던 일, 그리고 무엇보다 딸을 먼저 생각하기보다 자신의 분노를 앞세웠던 그 순간들까지…. 모든 것들이 가슴에 날카롭게 떠올랐습니다.

처음에는 경태도 억울함과 분노에 사로잡혀, 잘못이 상대에게만 있는 것처럼 느꼈습니다. 하지만 시간이 지나면서 상황을 바라보는 시선은 조금씩 달라졌습니다. 아이가 밤마다 엄마를 찾으며 울부짖는 모습을 보고, 어린 손이 자기 옷자락을 꼭 붙잡고 "아빠, 나 버리지 마"라고 속삭이는 순간, 그는 비로소 혜인의 말이 위로가 아니라 진실이었다는 것을 깨달았습니다.

그제야 경태는 더 나은 아버지가 되어야 한다는 사실을 받아들였습니다. 그는 수진에게 긴 사과의 메시지를 보냈습니다. 비록 답장은 오지 않았지만, 언젠가 그녀도 행복하길 바라는 마음을 담아 보낸 것이었습니다.

그날 밤, 그는 딸아이의 곁에 앉아 속삭였습니다.

"아빠가 잘못했어. 그리고 앞으로는 너를 위해 더 나은 사람이 될게."』

이 이야기는 우리에게 말해줍니다.

헤어짐에도 품격이 필요하다는 것을.

용서란 반드시 상대를 위한 것이 아니라,

스스로를 지키기 위한 선택이 될 수 있다는 것을.

사랑은 끝날 수 있지만, 서로에 대한 존중은 끝나지 않아야 한다는 사실을.

시든 꽃잎을 떼어내다

『은수는 도심에서 작은 꽃집을 운영하고 있었습니다. 그녀의 꽃집은 아름다운 꽃들로 가득했지만, 그녀의 마음은 최근 들어 점점 시들어 가는 기분이 들었습니다. 꽃을 돌보는 일은 여전히 즐거웠지만, 그녀의 삶 속 사람들과의 관계가 복잡하게 얽혀 그녀의 에너지를 빼앗고 있었습니다.

어느 날, 그녀의 오래된 친구 지영이 꽃집을 찾아왔습니다. 지영은 밝은 미소를 지으며 말을 건넸습니다.

"은수야, 너 요즘 왜 그렇게 연락이 뜸해? 우리 예전처럼 자주 만나자."

지영은 과거 은수의 가장 가까운 친구였지만, 최근 몇 년간 그들의 관계는 묘하게 부담스러워졌습니다. 지영은 종종 자신의 문제를 털어놓기만 했고, 은수의 이야기를 들어주지 않는 경우가 많았습니다. 게다가 지영은 한때 사업 실패로 힘들어하던 시기에 은수에게 돈을 빌려 달라고 부탁했었습니다. 은수는 어렵게 모은 돈을 내주었지만, 지영은 약속한 기간에 돈을 갚지 못했고, 그 후에도 대화는 점점 일방적이 되었습니다. 지영은 자신의 상황을 하소연하거나 도움을 요청하는 일이 잦아졌지만, 은수의 입장을 이해하려는 노력은 보이지 않았습니다.

그날도 지영은 무심코 말했습니다.

"은수야, 요즘 너무 힘들어서 그런데, 조금만 더 돈을 빌려줄 수 있을까? 이번엔 꼭 갚을게."

은수는 그녀의 말을 듣고 가슴이 철렁 내려앉았습니다. 빌려준 돈도 아직 받지 못한 상황에서 또다시 같은 부탁을 듣는 것은 그녀에게 큰 부담이었습니다.

"지영아, 나도 지금 가게 운영이 쉽지 않아. 이번에는 정말 도와줄 수 없을 것 같아."

지영은 당황한 표정을 지으며 말했습니다.

"그래? 알았어. 네가 어려운 줄 몰랐네. 미안해."

지영의 반응은 크게 화를 내는 것도, 그렇다고 진심으로 이해하는 것도 아니었습니다. 그녀는 실망한 기색을 감추지 못하고 자리를 떠났습니다. 은수는 그녀의 뒷모습을 바라보며 깊은 한숨을 내쉬었습니다.

그날 저녁, 은수는 머리맡에 일기장를 꺼내어 글을 쓰기 시작했습니다.

"나는 왜 이렇게 불필요한 관계를 유지하려 애쓰는 걸까? 이 관계가 나에게 더 이상 의미를 주지 않는데도, 계속 붙잡고 있는 이유는 뭘까?"

다음 날, 은수는 아침부터 가게에 나와 시든 꽃들을 정리하기 시작했습니다. 꽃잎을 하나씩 떼어내며, 그녀는 스스로에게 다짐했습니다.

"이제는 내 삶에서도 시든 관계들을 정리해야겠어. 그게 나 자신과 상대방 모두에게 더 나은 선택일지 몰라."

그날 저녁, 은수는 오랜 고민 끝에 지영에게 진심을 담아 메시지를 보냈습니다.

"지영아, 너와 함께한 시간은 정말 소중했어. 하지만 요즘 우리 관계가 나에게 큰 부담으로 느껴져. 이제는 조금 거리를 두고, 각자 시간을 가져보는 게 좋을 것 같아."

메시지를 보내고 난 후, 은수는 복잡한 감정에 휩싸였지만, 마음 한 구석에서는 알 수 없는 홀가분함도 느꼈습니다.

며칠 후, 은수는 가게를 찾아온 단골손님 한진 씨와 이야기를 나누게 되었습니다. 한진 씨는 지영과도 알고 지내는 사이였는데, 대화 중에 지영이가 한진 씨에게도 돈을 빌려 달라고 했던 사실을 듣게 되었습니다.

한진 씨가 말했습니다.

"은수 씨, 꽃을 이렇게 정성껏 돌보는 걸 보니 정말 대단해 보여요."

은수는 살짝 미소 지으며 대답했습니다.

"꽃은 정리와 돌봄이 필요하거든요. 시든 잎을 떼어내야 새로운 꽃이 피고, 오래된 가지를 다듬어야 생명력이 돌아오니까요."

한진 씨는 고개를 끄덕이며 덧붙였습니다.

"사람 관계도 그런 것 같아요. 불필요한 관계를 정리하면, 진짜 소중한 관계에 더 집중할 수 있으니까요."

그 말에 은수는 고개를 끄덕이며 미소를 지었습니다.

"맞아요. 그래서 요즘 제 삶에서도 그런 정리를 해보려 하고 있어요. 새로운 시작을 위해서 말이에요."

그 순간, 은수는 자신이 선택한 길이 옳았음을 다시금 깨달았습니다. 관계의 정리는 끝이 아니라 새로운 시작을 위한 과정이라는 사실을.

시간이 지나면서, 은수의 삶은 점차 여유롭고 안정되기 시작했습니다. 불필요한 관계에서 벗어나니, 그녀는 자신이 진정으로 소중히 여기는 사람들과 더 깊은 관계를 맺을 수 있었습니다. 그녀는 다른 친구들과의 대화에서 웃음을 되찾았고, 새로운 에너지를 얻었습니다.

그녀는 일기에 이렇게 썼습니다.

"삶은 정원의 꽃과 같다. 시든 잎을 떼어낼 때, 새로운 생명이 움트고, 정원은 더 아름다워진다. 사람 관계도 마찬가지다. 불필요한 관계를 정리하는 것은 냉정한 일이 아니라, 더 풍요로운 삶을 위한 과정이다."

그녀의 정원처럼, 은수의 삶도 다시 피어나고 있었습니다.』

사람은 살아가면서 수많은 사람들과 관계를 맺으며 영향을 주고받습니다. 깊은 우정이나 소중한 인연을 만나기도 하지만, 때로는 불필요한 관계로 인해 힘들어하기도 합니다. 마치 시든 꽃잎이 떨어져야 새 꽃이 피듯, 관계를 정리해야 할 때도 있습니다. 이를 통해 우리는 더 건강하고 의미 있는 관계를 맺고, 삶을 풍요롭게 만들어 갈 수 있습니다.

그러나 관계를 정리하는 일은 결코 쉽지 않습니다. 오랜 세월 이어온 인연일수록 결단은 더욱 무겁게 느껴집니다. 하지만 붙잡고만 있으면 불필요한 에너지를 소모하며 삶의 균형을 잃기 쉽습니다. 관계를 내려놓는 것은 끝이 아니라 새로운 시작을 위한 준비입니다. 처음엔 고통스럽고 공허할 수 있지만, 시간이 흐르면 그 선택이 삶에 여유와 빛을 가져온다는 사실을 알게 됩니다.

불필요한 관계를 놓으면 우리는 더 건강하고 의미 있는 만남에 마음을 쏟을 수 있습니다. 서로를 존중하며 깊이 이해하는 관계 속에서 삶의 질도 자연스레 높아집니다. 인생에서 모든 관계가 영원할 수도 영원할 필요도 없습니다. 어떤 관계는 우리를 성장시키지만, 어떤 관계는 더 이상 제 역할을 다하지 못하기도 합니다. 중요한 것은 붙잡는 힘이 아니라, 놓을 줄 아는 용기입니다. 그 순간, 삶은 닫힘이 아닌 새로운 가능성으로 열리게 됩니다.

"Flowers blossom only when the dead leaves fall."(꽃이 피기 위해서는 시든 잎이 떨어져야 한다.)

내면의 나침반을 찾아서

『서진은 한때 세상이 노력한 만큼 보상해 준다고 믿었습니다.

대학 시절, 누구보다 부지런했습니다. 도서관 불이 꺼질 때까지 남아 책을 읽고, 친구들과 어울려 노는 것을 포기하며 자격증 공부를 했습니다. 그녀의 자기소개서에는 '끈기', '리더십', '성과 중심' 같은 단어가 빼곡했습니다.

회사에 입사해서도 마찬가지였습니다.

밤을 새우고도 피곤하다는 말을 하지 않았고, 실수를 해도 변명하지 않았습니다.

상사가 무리한 일정을 요구해도 "괜찮습니다."라고 답했습니다.

그녀는 언제나 스스로를 다잡았고, 감정은 뒤로 미뤘습니다.

'버티면 된다, 노력은 배신하지 않는다.' 그것이 그녀의 신조였습니다.

그런 그녀는 빠르게 승진했고 사람들은 말했습니다.

"역시 서진이야. 노력은 배신하지 않지."

그 말은 오랫동안 그녀의 신념이었습니다.

하지만 그 말은 어느 순간부터 위로처럼 들리지 않았습니다.

칭찬은 여전히 있었지만, 진심이 느껴지지 않았고, 성취의 기쁨보다 끝없는 의무감이 자리를 대신했습니다.

서른다섯이 된 지금, 그 신념은 낡은 포스터처럼 마음 한구석에서

색이 바래 있었습니다.

그녀의 하루는 정확했습니다.

아침 7시 30분 출근, 커피 한 잔, 보고서 검토 및 회의, 점심, 보고서 작성, 또 회의, 야근.

문제는 없었습니다. 하지만 시간이 지나면서 어느새 설렘도 없어졌습니다. 모니터 불빛에 비친 얼굴은 무표정이었고, 커서 깜빡임은 마치 멈춘 시계의 초침 같았습니다. 서진은 완벽을 향해 달리면서, 어느새 자신의 감정을 소거하는 법을 배웠습니다.

기쁨도, 불만도, 피로도 표현하지 않았습니다. 대신 '좋은 직원'이라는 이름의 가면 뒤에 자신을 숨겼습니다.

그러다 보니, 회사의 결정 하나하나가 자신과는 상관없는 일처럼 느껴졌습니다. 보고서 속 숫자들이 늘어가도, 그것이 자신의 의미와는 연결되지 않았습니다. 성과는 쌓였지만, 통제감과 자존감은 조금씩 닳아가고 있었습니다.

어느 날 문득, 그녀는 알았습니다.

열심히 일하면서도 점점 더 공허해지는 이유가, 일의 무게가 아니라 의미의 부재 때문이라는 것을.

그녀는 속으로 중얼거렸습니다.

"내가 지금, 뭘 하고 있는 걸까…."

잠시 창문을 열자 찬 바람이 불어왔습니다.

도시의 소음과 차가운 공기 속에서, 그녀는 자신이 점점 투명해지고 있음을 느꼈습니다.

성공의 껍질 속에, 진짜 자신은 사라지고 있었습니다.

며칠 뒤, 회색빛 하늘 아래 비가 내리던 늦은 퇴근길이었습니다. 회사 현관 앞에서 진수 대리가 서성이고 있었습니다.

우산이 없어 어쩔 줄 몰라 하는 모습이 눈에 들어왔습니다.

서진은 잠시 망설이다가 조용히 다가가 우산을 반쯤 내밀었습니다.

"정류장까지 같이 써요."

진수는 놀란 듯 고개를 들더니, 머뭇거리며 말했습니다.

"괜찮습니다, 선배. 금방 그칠 거예요."

서진은 미소를 지으며 고개를 저었습니다.

"감기 걸리면 일주일은 힘들어요. 얼른 와요."

둘은 좁은 우산 아래 나란히 걸었습니다. 빗방울이 우산 끝을 타고 흘러내렸고, 잠시 어색한 침묵이 흘렀습니다.

한참을 걷던 진수가 낮은 목소리로 말했습니다.

"선배… 요즘 따라 일이 참 힘들게 느껴집니다. 뭘 위해 하는 건지도 모르겠고, 그저 시간을 메우고 있는 것 같습니다.

예전엔 작게라도 성취감이 있었는데, 요즘은 그조차 잘 느껴지지 않습니다."

그는 잠시 멈칫하더니, 조심스레 덧붙였습니다.

"선배는 안 그러시죠? 항상 열심히 하시니까요."

그 짧은 말이 서진의 마음 한편을 툭 건드렸습니다.

겉으로는 미소를 지었지만, 진수 대리 앞에서는 그 마음을 드러내지 못했습니다.

'나도 그래… 나도 왜 이 일을 하고 있는지 모르겠어.'

그 순간, 서진은 자신이 오랫동안 내면의 목소리를 외면해 왔다는 사실을 비로소 깨달았습니다.

멈추면 무너질까 봐, 인정받지 못할까 봐, 그래서 계속 달려왔다는 사실을. 그리고 바로 그 두려움이, 오랫동안 그녀를 태워온 불꽃이자, 결국 자신을 소진시킨 불씨였다는 것을.

다음 날 저녁, 서진은 퇴근길에 작은 공원 벤치에 앉았습니다.

맞은편에는 청년들이 노트북을 펼쳐 놓고 프로젝트 발표를 연습하고 있었습니다.

비에 젖은 나무 냄새와 웃음소리가 어우러져 공기를 따뜻하게 채웠습니다.

그녀는 그들을 바라보며 속으로 중얼거렸습니다.

"나도 저랬는데… 언제부턴가, 일의 이유보다 결과가 먼저였구나."

바람이 불어 머리카락이 흩날렸고 그 바람 속에서 그녀는 다짐했습니다.

'이제는 달라져야겠다. 의미를 잃은 성공은 더 이상 내 길이 아니다.'

다음 날, 팀 회의가 열렸습니다.

늘 그렇듯, 그래프와 보고서가 스크린을 가득 채웠지만, 서진은 슬라이드를 넘기던 손을 멈추었습니다.

"오늘은 조금 다른 얘기를 해봅시다."

팀원들의 눈이 일제히 그녀에게로 향했습니다.

"우리가 하는 일이 때로는 지루하게 느껴지죠. 그냥 숫자를 맞추는 것 같고요. 하지만 우리가 만든 일의 결과가 누군가의 하루를 바꿀 수도 있습니다. 그래서 오늘은 성과 대신 여러분의 마음을 듣고 싶습니다. 요즘 어떤 생각을 하고 있는지, 또 이 일에서 어떤 의미를 찾고 싶은지요."

회의실은 조용했습니다. 누군가는 펜을 굴렸고, 누군가는 눈을 피했습니다. 그 침묵은 길었지만, 어쩐지 진심에 닿아 있었습니다. 그때, 진수가 용기를 내어 입을 열었습니다.

"저는… 요즘 제가 하는 일에서 의미를 찾기가 어렵습니다. 사실 이런 얘기 해보고 싶었는데, 선배들 앞에서는 망설여졌어요."

그 말을 시작으로 하나둘 마음속 이야기가 터져 나왔습니다.

"일이 잘 끝나도 기쁨이 오래가지 않습니다."

"예전에 고객이 직접 고맙다고 했을 때는 며칠 동안 힘이 났는데, 요즘은 그런 말을 들어도 가슴에 와닿지 않아요."

서진은 조용히 그 말을 들었습니다.

그녀는 깨달았습니다.

'나만 외로웠던 게 아니구나. 다들 같은 곳에서 길을 잃고 있었구나.'

그녀는 처음으로, 자신이 혼자가 아님을 느꼈습니다. 그 따뜻한 감정은 오래가지 않았지만, 마음 어딘가에 잔잔한 흔적을 남겼습니다.

며칠 뒤 진수는 서진에게 찾아왔습니다.

"선배, 오늘 마지막 인사드리려고요. 퇴사하게 됐습니다."

"그래요…?"

서진은 잠시 말을 잇지 못했습니다.

진수는 웃으며 말했습니다.

“선배 덕분에 많이 배웠어요. 저도 제 방향을 다시 찾아보려고요. 지금은 두렵지만, 그래도 설렙니다.”

그녀는 그의 손을 꼭 잡았습니다.

“진수 씨, 그 용기 잃지 말아요. 나도 다시 배우고 있는 중이에요. 그리고 성공을 빌어요.”

진수가 떠난 뒤, 서진의 눈가가 시큰해졌습니다.

비어 있는 책상은 이상하게 넓어 보였고, 그 자리에 남겨진 머그잔 하나가 한동안 시야에서 떠나지 않았습니다.

그로부터 얼마 후, 회사의 갑작스러운 구조조정으로 일부 팀원이 다른 부서로 이동하고 몇 명은 회사를 떠나면서 사무실 자리가 하나둘 비어 갔습니다.

서진은 그 소식을 듣고 한동안 말을 잃었습니다.

그동안 쌓아온 노력과 성취가 한순간에 무너지는 듯했지만, 이번엔 이상하게도 두려움보다 고요함이 찾아왔습니다.

‘이 변화가 끝이 아니라, 새로운 시작일지도 몰라.’ 그녀는 그렇게 자신에게 속삭였습니다.

며칠 뒤, 서진은 하루 연차를 내고 카페에 앉아 오랜만에 느긋한 시간을 보냈습니다.

창밖을 보며 생각했습니다.

‘그동안 난 늘 달려야만 존재한다고 믿었구나.

하지만 잠시 멈춰도 괜찮을지 몰라.’

그 순간, 마음속 깊은 곳에서 묘한 평안이 스며들었습니다.

그날 밤, 그녀는 오래된 회사 간판을 올려다보았습니다.

꺼진 글자 사이로 희미한 불빛 하나가 남아 있었습니다.

"이제, 네가 진짜로 원하는 길로 가야 한다."

그 빛이 그렇게 말하는 듯했습니다.

그녀는 퇴근 후 운동을 시작했고, 주말마다 짧은 일기를 썼습니다.

'오늘은 완벽하지 않았지만, 충분히 괜찮았다.'

그 문장을 쓰며 잃어버린 자신을 조금씩 되찾았습니다.

시간이 흘러, 남은 팀은 작게 재편되었습니다. 서진은 전보다 더 많은 일을 맡았지만 하루가 덜 무겁게 느껴졌습니다. 성과보다 사람과의 관계에 마음을 두기 시작했기 때문입니다.

프로젝트가 마무리되던 날, 그녀는 회의실 창가에 서서 석양을 바라보았습니다. 노을이 서류 위로 번지며 황금빛으로 물들었습니다. 그녀는 노트에 이렇게 적었습니다.

"길을 잃는 것은 멈춤이 아니라, 다시 묻는 과정이다."

서진은 여전히 같은 회사를 다니고 있습니다.

회의는 여전하고 일은 여전히 많지만, 하루에는 '자신을 돌보는 시간'과 '의미를 찾는 여유'가 생겼습니다.

그녀의 마음속 나침반은 천천히, 그러나 확실하게 새로운 방향을 가리키고 있습니다. 그 길은 더 이상 완벽을 향한 직선이 아니라, 사람과 마음이 함께 걷는 곡선입니다.

서진은 미소 지으며 속삭였습니다.

'성공은 목적지가 아니라, 우리가 함께 만들어가는 여정이다.'

비가 그치고 하늘이 조금씩 맑아지며, 그녀의 발걸음도 한결 가벼워졌습니다.

오늘도, 내면의 나침반이 그녀를 이끌고 있습니다.』

우리는 모두 한 번쯤, 인생이라는 길 위에서 멈춰 서 본 적이 있습니다. 열심히 달려왔는데도, 어느 순간 자신이 어디쯤 와 있는지, 또 어디로 가야 하는지 알 수 없는 막막함이 몰려올 때가 있습니다. 이정표 하나 없는 황량한 길 위에 홀로 선 기분, 익숙했던 일상이 낯설게 느껴지고, 무엇을 위해 달려왔는지조차 희미해지는 순간들입니다. 때로는 실패나 실수 때문만이 아니라, 너무 오래 버티며 달려온 탓에 마음이 서서히 닳아버렸기 때문이기도 합니다.

그런 번아웃 순간은 대개 갑작스럽게 찾아옵니다. 계획이 어그러지거나, 뜻하지 않은 실패를 겪거나, 모든 것이 평온하게 돌아가는데도 마음이 텅 빈 것처럼 느껴질 때. 삶은 예고 없이 우리를 혼란 속으로 밀어 넣고, 우리는 당황한 채로 주위를 둘러보게 됩니다.

하지만 중요한 것은 그 자리에 머무르는 것이 아니라, 다시 자신을 향해 방향을 돌릴 용기입니다. 그 방향을 알려주는 것은 세상의 잣대나 타인의 기대가 아니라, 우리가 처음 그 길을 선택할 때 가슴 깊은 곳에서 일었던 진짜 동기, 조용히 우리를 움직이게 하던 내면의 감각입니다.

한 친구는 이렇게 말했습니다.

“나는 길을 잃은 줄 알았는데, 사실 내 길이 어디인지 처음으로 진짜 생각해 본 순간이었어.”

길을 잃었다는 감각은 단지 방향을 상실했다는 뜻이 아닙니다. 그것은 우리가 걸어온 길을 되돌아보게 하고, 앞으로 걸어갈 길을 묻는 질문이기도 합니다. 불편하고 두렵지만, 그 질문을 피하지 않고 마주하기 시작할 때, 우리는 비로소 자기만의 길을 발견하게 됩니다.

"나는 왜 이 일을 시작했는가?"

"내가 진짜로 원하는 삶은 무엇인가?"

즉시 답을 찾지 못해도 괜찮습니다.

질문을 반복하며 삶을 들여다보는 그 과정 속에서 우리는 조금씩 방향을 되찾게 되고, 실수와 실패 또한 우리를 멈추게 하는 벽이 아니라 다시 나아가게 만드는 출발점이 됩니다.

영국 속담에 이런 말이 있습니다.

"실수하지 않는 사람은 아무것도 만들지 않는다."(He who never makes a mistake, never makes anything.)

번아웃 역시 마찬가지입니다. 지쳤다는 사실을 인정하는 순간, 우리는 이미 다시 시작할 힘을 준비하고 있는 것입니다.

삶은 늘 새로운 길을 제시하지만, 그 길은 누군가 대신 정해줄 수 없고, 쉽게 눈에 보이지도 않지만 분명 존재합니다. 중요한 것은 우리 안의 나침반이 여전히 작동하고 있다는 믿음입니다.

어쩌면 지금의 멈춤은 무너짐이 아니라, 다시 시작하기 위해 마음을 정돈하는 시간인지도 모릅니다.

잠시 멈춰 숨을 고르는 이 시간이, 당신이 다시 자신의 길을 향해 한 걸음 내딛도록 도와줄 것입니다.

당신의 이름

- 정영목 -

그대 내 가슴속 깊이 새겨진 이름,
부르기만 해도 눈물로 번지는 그리움이네.

매 순간 그대 내 곁에 있을 것만 같아
빈 허공을 향해 손을 뻗어도,
잡히는 건 오직 한 줌의 쓸쓸함뿐.

내 사랑은 끝없는 기다림이 되어
희미한 별빛 아래 그대를 찾고,
차가운 바람 속에 그대의 온기 그린다네.

한 번의 입맞춤, 한 번의 손길조차
이젠 추억의 그림자가 되어
내 마음을 조용히 울리네.

그대 향한 내 마음은
언제나 그대로 타오르지만,
그 불꽃은 차마 그대에게 닿지 못하고
스스로를 태우는 슬픔이 되었네.

그대여, 이 아련한 사랑 속에서
우리가 다시 하나 될 날을 기다리리.

"작은 일도 무시하지 않고 최선을 다해야 한다.
작은 일에도 최선을 다하면 정성스럽게 된다.
정성스럽게 되면 겉에 배어 나오고,
겉에 배어 나오면 겉으로 드러나고,
겉으로 드러나면 이내 밝혀지고,
밝혀지면 남을 감동시키고,
남을 감동시키면 이내 변하게 되고,
변하면 생육된다."

- 중용 23장(공자(孔子)의 사상을 계승한 유학(儒學) 경전)

3.

중독이라는 껍질에서 자유로

오늘날 우리가 살아가는 사회는 첨단 기술의 발전과 소비문화의 팽창으로 인해 풍요로워졌지만, 그 이면에는 우리가 쉽게 간과할 수 없는 문제들이 자리하고 있습니다. 우리가 핸드폰, 게임, 쇼핑, 술과 같은 중독에 대해 깊이 걱정하는 이유는 단순히 그것들이 우리의 시간과 에너지를 빼앗기 때문만이 아니라, 그것들이 우리의 내면 성장을 방해한다는 점에 있습니다.

과거에는 불완전한 교리나 잘못된 사상 등이 사회적 문제의 중심에 있었다면, 이제는 중독된 습관들이 우리의 정신적, 영적 성장을 가로막고 있는 시대가 되었습니다. 특히 중독은 우리를 외부 자극에 몰두하게 하여 자신의 내면을 돌아볼 여유와 기회를 빼앗아갑니다.

텔레비전에서 방영된 한 프로그램이 제게 깊은 인상을 남겼습니다. 이 프로그램은 핀란드의 외딴 지역, 인터넷이 전혀 연결되지 않는 환경에서 며칠간 생활하는 참가자들의 모습을 담고 있었습니다. 대부분 연기자로 구성된 참가자들은 동료들과의 관계에서 평소 촬영

중간 쉬는 시간마다 핸드폰을 보느라 서로를 깊이 알 기회가 없었다고 고백했습니다. 그러나 핸드폰을 사용할 수 없는 환경에 놓이자, 참가자들은 자연스럽게 자신의 내면을 솔직하게 이야기하는 시간이 늘어났으며 이로 인해 서로를 더 깊이 이해할 수 있는 시간이라 말했습니다.

이 상황을 보며 우리가 얼마나 많은 시간을 스마트폰과 같은 기기에 할애하고 있는지를 다시 한번 알 수 있었습니다. 스마트폰은 분명 현대인의 삶에 편리함을 가져다주었지만, 동시에 우리를 외부 세계에만 집중하게 만들고, 자신의 내면과 소통하는 시간을 빼앗고 있었습니다. 그 결과, 우리는 삶의 깊이를 잃고, 그저 표면적인 자극에 빠져들게 됩니다. 이 깨달음은 우리가 얼마나 일상에서 중독적인 요소에 의존하고 있는지, 그리고 그것들이 우리의 정신적, 감정적 성장을 방해한다는 사실을 일깨워 줍니다.

이런 깨달음을 통해 우리는 스마트폰과 같은 중독적인 습관에서 벗어나야 한다고 확신하게 되었습니다. 그리고 그 방법으로 독서, 여행, 예술 활동 및 감상, 명상, 기도와 같은 내면의 성장을 돕는 활동을 제안합니다. 독서는 우리에게 새로운 시각과 지혜를 제공하고, 여행은 우리를 익숙함에서 벗어나 세상을 더 넓게 보게 만듭니다. 예술은 감정을 치유하고 영혼을 풍요롭게 하며, 명상과 기도는 스스로와 대화하며 진정한 자신을 발견할 수 있는 시간을 제공합니다. 이런 활동들은 여가가 아니라, 우리 삶을 더욱 풍요롭고 의미 있게 만드는 중요한 시간입니다.

핸드폰이나 다른 중독적인 요소들은 일시적인 즐거움을 줄지 몰라도, 결국 우리 삶의 깊이를 빼앗아갈 수 있습니다. 우리는 우리의 시간을 어디에 투자할 것인지 선택해야 합니다. 우리의 내면은 우리가 어떤 선택을 하는가에 따라 성장할 수도, 정체될 수도 있습니다. 결국, 내면의 성장을 위해서는 외부 자극을 잠시 내려놓고, 진정으로 자신을 돌보는 시간을 가져야 합니다.

그러므로 이제는 중독적인 습관에서 벗어나 내면의 성장을 위한 시간을 가져야 할 때입니다. 우리 모두가 자신의 내면을 돌아보며 성장하는 삶을 살아가길 바랍니다. 기술과 소비의 시대를 살아가는 현대인들에게 이 메시지가 작은 울림이 되기를 소망하며, 이 이야기를 나누고자 합니다. 우리의 삶에서 진정한 자유와 성장의 길을 찾아가길 기원합니다.

노예

『지하철에서 쏟아지는 인파 속에서 재민은 주머니 속 휴대폰을 자꾸만 만지작거렸습니다. 오늘도 어김없이 독촉 전화가 올 것이 분명했습니다. 재민의 삶은 마치 빚의 굴레 속에서 벗어나지 못하는 현대판 노예와 같았습니다. 그의 채무는 대학 시절 학자금 대출에서 시작되었습니다. 직장 생활을 하며 카드 빚과 과도한 소비 습관에 발목이 잡혔고, 최악의 선택은 사채에 손을 댄 것이었습니다.

은행에서 대출을 거절당한 날, 재민은 어두운 골목 끝 허름한 사무실을 찾았습니다.

"우리 사장님, 이자만 제때 내면 문제없어."

그 말만 믿고 서류에 서명한 것이 재민의 첫 번째 가장 큰 실수였습니다. 처음엔 숨통이 트이는 듯했지만, 시간이 지날수록 이자는 눈덩이처럼 불어나며 재민의 삶을 옥죄어 왔습니다. 감당할 수 없는 빚더미 속에서 그의 자존심은 바닥까지 떨어졌고, 어느 순간 자신이 더 이상 선택권조차 없는 사람처럼 느껴졌습니다.

하루를 시작할 때마다, 그는 자신이 삶을 사는 사람이 아니라 단지 빚을 갚기 위해 돈을 벌어야 하는 기계 같다고 느꼈습니다. 직장은 월급을 지급하는 곳이 아니라 빚쟁이들에게 잠시 숨을 고르게 해주는 중간 기착지처럼 느껴졌습니다. 그의 월급통장은 항상 마이너스였고, 월급날이 오면 사채업자가 먼저 돈을 가져갔습니다.

"이번 달은 조금 더 넣어야겠네. 부족하면 안 좋은 일이 생길 수 있잖아?"라는 메시지가 도착할 때마다 재민은 주먹을 꽉 쥐었습니다.

회사에서도 독촉 전화는 끊이지 않았습니다. 점심시간마다 동료들의 수군거림과 시선이 그를 괴롭혔습니다.

"재민 씨, 무슨 일이에요? 요즘 계속 전화가 오던데."

재민은 아무 대답도 하지 못한 채 고개를 숙였습니다.

쌓여가는 압박감은 결국 그를 술집으로 이끌었고, 퇴근길마다 술잔에 의지해야 하루를 겨우 버틸 수 있었습니다.

그러던 어느 날, 늘 가던 작은 선술집 앞에서 뜻밖에 익숙한 얼굴을 마주쳤습니다. 예전에 잠깐 같은 부서에서 일했던 적 있는 선배였습니다. 오래전 회사를 그만두고 소식이 끊겼던 터라 더 낯설게 느껴졌습니다.

"재민이? 여기서 다 보네."

선배는 반가움 반, 걱정 반의 표정으로 그를 바라봤습니다. 망설이던 재민은 결국 속내를 털어놓고 말았습니다. 빚에 쫓기는 현실, 직장에서 느끼는 수치심, 그리고 끝이 보이지 않는 막막함까지.

선배는 잠시 말없이 그의 얘기를 들었습니다. 술잔을 내려놓은 뒤 조용히 입을 열었습니다.

"나도 비슷한 시기를 겪은 적 있어. 그때 빚 때문에 밤잠도 제대로 못 자고, 하루하루가 허덕임의 연속이라는 걸 뼈저리게 느꼈지. 그 과정에서 느끼게 되었지. 결국 돈보다 중요한 건 사람이더라. 빚은 갚을 방법이 있지만, 무너진 마음은 다시 세우기 어렵거든. 자네도 계속 술에만 의존하려 하지 말고, 방법을 찾아봐. 사슬을 끊는 길은 꼭 있더라고."

그 말이 재민의 가슴 깊숙이 박혔습니다. 집으로 돌아온 그는 자신의 상황을 냉정히 분석하며 처음으로 구체적인 계획을 세웠습니다. 그는 카드 사용을 끊고, 소비를 줄이며 추가 수입을 위해 부업을 시작하기로 결심했습니다.

첫 달은 지옥 같았습니다. 친구들과의 약속은 모조리 취소했고, 늦은 밤까지 이어지는 아르바이트는 몸과 마음을 지치게 했습니다. 피곤에 절은 얼굴로 출근하면 동료들의 눈길이 따가웠지만, 재민은 묵묵히 버텼습니다.

"너 그렇게까지 해야겠냐?"

친구들의 비웃음 섞인 말이 귓가에 맴돌았지만, 그는 그저 웃어넘겼습니다. 마음속에는 술집 앞에서 만났던 선배의 말이 여전히 남아 있었습니다. '결국 자유를 찾아야 한다. 돈이 나를 묶고 있다면, 그 사슬을 끊을 방법을 찾아라.' 그 한마디가 재민을 버티게 했습니다.

시간은 더디게 흘렀습니다. 그러나 조금씩 빚의 무게가 줄어드는 것을 체감할 수 있었습니다. 월급에서 사채업자에게 빠져나가는 금액이 줄어들자, 재민의 어깨도 서서히 가벼워졌습니다. 어느 날, 사채업자의 전화가 걸려왔습니다.

"요즘 성실하네. 하지만 아직 멀었어."

그 목소리는 여전히 위협적이었지만, 이번에는 달랐습니다. 재민은 더 이상 주눅 들지 않았습니다.

"앞으로는 이자만 낼 겁니다. 무리한 요구를 계속하신다면 법적 조치를 취하겠습니다."

잠시 정적이 흘렀고, 그 순간 재민은 자신이 두려움의 고리를 끊고 있다는 것을 느꼈습니다.

2년 뒤, 마침내 마지막 잔금을 치르던 날. 회사 옥상에서 올려다본 하늘은 유난히도 맑았습니다. 그는 두 손으로 얼굴을 감싸 쥐며 끝내 눈물을 흘렸습니다. 더 이상 독촉 전화도, 매달 통장을 열어보며 느끼던 절망도 없었습니다.

"돈은 사람을 묶는 사슬이지만, 그 사슬을 끊는 열쇠도 결국 사람이 쥐고 있다."

재민은 스스로 그 열쇠를 쥐었다는 사실을 처음으로 실감했습니다. 그리고 그 순간, 진짜로 새로운 인생이 시작되고 있었습니다.』

과거의 노예제도는 신분과 전쟁 같은 외부적 요인에 의해 결정되었지만, 오늘날에도 '노예'처럼 살아가는 사람들이 존재합니다. 과도한 빚은 개인의 경제적 자유를 빼앗고, 삶의 대부분을 채무를 갚는 데 할애하게 만듭니다. 이는 단지 개인의 문제가 아니라, 우리 사회의 구조적 문제와도 연결되어 있습니다.

성경에서는 사람이 노예가 되는 네 가지 경로를 제시하고 있습니다. 이를 현대적 시각으로 재조명해 보고, 그에 따른 개인적 해결책과 생활 습관의 변화도 함께 고민해 볼 필요가 있습니다.

첫째, 전쟁에서 패배하여 노예가 되는 경우입니다. 전쟁에서 패배한 민족이 종으로 전락하는 사례를 보여줍니다.

둘째, 노예의 자식으로 태어난 경우입니다. 노예의 자녀가 부모의 신분을 이어받는 상황입니다.

셋째, 빚을 갚지 못해 노예가 되는 경우입니다. 빚을 갚지 못한 사람이 노예로 팔리는 상황을 다룹니다. 이는 현대의 과도한 채무 문제와도 비슷합니다.

넷째, 스스로 팔려 노예가 되는 경우입니다. 가난한 사람이 생존을 위해 자신을 팔아 종이 되는 상황을 이야기합니다.

한국 전쟁 이후 부모님 세대는 절박한 경제 상황 속에서 돈의 가치를 깊이 이해하며 살아왔습니다. 그들은 부족한 자원 속에서도 근검절약과 성실함을 생활 철학으로 삼았습니다. 반면, 풍요로운 환경에서 성장한 현대 세대는 이러한 경제적 가치관을 충분히 배우지 못한 경우가 많습니다. 현대인은 신용카드, 대출, 할부 등을 통해 눈앞의 욕망을 쉽게 충족시키지만, 그로 인해 빚의 굴레에 빠지는 경우가 빈번합니다. 이는 단순히 개인의 선택 문제가 아니라, 과소비를 조장하는 사회적 구조와도 밀접하게 관련되어 있습니다.

현대 사회에서 많은 사람들이 마치 보이지 않는 사슬에 묶인 듯한 삶을 살아갑니다. 그중에서도 특히 사채와 연대보증은 경제적 자유를 앗아가는 대표적인 길입니다. 높은 이자율과 엄격한 상환 조건 때문에 사채를 이용하면 빚은 점점 눈덩이처럼 불어나고, 연대보증은 타인의 채무를 대신 떠안는 구조로, 한 번 얽히면 빠져나오기 어렵습니다. 이런 상황은 결국 채무자를 사실상 노예 상태로 몰아넣습니다.

그렇다면 과도한 빚으로부터 자유로워지기 위해 우리는 무엇을 할 수 있을까요?

✓ 재정 교육: 어릴 때부터 돈의 가치와 올바른 사용법을 배우는 것이 중요합니다. 부모 세대의 근검절약 정신을 단순히 모방하는 것이 아니라, 현대 생활에 맞게 재해석해 실천할 수 있는 교육이 필요합니다.

✓ 빚 관리 습관: 빚이 생겼다면 체계적으로 관리해야 합니다. 예산을 세우고 불필요한 소비를 줄이며, 빚 상환의 우선순위를 정하는 습관이 삶의 부담을 크게 줄입니다. 작은 계획이라도 꾸준히 실천하는 것이 중요합니다.

✓ 사채와 연대보증 경계: 경제적 어려움에 처했을 때, 사채나 연대보증을 쉽게 생각해서는 안 됩니다. 합법적이고 신뢰할 수 있는 금융기관을 통해 도움을 받는 것이 안전하며, 장기적으로 삶을 지키는 길입니다.

✓ 생활 습관의 변화: 경제적 자유를 지키기 위해서는 소비와 삶의 방식을 점검해야 합니다.

(1) 소비는 욕망이 아닌 필요에 따라 이루어져야 합니다.

(2) 저축을 우선시하여 미래를 대비해야 합니다.

(3) 소박한 삶을 추구하세요. 물질적 풍요보다 내적 만족을 우선하

는 삶이야말로 진정한 자유를 가져다줍니다.

작은 습관과 선택의 변화가 쌓이면, 누구나 경제적 자유와 마음의 여유를 되찾을 수 있습니다.

“빚은 당신의 오늘을 삼키고, 내일을 훔친다.”

귓속의 속삭임

『옛날 옛적, 먼 대륙의 작은 왕국, 로도리아가 있었습니다. 로도리아의 왕, 알레시우스 3세는 정의롭고 현명한 군주로 칭송받았지만, 그의 곁에는 간신들과 충신이 뒤섞여 있었습니다. 그중에서도 가장 믿음직한 조언자는 충신 엘리온이었습니다. 그는 언제나 백성을 위하고 왕국의 안위를 걱정하며 직언을 서슴지 않았습니다.

그러나 왕국의 다른 신하들, 특히 간신 네르카스는 엘리온을 눈엣가시로 여겼습니다. 네르카스는 왕에게 가까이 다가가 끊임없이 속삭였습니다.

"폐하, 엘리온은 백성의 사랑을 등에 업고 폐하의 권위를 위협할 수도 있습니다. 그의 행동은 왕국에 해를 끼칠 뿐입니다."

"폐하, 그가 너무 많은 권력을 쥐고 있는 것이 불안하지 않으십니까?"

왕은 처음엔 네르카스의 말을 믿지 않았지만, 매일같이 비슷한 이야기를 듣다 보니 어느새 엘리온에게 의심이 생기기 시작했습니다. 결국, 왕은 엘리온을 불러 말했습니다.

"엘리온, 어쩔 수 없는 정치적인 상황으로 너를 귀향 보내겠다. 하지만 나를 믿어라. 머지않아 내가 너를 다시 부를 것이다."

엘리온은 담담히 고개를 숙였습니다.

"폐하, 이 길이 마지막이 될지도 모르겠습니다. 부디 백성을 위해 현명한 결정을 내려주시길 바랍니다."

엘리온이 떠난 후, 네르카스와 그의 추종자들은 왕의 관심과 신임을 독점했습니다. 왕이 무엇을 하든, 네르카스는 끊임없이 속삭였습니다.

"폐하, 엘리온의 부재로 조정이 더욱 평온해졌습니다. 그가 있었으면 혼란이 일어났을 겁니다."

"폐하, 유배지에서도 엘리온이 폐하의 권위를 비방하고 있다는 소문이 있습니다."

왕은 처음엔 의심했지만, 같은 이야기를 계속 들으니 점점 믿기 시작했습니다. 결국, 왕은 자신이 엘리온을 떠나보낸 것이 옳은 선택이었다고 확신하게 되었습니다.

한편, 엘리온은 척박한 유배지로 보내졌습니다. 그는 자신의 운명을 이미 예견했지만, 그럼에도 왕과 왕국을 위해 글을 쓰고 고민했습니다. 그는 밤마다 혼잣말처럼 중얼거렸습니다.

"사람은 듣고 싶은 말을 듣고, 보고 싶은 것만 보지. 하지만 진실은 대부분 그들의 반대편에 있다."

그는 왕이 간신들에 둘러싸여 고립된 모습을 상상하며 안타까운 마음에 눈을 감았습니다. 그리고 자신을 다시 부를 날은 오지 않을 것을 이미 알고 있었습니다.

2년 후, 네르카스는 왕에게 치명적인 제안을 했습니다.

"폐하, 엘리온이 유배지에서 반란을 꾀하고 있다는 보고가 들어왔습니다. 이대로 두면 왕국이 위험에 빠질 것입니다. 그를 영원히 제거하시지요."

왕은 순간적으로 망설였습니다. 그러나 그동안 네르카스가 끊임없이 속삭인 말들로 그의 판단은 흐려졌고, 결국 사약을 내리라고 명했습니다. 사자가 유배지에 도착했을 때, 엘리온은 이미 모든 것을 예감하고 있었습니다. 그는 마지막으로 사신에게 이렇게 말했습니다.

"내 죽음이 폐하의 마음을 깨우치게 하기를 바란다. 진실은 반복된 거짓 속에서 지워질 수 있으나, 영원히 사라지지 않는다."

사약을 마시고 눈을 감은 엘리온의 얼굴에는 어떤 후회도 두려움도 없었습니다. 그의 죽음은 왕국에 비극의 서막을 알리는 신호탄이었습니다.

엘리온이 세상을 떠난 후, 네르카스와 간신들은 점점 교묘하고 조직적으로 왕국의 실권을 장악해 나갔습니다. 네르카스는 오랜 세월 충성을 가장하며 알레시우스 왕의 신뢰를 얻는 동안, 왕 곁의 충신들을 차례차례 제거했습니다. 그는 간신들과 함께 은밀히 음모를 꾸며 왕실의 재정을 고갈시키고, 귀족들의 불만을 조장하며 혼란을 키웠습니다.

왕국의 혼란 속에서 네르카스는 알레시우스 왕이 믿고 의지할 수 있는 인물들을 고립시켰고, 결국 왕은 힘을 잃고 허수아비로 전락하고 말았습니다. 이를 틈타, 네르카스는 왕실의 서자 중 한 명을 앞세워 왕위에 오르게 하고, 백성들에게 새로운 왕이 혼란을 잠재울 구원자라고 선동했습니다.

결국 간신들의 음모와 권력 장악으로 알레시우스 왕은 폐위되고, 새로운 왕이 즉위했지만, 그는 네르카스와 간신들의 손에 조종당하는 꼭두각시에 불과했습니다.

로도리아 왕국은 빠르게 내리막길을 걷기 시작했습니다. 왕실의 권위는 실추되고, 백성들은 세금을 감당하지 못해 굶주리고 병들어 갔습니다. 곳곳에서 반란의 불씨가 일었지만, 모두 간신들의 잔혹한 진압에 의해 꺼져갔습니다.

폐위된 알레시우스 왕은 자신이 저지른 실수를 뒤늦게 깨닫고 깊은 후회의 나날을 보냈습니다. 그는 엘리온이 죽기 전 마지막으로 남긴 말을 떠올렸습니다.

"왕이여, 진정한 힘은 백성과 충성스러운 이들에게서 비롯됩니다. 그들을 잃는 순간, 왕국은 무너질 것입니다."

엘리온은 간신들의 본성을 경고하며 왕의 결단력을 요구했지만, 알레시우스 왕은 그 말을 가볍게 여긴 채 아무런 조치를 취하지 않았었습니다.

폐위된 이후 그는 엘리온의 경고를 가슴에 품고, 자신이 가진 권력을 지키기 위해 외면했던 진실들을 돌아보았습니다. 하지만 이제는 이미 모든 것이 너무 늦어버린 뒤였습니다. 그의 후회는 끝없는 어둠 속에서 메아리칠 뿐, 왕국의 몰락을 되돌릴 방법은 없었습니다.

로도리아의 이야기는 먼 후대에 전해지며 사람들에게 중요한 교훈을 남겼습니다.

진실은 때로 불편하고, 충언은 귀에 거슬리지만, 그것을 외면한 대가는 너무나도 크다는 것을.

그리고 권력은 외로움을 부르지만, 그 외로움 속에서 진실을 지키는 이가 곁에 있다면, 왕국은 무너지지 않는다는 것을.』

잘못된 정보로 여론을 장악하려는 시도는 지금도 계속되며, 그 과정에서 공동체를 위하려는 이들은 희생됩니다.

조선 시대 사육신과 정도전, 이순신 등은 충성과 능력에도 불구하고 권력자의 계략 앞에서 목숨을 잃거나 유배되었습니다. 역사 속 사례는 오늘날에도 여전히 유효합니다. 진실은 소수에게 머물고, 반복된 거짓은 다수의 인식으로 굳습니다.

그래서 우리는 끊임없이 분별해야 합니다.

"내가 듣는 말은 진실인가, 반복된 거짓인가?"

빈대의 역습

가을, 어느 아침 뉴스는 '빈대'라는 단어로 시작되었습니다.

"서울 한복판에서 빈대가 대량 번식 중!"이라는 자극적인 헤드라인이 온 나라를 뒤흔들었습니다. 카메라가 잡아낸 빈대 한 마리의 클로즈업 영상은 수억 배 확대되어 괴물처럼 보였고, 기자의 다급한 목소리는 사람들의 공포를 증폭시켰습니다.

"택배 박스를 열면 빈대가 튀어나올 수도 있습니다."

"빈대는 한밤중에 몰래 침대 속으로 파고듭니다."

"가장 위험한 것은… 해외에서 들어온 여행 가방!"

뉴스는 빈대가 마치 인류를 멸망시킬 바이러스인 것처럼 묘사했고, 사람들은 즉각 반응했습니다. SNS에는 #빈대주의, #빈대박멸 태그가 넘쳐났고, 뉴스에는 빈대 퇴치법 관련 영상이 우후죽순 올라왔습니다. 심지어 국회는 '빈대 박멸 특별법' 제정까지 논의하기 시작했습니다.

물론 빈대 피해가 전혀 없었던 것은 아니었습니다. 오래된 숙박업소나 낡은 건물에서 빈대 피해를 호소하는 사례가 일부 보도되었고, 몇몇 시민은 실제로 빈대 물림으로 병원을 찾기도 했습니다. 그러나 이 작은 문제가 나라 전체를 뒤흔들 정도로 과장될 줄은 아무도 예상하지 못했습니다. 마트에서는 빈대 퇴치제가 불티나게 팔렸습니다. 사람들은 택배 박스를 받아 내용물을 꺼낸 뒤 곧바로 버리는 일이 많았고, 엘리베이터 버튼을 누를 때조차 장갑을 끼는 사람이 늘어났습니다. '빈대가 집 안 어디서든 나타날 수 있다'는 불확실한 정보가 퍼지면서, 사람들은 조금만 신경 쓰이는 상황에도 과민 반응을 보였습니다.

현석은 평범한 회사원이었지만, 빈대 소동 속에서 그는 점점 편집증적인 행동을 보이기 시작했습니다. 매일 집 안 곳곳을 소독했고, 출근길에 누군가 옷을 스치기만 해도 집에 돌아와 옷을 빨았습니다. 그의 대부분의 대화는 빈대 이야기를 중심으로 이루어졌습니다.

"빈대는 진짜 위험해요. 한번 침대에 들어오면 절대 못 잡는다니까요!"

그의 친구들 역시 비슷했습니다. 회사의 점심시간 대화는 빈대 이야기로 가득 찼습니다. 누군가 빈대에 물려 다리에 자국이 남았다는 사진이 단체 채팅방에 올라오면, 곧바로 경악의 댓글들이 쏟아졌습니다.

한 달쯤 지나, 한 무명 유튜버가 충격적인 영상을 올렸습니다.

"여러분, 빈대 소동은 과장된 것입니다."

그는 영상에서 빈대 소동의 시작점을 추적하며, 첫 뉴스 보도 이후 정보가 과장되고 왜곡되었음을 증명했습니다. 특정 기업들이 빈대 퇴치제와 방역 기기로 막대한 돈을 벌고 있다는 사실도 폭로했습니다.

"빈대는 원래 한국에 흔한 해충이었습니다. 하지만 이번 소동은 여러분을 공포로 몰아넣어 이익을 취하려는 계산된 행동입니다."

사람들은 처음엔 반신반의했지만, 시간이 지나며 진실이 드러났습니다. 빈대의 번식률은 과장되었고, 국내 사례 대부분은 단순히 오래된 가구의 문제였습니다. 물론 일부 지역에서 실제 빈대 문제가 발생했지만, 이는 특정 장소와 환경에 국한된 사례에 불과했습니다. 소동이 끝난 후, 사람들은 자신들이 얼마나 쉽게 조작되고 선동당했는지 알게 되었습니다. 현석 역시 지난 한 달간의 행동을 돌아보며 자괴감에 빠졌습니다. 그는 친구들에게 말했습니다.

"우리가 왜 그렇게 쉽게 믿었을까? 빈대 얘기 말고도 중요한 일이 많았을 텐데…."

친구 중 한 명이 쓴웃음을 지으며 대답했습니다.

"그게 바로 문제야. 우리 스스로 깊이 생각하지 않으니까."

현석은 그날 밤, 자신의 방에 걸린 TV를 껐습니다. 그동안 틀어놓기만 했던 뉴스 채널 대신, 그는 오래 묵혀둔 책 한 권을 꺼냈습니다. '비판적 사고란 무엇인가?'

몇 달 후, 새로운 뉴스가 전국을 강타했습니다.

"외계인이 지구를 침공했다는 증거, 화성에서 발견!"

이번에는 현석이 먼저 웃었습니다.

"빈대 이후로 내가 또 속을 것 같아?"

그러나 여전히 SNS와 뉴스에서는 외계인 이야기가 도배되었고, 사람들은 다시 열광적으로 반응했습니다.

'생각하지 않는 대중은 빈대보다도 쉽게 길들여진다.'

현석은 그 말이 문득 떠올랐습니다. 그는 고개를 흔들며 속삭였습니다.

"진짜 문제는 빈대가 아니라, 우리가 스스로 생각하는 힘이 빈대보다도 작아지는 거야."

고독을 두려워하는 이들

『어느 도시 외곽에 자리한 작은 카페, '고독을 즐기는 카페'는 늘 한산하고 평화로운 분위기였습니다. 이 카페를 운영하는 주인 은수는 고독을 사랑하는 사람이었습니다. 하지만 카페를 찾는 손님들 중에는 고독을 두려워하는 이들이 많았습니다. 그들의 마음속에는 고독이라는 단어가 항상 외롭고 두려운 존재처럼 자리 잡고 있었습니다.

어느 날, 카페에 낯선 손님이 찾아왔습니다. 검은 코트를 입고 깊은 생각에 잠긴 듯한 표정을 한 중년 남자였습니다. 그는 구석진 창가 자리에 앉아 커피를 주문했습니다. 은수는 그의 옆에 커피를 놓으며 말을 건넸습니다.

"고독한 시간을 즐기러 오신 건가요?"

남자는 고개를 들어 은수를 바라보며 잠시 망설이더니 대답했습니다.

"사실, 전 고독을 두려워하는 사람입니다. 혼자 있으면 마치 세상에 홀로 남겨진 것 같은 기분이 들어요."

은수는 미소를 지으며 창밖을 가리켰습니다.

"저기 보이는 나무를 보세요. 그 나무는 홀로 서 있지만, 그 자체로 완벽한 존재예요. 누군가와 함께 있지 않아도 스스로의 아름다움을 지니고 있죠. 고독도 그런 것이 아닐까요?"

남자는 은수의 말을 듣고 한동안 창밖의 나무를 바라보았습니다.

그러다 그는 계속 말을 이어갔습니다.

"하지만 나무는 움직일 필요가 없잖아요. 저는 계속 뭔가를 해야 한다는 압박감 속에서 살아요. 혼자 있으면 외롭기만 하고, 나약하게 느껴질 때가 많아요."

그의 말에 은수는 잠시 생각하더니 조심스레 자신의 이야기를 꺼냈습니다.

"저도 한때는 고독이 정말 두려웠어요. 대학 시절, 친구들과 함께 있지 못했던 방학 동안 혼자 기숙사 방에 남게 된 적이 있었거든요. 아무도 없고, 하루 종일 창밖만 바라보던 그때 저는 나 자신이 너무 초라하게 느껴졌죠. 누군가에게 의지하지 않으면 버틸 수 없을 것만 같았어요."

은수는 잠시 숨을 고르더니, 말을 이어갔습니다.

"하지만 그 시간이 지나고 나서, 혼자 있는 시간에 내가 정말 원하는 게 무엇인지 조금씩 깨닫게 되었어요. 책을 읽고, 글을 쓰고, 작은 계획들을 실천하며 스스로를 돌아볼 수 있었죠. 그때부터 고독은 더 이상 저를 괴롭히는 것이 아니라, 나를 성장시키고 길러주는 친구처럼 느껴졌어요."

그날 이후, 그 남자는 종종 카페를 찾아왔습니다. 그는 여전히 고독을 두려워했지만, 은수와의 대화를 통해 조금씩 자신의 내면을 들여다보기 시작했습니다. 그는 한번은 이렇게 말했습니다.

"은수 씨 말이 맞아요. 혼자 있는 시간이 꼭 나쁜 것만은 아니더군요. 고독 속에서 제가 진짜로 원하는 게 무엇인지 조금씩 보이기 시작했어요."

또 다른 날, 카페를 찾은 젊은 여성이 있었습니다. 밝은 미소를 띠고 있었지만, 은수는 그녀의 눈빛에서 묘한 불안을 읽을 수 있었습니다. 카페에 어떤 손님들이 주로 오는지, 주로 어떤 차가 인기 있는지 등 사소한 것부터 은수에게 물었습니다. 자연스럽게 시작한 대화는 일상 이야기를 넘어, 그녀 마음속 깊은 이야기로 이어졌습니다.

"요즘 집에서 혼자 있는 시간이 많아요. 그래서인지 차 한 잔이라도 마시면서 밖에 나오면 마음이 조금 놓이거든요."

잠시 말을 멈춘 그녀를 은수는 바라보며 고개를 끄덕였습니다.

"친구들과 함께 있으면 즐겁긴 한데… 집에 혼자 있으면 이상하게 불안해지거든요. 그래서 저는 늘 누군가를 만나려고 애써요."

은수는 그녀에게 따뜻한 허브차를 건네며 말했습니다.

"혼자 있는 걸 두려워하는 건 자연스러운 일이에요. 하지만 혼자 있는 시간을 채울 방법을 찾으면, 고독은 더 이상 두려운 존재가 아니게 돼요."

그녀는 의아한 표정으로 물었습니다.

"어떻게요?"

은수는 미소 지으며 대답했습니다.

"좋아하는 것을 해보세요. 그림을 그리거나, 글을 쓰거나, 아니면 그냥 산책을 하며 자연을 느껴보는 것도 좋아요. 중요한 건 혼자 있는 시간을 자신을 위한 시간으로 바꾸는 거예요."

그녀는 은수의 조언을 받아들여 주말마다 혼자만의 산책을 시작했습니다. 처음에는 불편했지만, 점점 그 시간 속에서 자신이 무엇을 좋아하고 원하는지를 발견해 나갔습니다. 시간이 지나 그녀는 은수에게 말했습니다.

"혼자 있는 게 이렇게 의미 있을 줄 몰랐어요. 이제는 고독이 저를 불안하게 하지 않아요. 오히려 그 시간을 통해 스스로를 돌아보고 성장할 수 있다는 걸 느껴요."

은수는 그녀를 보며 흐뭇한 미소를 지었습니다.

"고독은 두려움의 대상이 아니라, 우리를 더 깊이 이해하게 해주는 도구일 뿐이에요. 그것을 깨닫게 되어서 정말 기뻐요."

그 후로도 '고독을 즐기는 카페'에는 다양한 사람들이 찾아왔습니다. 누군가는 이별의 아픔을 안고, 누군가는 삶의 방향을 잃은 채, 또 누군가는 단지 조용한 시간을 원해서. 그들은 모두 고독을 마주하러 왔고, 은수는 그들에게 다가가 말했습니다.

"고독은 당신을 무너뜨리기 위해 있는 게 아니에요. 오히려 당신을 다시 세우기 위해 존재하는 거예요."

이 작은 카페에서는 고독을 두려워하던 이들이 점차 그 두려움을 극복하며 자신을 찾아가는 이야기가 이어졌습니다. 은수는 그들을 보며 고독이 얼마나 아름다운 변화를 이끌어낼 수 있는지 다시금 알게 되었습니다.

그리고 그녀는 매일 아침, 카페 문을 열며 속삭였습니다.

"오늘도 누군가가 고독을 통해 자신을 만나게 되기를."』

어떤 사람들은 혼자 있는 것에 익숙하지 않습니다. 혼자만의 시간이 주어지면 외로움과 불안에 빠져 '내가 혹시 외톨이가 아닐까' 생각하기도 합니다. 그래서 꼭 필요하지 않아도 누군가와 연락하거나, 집에서도 SNS나 미디어로 시간을 채워버리곤 합니다.

하지만 혼자 있는 시간도 중요합니다. 고요 속에서 자신을 돌아보는 시간은 고독이 아니라, 내면의 문을 여는 열쇠입니다. 삶의 방향을 점검하고, 진짜 내 목소리에 귀 기울일 기회가 됩니다. 혼자일 때 세상의 소음에서 벗어나 사색하거나 책을 읽고 묵상하며 중심을 되찾을 수 있습니다. 혼자 있음은 고립이 아니라 회복의 시작입니다.

삶의 방향이 흐릿하거나 스스로를 잃었다고 느낄 때, 혼자 있는 시간을 통해 중심을 잡아보세요. 스마트폰을 끄고 스스로에게 물어보세요.

"지금 나는 어떤 생각을 하고 있지?"

이 짧은 질문이 하루, 나아가 삶 전체를 바꾸는 작은 출발점이 될 수 있습니다. 혼자 있음은 두려움이 아니라 내면의 힘을 발견하는 기회입니다.

오늘부터 그 시간을 선물해 보세요. 당신 자신에게.

★ 혼자 있는 시간을 풍요롭게 만드는 방법

(1) 기도와 묵상 - 하루 잠시 멈춰 감사와 삶을 돌아보기

(2) 독서 - 내면을 확장시키는 조용한 방법

(3) 명상과 사색 - 감정과 생각의 흐름을 관찰하며 마음 정돈

(4) 예술 활동 - 글쓰기, 그림, 음악 등으로 자신 표현

(5) 자연과의 연결 - 산책이나 하이킹으로 마음 비우기

(6) 가족과의 대화 - 침묵 속에서 따뜻한 말 한마디 나누기

"All man's miseries derive from not being able to sit quietly in a room alone."(인간의 불행은 조용히 혼자 방에 앉아 있지 못하는 데서 비롯된다.) - 블레즈 파스칼

중독에서 자유를 찾다

『준혁이라는 청년이 있었습니다. 과거에 그는 꿈 많고 열정적이었지만, 어느새 알 수 없는 공허함과 스트레스가 그를 집어삼켰습니다. 그리고 그 빈자리를 채운 것은 바로 게임 중독이었습니다. 그는 스스로가 그 굴레에 갇혀 있음을 알면서도 쉽게 빠져나올 수 없었습니다.

그러던 어느 날, 준혁은 한 산책 모임에 참여하게 되었습니다. 모임의 리더는 그와 비슷한 과거를 겪었던 중년 여성, 민주였습니다. 민주가 준혁에게 건넨 첫 마디는 간결했지만 묵직했습니다.

"중독의 반대말이 뭔지 아세요?"

준혁은 잠시 생각하다 대답했습니다.

"자제력?"

민주는 고개를 저으며 말했습니다.

"아니요, 연결입니다. 자신과, 그리고 세상과의 연결."

그날의 대화는 준혁의 마음속 깊이 파고들었습니다. 그는 오랫동안 자신이 세상과 단절되어 있다는 것을 느꼈지만, 그것이 중독의 원인일 줄은 몰랐습니다. 그는 자신을 되찾기 위해 민주가 제안한 여러 방법을 시도해 보기로 했습니다.

첫 번째는 자연과 연결되는 것이었습니다. 준혁은 민주와 함께 산에 오르며, 나뭇잎의 흔들림과 맑은 공기를 온몸으로 느꼈습니다. 민주가 말했습니다.

“나무를 보세요. 흔들리는 것처럼 보이지만, 그 뿌리는 땅속 깊이 연결되어 있어요. 우리도 그럴 수 있어요.”

그 순간 준혁은 바람에 흔들리는 나무를 바라보며 자신도 그렇게 흔들리지만 자신의 뿌리도 땅속에 깊이 내려져 있음을 알게 되었고, 그는 깊게 숨을 들이마시며 처음으로 내면의 고요함을 느꼈습니다.

두 번째는 명상과 기도였습니다. 민주가 소개한 명상법은 단순했습니다. 숨을 들이마시고 내쉬며 자신의 내면을 바라보는 것뿐이었습니다. 하지만 그 단순한 행위가 준혁에게는 새로운 세계였습니다. 그는 자신이 게임을 하고 싶다는 생각이 떠오를 때마다, 그 생각을 억누르지 않고 조용히 스스로를 바라보았습니다. 점차 내면이 조금씩 정리되기 시작했습니다.

“생각은 지나가는 구름 같아요. 붙잡으려 하지 말고 그냥 흘러가게 두세요.” 민주가 조언했습니다. 시간이 지나며, 그는 자신의 부정적인 생각에 매달리지 않게 되었고, 긍정적인 에너지의 흐름을 느끼기 시작했습니다.

세 번째는 우리의 ‘뇌를 이해하기’였습니다. 우리의 뇌에는 RAS라는 망상체 활성화 시스템이라는 것이 존재하며 어떤 작용을 하는지에 대하여 민주가 설명하였습니다.

“우리의 뇌는 우리가 집중하는 것에 민감하게 반응해요. 부정적인 것에 집중하면 뇌는 부정적인 요소들을 더 많이 보게 되고, 긍정적인 것에 집중하면 평소에는 스쳐 지날지도 몰랐던 긍정적인 부분들을 찾아내서 나에게 긍정적인 결과를 만들어 내요."

그는 이 원리를 삶에 직접 적용해 보기로 마음먹었습니다. 매일 아침, 하루를 긍정적인 시선으로 시작하기 위해 감사한 일을 떠올렸고, 그중 세 가지를 글로 적어 내려갔습니다. 처음에는 억지로라도 썼지만, 점점 작은 것에서 감사함을 느끼기 시작했습니다. 햇살, 새소리, 따뜻한 차 한잔 이런 작은 것들이 그의 삶을 채워가기 시작했습니다.

네 번째는 예술, 음악, 운동과 같은 활동에 몸과 마음을 담는 것이었습니다. 단순히 감상하는 것을 넘어, 직접 참여하며 자신을 표현하고 내면과 마주하는 시간이었습니다.

민주가 이끄는 미술 워크숍에서 준혁은 처음으로 그림을 통해 자신의 감정을 표현하는 법을 배웠습니다.

"중독은 단지 채워지지 않은 공간일 뿐이에요. 그 공간을 채울 다른 것을 찾으면 돼요."

민주의 이 말은 준혁의 가슴 깊은 곳을 울렸습니다.

처음으로 캔버스에 물감을 얹던 순간, 그는 낯선 자유로움을 느꼈습니다. 그의 첫 작품은 어릴 적 가장 사랑했던 강아지와의 추억을 담은 그림이었습니다. 그림 속 풍경을 바라보며 그는 오랜 시간 가슴을 짓누르던 그리움을 대신해 따뜻한 감정이 되살아나는 것을 느꼈고, 마음속 텅 빈 공간이 조금씩 채워지기 시작했습니다.

시간이 흐르며 준혁의 삶은 점차 변하기 시작했습니다. 그는 더 이상 게임 중독에 의존하지 않았고, 자신과 세상, 그리고 자연과의 연결을 회복해 나갔습니다. 그림을 그리며 스스로를 들여다보고 치유하는 과정은 그를 중독이라는 어두운 굴레에서 벗어나게 했고, 내면의 평화와 영적 성장을 이루는 여정을 열어주었습니다.

어느 날, 준혁은 민주에게 물었습니다.

"민주님, 정말로 중독에서 자유로워진다는 게 가능한 일이었네요."

민주는 따뜻한 미소와 함께 대답했습니다.

"그럼요. 중독은 단절에서 시작되고, 자유는 연결에서 시작돼요. 이제 당신은 자신과 연결되었으니 진정한 자유를 찾은 거예요."

그 말은 준혁에게 진정한 깨달음을 안겨주었습니다.

산길을 걸으며 준혁은 자신이 지나온 길을 되돌아보았습니다. 중독에 사로잡혔던 과거와 자신을 되찾기 위해 애써온 시간이 떠올랐습니다. 그는 이제 자유가 중독에서 벗어나는 것이 아니라, 삶을 풍요롭게 채우는 여정임을 깨달았습니다. 새롭게 찾아온 평화 속에서 준혁은 자신을 더 깊이 이해했고, 더 나은 삶으로 나아갈 용기를 얻었습니다. 그의 발걸음은 회복을 넘어, 새로운 시작을 향한 선언이 되었습니다.』

인간의 뇌는 복잡하고 정교한 신경망으로 구성되어 있으며, 우리의 인지와 행동에 영향을 미치는 다양한 시스템이 존재합니다. 그중에서도 RAS(Reticular Activating System, 망상활성화 시스템)는 주의와 인식을 조절하는 핵심적인 역할을 합니다. 뇌의 '뇌간' 부분에 위치한 RAS는 수백만 개의 신경섬유를 통해 뇌의 여러 영역과 연결되어 있으며, 우리가 무엇에 주의를 기울일지 선택하고 불필요한 정보를 걸러내는 필터 역할을 합니다.

예를 들면 시끄러운 카페에서 친구와 집중하며 대화를 나눌 때, 주변 소음은 자연스럽게 무시되고 친구의 목소리에 집중할 수 있는 것은 RAS가 작동한 결과입니다. 그러나 RAS는 단순히 외부 자극을 선별하는 데 그치지 않고, 우리의 사고와 믿음에도 영향을 받습니다. 긍정적인 생각을 지속적으로 반복하면, RAS는 이를 중요한 정보로 간주하고 긍정적인 신호를 더 잘 탐지하도록 뇌를 '조율'합니다.

이 과정은 우리의 사고 패턴과 깊이 연결되어 있습니다. 예를 들어, "코끼리를 절대 생각하지 않겠어"라는 말을 들으면, 오히려 코끼리가 머릿속에 떠오르는 경험을 하게 됩니다. 이는 RAS가 특정한 생각을 피하려는 시도를 오히려 주요 정보로 간주해 처리하기 때문입니다. 결국, 우리의 뇌는 긍정적인 사고와 믿음에 민감하게 반응하며, 이러한 반응이 긍정적인 삶의 변화를 만들어 낼 수 있습니다.

현대 심리학과 신경과학 연구에 따르면, 긍정적 사고는 뇌의 뉴런 연결을 강화하고 도파민과 같은 긍정적인 신경전달물질의 분비를 촉진하여 더 행복하고 동기 부여된 상태를 유지하도록 돕습니다. 예를 들어, 매일 아침 "나는 오늘도 좋은 결과를 만들어낼 수 있다"라고 다짐하는 사람은 부정적인 사고를 반복하는 사람보다 새로운 기회를 더 잘 인식할 수 있습니다. 이는 RAS가 긍정적인 신호를 우선적으로 처리하도록 뇌를 훈련시키기 때문입니다. 긍정적 사고는 단순히 기분을 좋게 하는 데 그치지 않고, 더 나은 선택과 행동으로 이어집니다. 매일 감사 메모를 작성하거나 긍정적인 목표를 상상하는 것은 RAS를 긍정적인 신호에 민감하도록 훈련시키며, 이러한 습관은 개인의 삶에 더 많은 기회와 만족감을 가져다줍니다.

우리는 손가락 하나로 전 세계와 연결되는 편리한 기술의 시대에 살고 있지만, 그 이면에는 삶을 은밀히 잠식하는 중독의 그림자가 존재합니다. 특히 숏폼 영상과 같은 짧고 자극적인 콘텐츠는 알고리즘과 간헐적 보상을 통해 도파민 분비를 반복적으로 유도하며, 집중력 저하와 기억력 감소, 스트레스를 초래합니다. 문제는 기술 그 자체가 아니라, 그 자극에 무의식적으로 반응하며 주의를 빼앗기는 우리의 상태에 있습니다. 결국 중독에서 벗어나는 출발점은 '무엇을 끊어낼 것인가'가 아니라, '내 주의를 어디에 둘 것인가'를 다시 선택하는 데 있습니다.

RAS의 작동 방식은 중독 극복에도 중요한 도움을 줍니다. 중독은 우리 삶의 흐름을 교란시키고, 때로는 무의식적으로 더 깊은 굴레에 빠져들게 만듭니다. 그러나 뇌가 주의를 어디에 두느냐에 따라 우리의 행동과 습관 역시 달라질 수 있다는 사실은 중독 극복에 결정적인 전환점을 제공합니다.

커피 중독에서 벗어나려는 한 사람의 경우를 생각해 봅시다. 그는 하루 다섯 잔 이상의 커피를 마시며 피로와 스트레스를 억누르려 했습니다. 처음엔 "커피를 줄여야 한다"라는 생각만으로도 스트레스를 느꼈고, 자제하려고 할수록 더 커피에 집착하게 되는 자신을 발견했습니다. 이것은 RAS가 '커피'라는 단어와 관련된 자극들을 오히려 더 선명하게 포착하기 때문이었습니다. 커피를 피하려 애쓸수록 카페 간판, 커피 향, 심지어 다른 사람의 컵마저 그의 주의를 끌었고, 뇌는 계속해서 '커피가 중요한 것'이라고 신호를 보냈던 것입니다.

이때 그는 방향을 바꾸기로 결심했습니다. 단순히 '줄여야 한다'는 부정적 명령 대신, RAS를 긍정적인 방향으로 재설정하는 훈련을 시작한 것입니다. 매일 아침, 커피 대신 마실 수 있는 차 종류를 조사하며 '따뜻하고 편안한 음료'를 떠올렸고, 활기차게 일과를 시작하는 자신의 모습을 구체적으로 상상하는 루틴을 만들었습니다. 그렇게 함으로써 그의 RAS는 더 이상 '카페인'이 아니라 '회복'과 '자연스러운 각성'이라는 신호에 반응하도록 재설정되고 있었습니다.

결국 그는 커피가 주는 순간적인 각성 대신, 산책과 가벼운 스트레칭, 숙면 습관 등을 통해 에너지를 관리하는 방식으로 삶의 방식을 전환했습니다. 이전까지 자동으로 반응하던 커피 자극은 더 이상 그의 주의를 끌지 않았고, 점차 뇌는 새로운 일상 패턴을 '중요한 정보'로 인식하게 되었습니다.

이처럼 RAS는 단순한 뇌의 주의 필터가 아니라, 우리의 의도를 따르는 조율자이며 습관을 바꾸는 통로입니다. 긍정적이고 의식적인 주의 전환은 중독을 단절의 도구가 아닌 자기 회복의 출발점으로 바꾸어 줍니다.

중독에서 벗어나는 길은 의지력만으로는 부족할 수 있습니다. 그 과정에는 삶을 바라보는 방식, 즉 '주의를 어디에 둘 것인가'라는 본질적인 변화가 필요합니다. 바로 여기서 뇌의 선택 필터인 RAS가 중요한 역할을 합니다. 우리가 반복해서 떠올리고, 믿고, 바라보는 것들이 곧 뇌의 인식 체계를 재편하고, 삶의 방향을 바꾸는 힘이 됩니다.

긍정적인 삶의 태도란 단지 밝은 말을 반복하거나 억지로 웃는 것이 아닙니다. 그것은 혼란 속에서도 '다시 회복할 수 있다'는 가능성에 주목하고, 나 자신을 향한 존중과 돌봄을 잃지 않으려는 태도입니다. 중독에 빠졌던 많은 이들이 말합니다. '무언가를 끊어낸다'는 느낌보다는 '더 좋은 것으로 나를 채운다'는 감각이 훨씬 지속적인 변화로 이어진다고 합니다.

예를 들어, 하루에도 몇 번씩 스스로를 책망하며 '나는 왜 이러지'라는 생각을 하던 사람이, 어느 날부터 '나는 오늘 다르게 선택할 수 있다'라고 되뇌기 시작하면 RAS는 그것을 중심으로 새로운 증거들을 찾기 시작합니다. 그리고 따뜻한 차 한 잔을 마시거나 가까운 공원을 걷는 것처럼 작지만 구체적인 변화를 반복할 때, 우리의 뇌는 과거의 충동이 아니라 지금 눈앞의 가능성에 반응하기 시작합니다.

그리고 회복은 결코 혼자의 싸움이 아닙니다. 서로의 눈을 마주치고, "당신도 나처럼 힘들었군요"라고 말해줄 수 있을 때, 우리는 더 강해집니다. 긍정의 힘은 추상적인 구호가 아니라, 그렇게 서로 연결되고 인정하는 순간마다 자라납니다.

오늘, 아주 작은 긍정 하나를 선택해 보십시오. 그 선택은 당신의 RAS를 바꾸고, 나아가 삶 전체를 다시 설계하는 첫걸음이 될 수 있습니다. 우리가 함께 이 길을 걷는다면, 중독을 넘어서 더 깊은 내면의 성장과 회복을 이룰 수 있습니다.

"자유란 나를 묶고 있는 것을 깨닫는 순간부터 시작된다."

유리병 속의 자유

『숲속 깊은 곳에 벼룩들의 마을이 있었습니다. 그곳에서 태어난 작은 벼룩, '루크'는 누구보다 높이 뛰는 것이 꿈이었습니다. 벼룩들은 하루 종일 서로의 점프 실력을 뽐내며 즐거운 시간을 보냈고, 그중 루크는 누구보다 더 높이 오르겠다는 열망으로 가득 차 있는 벼룩이었습니다.

루크는 자신의 다리에 깃든 강력한 힘을 믿으며 나뭇가지에 닿을 정도로 높이 뛰는 것을 목표로 삼았습니다. 그의 가족은 그의 꿈을 응원했지만, 동시에 걱정 어린 시선으로 말했습니다.

"루크야, 너무 높이 뛰다 다칠 수도 있어. 우리가 할 수 있는 높이는 정해져 있단다."

루크는 그 말을 듣지 않았습니다. 그는 스스로의 한계를 시험하며 하루하루를 보냈습니다. 실패해도 괜찮다고 믿었고, 넘어져도 다시 일어났습니다.

그러던 어느 날, 인간이 숲에 나타나 루크와 그의 친구들을 포획했습니다. 루크는 어둡고 좁은 유리병 속에 갇히고 말았습니다. 처음에는 공포에 떨었지만, 그는 곧 병에서 탈출할 방법을 찾기로 결심했습니다.

루크는 병의 뚜껑을 향해 힘차게 점프했습니다. 하지만 매번 단단한 뚜껑에 머리를 부딪히고 말았습니다.

"이런! 조금 더 높이 뛰면 될 거야!"

그는 수없이 시도했지만, 결과는 똑같았습니다. 친구들 역시 처음에는 함께 뛰었지만, 반복된 실패로 점차 시도조차 하지 않게 되었습니다.

며칠이 지나자, 루크는 더 이상 병의 뚜껑에 닿으려 하지 않았습니다. 그는 자신도 모르는 사이 점프 실력이 줄었고, 뚜껑에 닿지 않을 만큼만 뛰었습니다. 친구들도 이를 당연한 듯 받아들였고, 이제 더 이상 탈출은 불가능하다는 사실을 확신한 듯 보였습니다.

어느 날, 인간은 병의 뚜껑을 열어두고 자리를 떠났습니다. 그러나 아무도 병 밖으로 나가려 하지 않았습니다. 루크와 친구들은 여전히 병 속에 머물렀습니다. "이 병은 너무 높아. 아무리 뚜껑이 열려도 우린 뛰어넘을 수 없어." 친구들이 말했습니다.

하지만 루크는 마음 한구석에 답답함을 느꼈습니다. "정말 뛰어넘을 수 없는 걸까? 아니, 우리가 스스로 가능성을 포기한 건 아닐까?" 그는 밤새 고민하다 결국 결심했습니다. "한 번만 더 해보자. 부딪히더라도 상관없어!"

루크는 전력을 다해 점프했습니다. 그리고 그는 자신도 믿기 힘들 만큼의 실력으로 병의 가장자리를 넘어 병 밖으로 나와, 맑은 공기와 자유를 느꼈습니다. 그 순간 깨달았습니다.

"우리를 가둔 것은 병의 뚜껑이 아니라, 우리의 두려움과 익숙해진 한계였어."

루크는 병 속 친구들을 바라보며 외쳤습니다.

"뚜껑은 없어! 너희도 나올 수 있어!"

하지만 친구들은 고개를 저으며 말했습니다.

"우린 그렇게 높이 뛸 수 없어. 넌 특별한 기야."

그들의 목소리에는 체념이 스며 있었고, 루크의 말이 믿기지 않는다는 듯 병 바닥에 웅크리고 있었습니다. 닫히지도 않은 뚜껑 아래에서, 그들은 자유를 꿈꾸지 못한 채 여전히 그 안에 머물렀습니다. 결국, 벗어나겠다는 믿음을 품고 결단을 내린 루크만이 병을 뛰어넘어 나올 수 있었습니다. 루크는 병 밖에서 새로운 삶을 시작했습니다. 그는 숲을 돌아다니며 자신의 이야기를 다른 벼룩들에게 전했습니다. 루크의 이야기는 다른 벼룩들에게도 용기를 주었습니다. 많은 벼룩들이 자신의 한계를 벗어나 자유로운 점프를 시도하기 시작했습니다.』

벼룩은 작고 미세한 생물임에도 불구하고, 생물학적 특성과 행동 연구에서 매우 흥미로운 주제로 자주 다뤄집니다. 평균적으로 몸무게는 약 0.5mg, 크기는 약 2mm에 불과하지만, 벼룩은 자신의 몸길이의 200배에 달하는 약 33cm에서 50cm까지 점프할 수 있는 놀라운 능력을 가지고 있습니다. 이러한 능력은 신체 내부에 있는 특수 탄력 단백질인 레실린(resilin) 덕분에 가능하며, 이는 벼룩의 다리에 저장된 에너지를 방출하여 엄청난 도약력을 제공합니다. 이러한 점프 능력은 벼룩이 포식자로부터 도망치거나 숙주를 찾아 이동하는 데 있어 중요한 역할을 합니다.

벼룩의 점프력은 생물학적으로 상당히 경이로운 수준입니다. 초당

약 1m/s 이상의 속도로 이루어지는 점프는 벼룩의 작은 몸무게에 비해 매우 높은 에너지 효율을 보여줍니다. 사람으로 치면 제자리에서 100m를 점프하는 것과 같습니다. 이는 자연에서 벼룩이 생존하는 데 필수적인 특성으로 작용합니다. 그러나 이 놀라운 능력도 외부 환경의 제약에 따라 제한될 수 있습니다. 이러한 제한을 이해하기 위한 행동 실험은 인간의 심리적 상태와 습관 형성을 이해하는 데 중요한 통찰을 제공합니다.

벼룩의 점프 능력을 탐구하는 과정에서 종종 언급되는 실험이 바로 유리병 뚜껑 실험입니다. 이 실험은 벼룩이 학습을 통해 외부 환경의 제약을 받아들인다는 사실을 보여줍니다. 실험의 과정은 간단합니다. 벼룩을 유리병에 넣고 뚜껑을 닫으면, 벼룩은 본능적으로 최대 높이까지 점프를 시도합니다. 그러나 반복적으로 뚜껑에 부딪히는 경험을 통해 벼룩은 점점 더 낮은 높이까지만 점프하게 됩니다. 시간이 지나 뚜껑을 제거하더라도, 벼룩은 유리병의 높이 이상으로 뛰어오르지 못합니다.

더욱 흥미로운 점은 이러한 학습된 한계가 다음 세대로도 이어질 수 있다는 주장입니다. 관찰에 따르면, 벼룩의 새끼들조차 부모 세대가 학습한 제한 범위 안에서만 점프하려는 경향을 보입니다. 이는 벼룩이 환경의 제약을 학습할 뿐 아니라, 이를 행동으로 고정화하는 과정을 통해 한계가 대물림될 수 있음을 시사합니다. 이는 단순히 생물학적 현상에 그치지 않고, 인간 사회와 심리적 행동에도 적용될 수 있는 중요한 교훈을 제공합니다.

유리병 실험은 생물학적 연구를 넘어 심리학과 인간 행동 연구에서 중요한 은유로 활용됩니다. 벼룩의 행동은 인간이 외부 환경에서 학습한 한계에 따라 스스로를 제한하는 방식을 상징적으로 보여줍니다. 심리학에서는 이를 학습된 무력감(learned helplessness)이라고 부르며, 이는 반복된 실패나 제한된 경험을 통해 형성된 심리적 상태를 설명합니다. 인간은 특정 환경에서 지속적으로 제약을 경험하면, 이후에는 그 제한이 사라졌음에도 불구하고 스스로를 제한하려는 경향을 보입니다.

예를 들어, 어린 시절 반복적으로 부정적인 피드백을 받은 경험은 성인이 된 이후에도 새로운 도전에 대한 의욕을 저하시키고 스스로 위축되는 경우가 많습니다. 유리병 실험의 벼룩이 뚜껑이 사라졌음에도 높은 곳으로 뛰지 못하는 것처럼, 과거의 실패와 경험은 현재와 미래의 행동을 제한하는 심리적 요인으로 작용합니다. 이는 개인뿐만 아니라 조직이나 사회에서도 유사한 방식으로 나타납니다.

루크의 이야기는 우리 삶에 있어서 억눌린 가능성과 자유를 회복하는 힘과 무한한 가능성을 일깨워 주는 깊은 메시지를 담고 있습니다. 우리 역시 중독, 잘못된 습관, 두려움, 고정관념, 사회적 압력, 트라우마, 비현실적인 목표, 게으름과 같은 보이지 않는 '뚜껑'들로 인해 자신의 잠재력을 억누르고 있지는 않은지 되돌아볼 필요가 있습니다. 벼룩이 지닌 생명의 강렬한 에너지처럼, 우리 안에도 자신의 한계를 뛰어넘어 더 큰 가능성의 세계로 도약할 수 있는 힘이 존재함을 기억해야 합니다.

끝내 만나야 할 사람

- 정영목 -

인연이라 여겼던 당신은 내 곁에 머물지 않았고,
인연이 아닐 거라 생각했던 당신이 내 마음속 사람이었네

당신은 나를 알아보지 못하고,
나 혼자 당신을 알고 있네
이제야 만나, 그 잃었던 시간을 찾아가는 길

당신을 향한 내 마음은
흩날리는 바람처럼 어디에도 닿지 못했지만,
이제는 함께 걸어가는 이 길에서
서로를 바라보는 법을 배워가네

수많은 계절을 지나온 나무처럼
우리의 이야기도 세월을 품고 자랄 테지
때로는 먼 길을 돌아와도,
끝내 만나야 할 사람은 만나게 되니까

그렇게 다시 시작된 우리의 인연은
아직 피어나지 않은 꽃처럼,
또 다른 계절을 기다리며 천천히 열리겠지

4.

긍정의 날개, 실천의 발걸음

현대 사회는 빠르게 변화하고 있습니다. 기술은 하루가 다르게 발전하고, 정보는 넘쳐나며, 사람들의 삶은 점점 더 복잡해져 갑니다. 이런 환경 속에서 자신이 세운 목표나 계획을 끝까지 지키고 행동으로 옮기는 일은 쉽지 않습니다.

많은 사람이 무언가를 이루고자 결심하지만, 현실적 제약 앞에서 흔들리며 그 결심이 행동으로 이어지지 못합니다.

그 이유는 단순히 의지 부족만이 아닙니다. 그 뒤에는 복잡한 심리적·환경적 요인들이 얽혀 있습니다.

가장 큰 장애물은 두려움입니다. 실패, 비난, 변화에 대한 두려움은 우리를 망설이게 하고, 지나치면 아무것도 하지 못하게 만듭니다.

또 하나는 자신감 부족입니다. 과거 실패가 현재의 도전을 가로막고, "나는 안 될 거야"라는 생각이 행동을 멈추게 합니다. 자신을 믿는 힘이 없으면 현실은 바뀌지 않습니다.

완벽주의도 걸림돌입니다. 모든 것을 완벽히 준비하지 않으면 시작할 수 없다는 생각은 행동을 미루게 합니다. 그러나 중요한 것은 완벽이 아니라, 불완전한 상태에서도 시작하는 용기입니다.

목적이 불명확한 경우도 실행을 어렵게 만듭니다. 무엇을 위해 행동하는지 알지 못하면 쉽게 머뭇거리게 됩니다. 지나치게 많은 계획을 세우거나, 계획 없이 혼란에 빠지기도 합니다. 행동은 명확한 목적과 방향이 있을 때 힘을 얻습니다.

마지막으로, 환경도 큰 영향을 줍니다. 부정적 시선, 지지의 부재, 방해 요소는 의지를 약화시킵니다.

그렇다면, 우리는 어떻게 이 장애물들을 넘어설 수 있을까요?

먼저, 작은 목표부터 시작하세요. 거창한 계획은 부담이 되지만, 작은 행동은 실천의 문을 열어줍니다. 예를 들어, 큰 봉사나 기부가 아니라 아침에 마주친 이웃에게 따뜻한 인사 한마디를 건네는 것부터 시작해 보세요. 작은 행동이 관계를 바꾸고, 마음을 움직이며 더 큰 변화로 이끕니다.

그다음, 구체적인 계획을 세우세요. 막연히 "좋은 일을 하고 싶다"라는 생각보다, '매달 첫째 주 토요일에 지역 아동센터에서 봉사하겠다'처럼 명확한 계획은 실행 가능성을 높이고 행동의 방향을 잡아줍니다.

이어서는, 실패를 배움의 기회로 바라보세요. 실패 자체보다 중요한 것은, 실패 후에도 다시 일어나는 용기입니다. 이를 통해 더 나은 방법을 찾고, 깊은 이해를 얻을 수 있습니다.

마지막으로, 지지와 동기 부여가 있는 환경을 만드세요. 목표를 공유할 사람과 함께하고, 긍정적인 자기 대화를 시도하면 힘이 됩니다. 환경은 우리를 흔들기도 하지만, 의도적으로 설계할 수도 있습니다.

실행은 생각만으로 이루어지지 않습니다. 계획을 행동으로 옮기려는 시작과 꾸준한 노력은 삶과 주변에 실제 변화를 가져오는 강력한 힘이 됩니다. 완벽할 필요는 없습니다. 중요한 것은 지금, 작더라도 실천 가능한 행동으로 시작하는 용기입니다. 그 용기가 당신의 삶을 바꾸고, 누군가의 하루를 따뜻하게 하며, 세상을 조금 더 나은 방향으로 이끌 것입니다.

1) 긍정의 날개

우리의 삶은 예기치 못한 사건과 변화의 연속입니다. 때로는 기쁨과 감사로 가득한 날이 있는가 하면, 고통과 어려움이 밀려오는 날도 있습니다. 그러나 행복과 불행은 사건 자체보다 그것을 바라보는 우리의 시각과 마음가짐에 달려 있습니다.

같은 상황이라도 어떤 사람은 그것을 시련으로 여기고, 또 다른 사람은 배움의 기회로 받아들입니다. 이러한 차이는 결국 내면의 태도에서 비롯됩니다. 어려운 상황 속에서도 긍정적인 마음을 유지하는 사람은 실패를 좌절이 아닌 성장의 발판으로 삼고, 절망 속에서도 희망을 발견합니다.

실패가 끝이 아니라 더 나은 시작이 될 수 있다는 믿음은 삶을 새로운 방향으로 이끄는 힘이 됩니다. 실제로 많은 이들이 이러한 긍정의 힘으로 불가능해 보이는 문제를 극복하고, 놀라운 성취를 이루었습니다. 여러 유명한 기업가들이 실패 이후 더 큰 성공을 거둔 사례들이 이를 잘 보여줍니다.

긍정적인 마음은 낙관주의를 넘어섭니다. 그것은 현실을 있는 그대로 받아들이면서도, 더 나은 방향으로 나아가려는 의지와 태도를 포함합니다. 이는 삶을 바라보는 방식을 선택하는 일이며, 결국 우리의 행복을 결정짓는 중요한 요소가 됩니다.

현실의 어려움을 직시하고 인정하는 것이 첫걸음이라면, 그다음은 우리가 어떤 시각으로 반응하는가에 따라 삶의 방향이 달라집니다. 물론 어려운 상황에서 긍정적으로 생각하기란 말처럼 쉽지 않습니다. 특히 큰 고통이나 시련 속에서는 너욱 그렇습니다. 그러나 시야를 조금만 바꾸면, 그 속에서도 감사할 이유와 희망의 가능성을 발견할 수 있습니다.

예를 들어, 어려운 프로젝트를 성장의 기회로, 개인적인 위기를 내면의 깊이를 더하는 계기로 바라볼 수 있습니다. 이러한 태도는 자기 위안뿐만 아니라, 우리를 단단하게 성장시키는 실제적인 힘입니다.

우리는 매일 다양한 상황을 마주하며 살아갑니다. 중요한 것은 그 상황을 어떻게 해석하고 반응하느냐입니다. 긍정적인 마음을 갖기 위해서는 먼저 자신의 감정을 있는 그대로 인정하고, 그 위에 작지만 꾸준한 실천을 더해가는 과정이 필요합니다. 예컨대, 매일 감사한 일을 기록하는 습관은 사고방식을 긍정적으로 전환하는 데 큰 도움이 됩니다.

긍정의 시각을 선택하는 일은 단지 오늘을 밝히는 데 그치지 않고, 더 나은 미래를 여는 열쇠가 됩니다. 이 과정에서 우리는 내면의 자아와 지속적인 대화를 나누며, 긍정적인 사고를 삶의 습관으로 만들어갈 수 있습니다.

삶의 여정에서 어떤 어려움이 닥치더라도 긍정적인 마음으로 맞이할 수 있다면, 우리는 더 큰 기쁨과 성취를 경험하게 될 것입니다. 긍정적인 태도를 지닌 사람은 스스로 성장과 행복을 만들어내며, 더 많은 기회와 좋은 관계를 자연스럽게 끌어들이게 됩니다. 결국, 우리의 시각과 마음가짐이 삶을 변화시키는 열쇠입니다.

Good Morning

『미선 씨는 언제나 누구보다 항상 일찍 회사에 도착해서 동료들에게 “좋은 아침입니다.”라는 밝은 인사와 함께 따뜻한 커피 한잔을 건네며 항상 이렇게 말하곤 합니다.

“오늘도 이 커피 한잔으로 힘내세요!”

처음에는 그녀의 행동이 다소 어색하게 보인 동료들도 있었습니다.

“저 사람이 왜 저러지?”라며 미선 씨를 이상하게 바라보는 시선도 있었습니다.

하지만 미선 씨는 전혀 개의치 않았습니다. 날씨가 춥거나 비가 오는 날에도 그녀의 환한 미소와 커피 한 잔은 늘 변함이 없었습니다.

그녀의 작은 친절은 하루하루 사람들의 마음을 녹였고, 시간이 흐르면서 그녀의 행동은 회사의 새로운 일상으로 자리 잡았습니다.

그녀의 인사는 형식적인 습관이 아니라, 그것은 하루를 여는 방식이었고, 사람을 대하는 태도였습니다. 시간이 지나고 동료들은 미선 씨에게서 받은 따뜻한 아침의 인사를 기억하며, 이제는 먼저 그녀에게 다가가기 시작했습니다.

“미선 씨, 좋은 아침이에요!”라는 다정한 목소리가 사무실 곳곳에서 들려왔고, 그녀가 먼저 인사를 건네지 않아도 자연스레 동료들이 환한 미소로 아침을 열었습니다. 가끔은 동료들 중 누군가가 자발적으로 커피를 준비하며, "오늘은 제가 대접할게요!"라고 말하며 그녀의 역할을 대신하곤 했습니다. 이 작은 변화는 회사 분위기 전체에 긍정적인 영향을 미쳤고, 이런 미선 씨의 행동이 그저 아침 인사가 아니라, 사람들 사이의 관계를 한층 더 돈독하게 만드는 촉매제가 되었던 것입니다.

그리고 미선 씨의 하루는 아침 인사로 끝나지 않았습니다. 그녀는 자신의 업무에 누구보다도 성실히 임하며, 완벽하게 해내려는 책임감을 보여주었습니다. 일이 끝난 후에는 동료들이 어려움을 겪고 있는 부분을 먼저 살펴보고, 아낌없는 도움의 손길을 내밀었습니다. "함께하면 더 쉬워질 거예요."라는 말과 함께 그녀는 언제나 진심 어린 태도로 주변을 돕곤 했습니다.

"제가 도와드릴게요. 함께 하면 더 빠르잖아요."

그녀는 성실함과 따뜻한 배려로 회사에서 두드러진 존재감을 드러냈습니다. 상사들은 그녀를 믿음직한 직원으로 여겼고, 후배들은 그녀를 친절한 선배로 존경했습니다. 동료들에게 그녀는 항상 도움을 아끼지 않는 사람이었으며, 모든 이에게 긍정적인 에너지를 전달하는 존재였습니다.

그러나 그 환한 미소 뒤에는 누구에게도 쉽게 털어놓지 못한 무거운 현실이 자리하고 있었습니다. 아버지의 오랜 투병으로 병원비는 조금씩 늘어나 가계는 늘 빠듯했고, 그로 인한 긴장감은 가족 간의 갈등으로 이어졌습니다. 밤마다 병원에서 돌아오면 깊은 한숨을 내쉬었지만, 다음 날 아침 회사에서는 언제나 환한 얼굴로 하루를 시작했습니다. 평범해 보이는 일상은 사실, 그런 고통을 감추고 견뎌낸 강인함의 결과였습니다.

그렇지만 그녀는 '주는 만큼만 일하겠다'는 생각 대신, 자신이 가진 것을 조금이라도 더 나누고자 했습니다. 그녀는 말했습니다.

"제가 가진 게 많지 않아도, 누군가를 위해 쓸 수 있다는 게 저에겐 큰 위로였어요."

그녀의 이 같은 철학은 주변 사람들에게 깊은 감동을 주었습니다. 미선 씨의 성과는 눈에 띄게 좋아졌고, 회사의 분위기 역시 그녀로 인해 조금씩 달라지기 시작했습니다. 시간이 흘러, 그녀는 회사 최초의 여성 상무로 승진하게 되었습니다.

승진 소식이 전해졌을 때, 회사 안팎에서는 누구 하나 그녀의 승진을 시기하거나 불만을 품지 않았습니다. 오히려 모든 이가 그녀의 승진을 진심으로 축하했습니다.

"그녀라면 당연하지!"라는 말이 직원들 사이에서 자주 들려왔습니다. 미선 씨의 승진은 단순히 성과 때문이 아니라, 그녀가 보여준 태도와 공감, 그리고 진심 어린 마음의 결과였습니다.

상무가 된 이후에도 그녀의 태도는 변하지 않았습니다. 여전히 그녀는 아침 일찍 출근해 동료들에게 커피 한 잔과 함께 미소를 건넸습니다. 그녀의 변화 없는 모습에 동료들은 더욱 감동했습니다.

"상무님이 되셨으니 이제 이런 거 안 하셔도 될 텐데요."

한 동료가 농담 섞인 말로 건넸을 때, 그녀는 웃으며 대답했습니다.

"여러분 덕분에 제가 여기까지 온 거예요. 이건 제 감사의 표현이에요."』

우리는 그녀의 이야기를 통해 자신에게 질문을 던질 수 있습니다. "나는 오늘 누군가를 위해 무엇을 나눴는가?" 그 질문에 대한 답을 찾는 과정에서 우리는 조금씩 더 나은 사람이 되어갑니다.

미선 씨의 삶은 우리로 하여금 삶을 돌아보게 만듭니다. 그녀가 보여준 열정과 공감은 단지 직장에서의 성공만을 위한 것이 아니라, 인간관계와 삶 전반에서 우리가 함께 성장할 수 있는 가장 중요한 열쇠임을 일깨워 줍니다. 그녀의 삶은 오늘도 우리에게 속삭입니다.

"작은 나눔과 진심 어린 공감이 큰 변화를 만든다." 그리고 그 변화는 우리가 모두 만들어낼 수 있는 기적임을 말입니다.

삶은 언제나 순탄하지만은 않습니다.

살아가다 보면 말로 다 표현하기 어려운 답답함과 막막한 시간이 찾아옵니다. 노력해도 풀리지 않는 일들이 있고, 아무리 애써도 세상이 내 편이 아닌 듯 느껴질 때가 있습니다. 그럴 때 우리는 종종 현실을 탓하고, 불공평하다고 느끼며 스스로를 가두곤 합니다. 이럴 때 필요한 건 서로의 공감과, 자신을 다독이는 긍정의 태도입니다.

조용히 견디며 마음의 시선을 바꾸는 힘.

즉 어려움을 다른 관점으로 바라보려는 긍정의 에너지가 우리를 조금씩 앞으로 나아가게 합니다. 환경이 바뀌지 않더라도, 마음의 시선을 바꾸면 세상은 달라 보입니다. 작은 감사를 찾아내고, 그 안에서 의미를 새로 만드는 순간 고통은 완전히 사라지지 않더라도, 더 이상 우리를 삼키지 못합니다.

결국 삶을 이겨내는 힘은 외부의 조건이 아니라 스스로 마음을 다스리는 태도에서 나옵니다. 불평 대신 감사로, 포기 대신 성찰로 방향을 바꾸는 사람은 언젠가 그 시간을 지나며 자신이 얼마나 성장해졌는지를 깨닫게 됩니다. 그 깨달음은 상처를 지우진 않지만, 그 상처 위에 새로운 희망을 피워 올립니다.

마법 이야기

『"마법은 옛날이야기일 뿐이야."

마을 어귀 커다란 참나무 아래에서 매일 같은 말을 반복하던 노인 베르트가 말했습니다. 그의 말에 사람들은 고개를 끄덕이며 동의했습니다. 한때 마법사들의 전설로 가득했던 아가니르 마을은 이제 평범한 농부와 상인들로 가득 찬, 신비도 기적도 없는 곳이 되어 있었습니다. 마법은 이야기 속에서만 존재했고, 현실은 그저 반복되는 하루의 연속일 뿐이었습니다.

그러나 이 말을 의심하는 한 소녀가 있었습니다. 그녀의 이름은 아이리였습니다. 아이리는 매일 밤하늘을 바라보며 스스로에게 묻곤 했습니다.

"정말로 마법이 사라진 걸까?"

아이리는 어릴 적부터 '노력은 모든 것을 바꿀 수 있다'라고 믿었습니다. 그녀는 누구보다 부지런했고, 마을의 일에도 적극적으로 참여했습니다. 가뭄이 들면 물을 긷고, 병든 이웃이 있으면 약초를 찾아 나섰습니다.

"마법이 없어도 괜찮아. 내가 열심히 하면 세상은 달라질 거야." 그녀는 그렇게 믿었습니다.

그러나 어느 날, 그녀가 가장 아끼던 동생이 갑작스레 병에 걸렸습니다. 아이리는 밤낮으로 간호하고, 약초를 달이며 온 힘을 다했지만 병은 나아지지 않았습니다.

그때 노인 베르트가 조용히 말했습니다.

"예전엔 마법사들이 손 하나 까딱하지 않고 병을 고쳤었지."

그 말은 아이리의 마음에 깊은 울림을 남겼습니다.

'내 노력만으로는 부족할 수도 있어… 그렇다면, 마법이 정말 존재한다면?'

그날부터 아이리는 마법의 흔적을 찾기 시작했습니다.

숲을 헤매던 어느 날, 그녀는 낡은 일기장을 발견했습니다.

빛바랜 가죽으로 되어 있는 일기장의 첫 장에는 이렇게 적혀 있었습니다.

"마법은 간절함에서 시작된다."

그녀는 일기장을 읽으며 그 내용에 점점 빠져들었습니다. 마법이란 한순간의 기적이 아니라, 간절히 원하는 것을 현실로 만들어내는 과정이라는 내용이 적혀 있었습니다.

"간절히 원하다…."

아이리는 그 말을 되뇌며 자신의 마음을 들여다보았습니다.

그녀가 진정으로 바란 것은 단 하나, 마법이 다시 세상에 깃드는 것이었습니다. 그 마법으로 사랑하는 동생을 구하고, 더 나아가 세상을 조금이라도 따뜻하게 바꾸고 싶었습니다.

그제야 아이리는 깨달았습니다.

마법은 어쩌면, 간절한 마음 그 자체일지도 모른다는 것을.

그날 밤, 아이리는 일기장에 적힌 방법을 따라 마법을 시도하기로 했습니다. 그녀는 자신의 바람을 명확히 정리했습니다.

"나는 마법을 다시 이 마을에 불러오고 싶어."

그녀는 작은 초를 켜고, 자신이 마법을 사용하는 모습을 상상하며 의식을 반복했습니다. 그리고 일기장에 적힌 대로 의심하지 않으려 애썼습니다.

첫날과 둘째 날, 그리고 셋째 날에도 아무 일도 일어나지 않았습니다. 그러나 아이리는 포기하지 않았습니다. 그녀는 매일 같은 의식을 반복하며 점점 더 간절히 기도했습니다.

하지만 어느 날, 그녀는 지쳐버렸습니다.

"내가 이렇게 노력했는데도 아무 일도 일어나지 않아…."

그녀는 초를 끄고, 책을 덮은 채 눈물을 흘렸습니다. 한동안 그렇게 앉아 있다가, 다시 마음을 다잡은 듯 책을 펼쳤습니다.

그리고 천천히 페이지를 넘기던 그녀의 눈에 이런 문구가 들어왔습니다.

"마법은 혼자의 힘으로 완성되지 않는다. 마음이 모일 때 세상이 움직인다."

아이리는 그 문장을 오래 바라보다 고개를 들었습니다.

"혼자서는 안 돼… 그렇다면, 함께라면."

다음 날, 그녀는 마을 광장으로 향하여 사람들 앞에 서서 차분히 말했습니다.

"마법은 옛날이야기가 아니에요. 그건 우리가 간절히 원하고, 서로의 마음을 모을 때 깨어나는 힘이에요."

그러나 사람들은 고개를 저었습니다.

"기도로 병이 낫는다면 세상에 아픈 사람은 없겠지."

"그런 말은 허황돼."

그러나 아이리의 눈빛에는 확신이 서려 있었고, 그녀는 책을 사람들에게 보여주며 말을 이어갔습니다.

"이건 옛 마법사들의 기록이에요. 마법은 손끝에서 나오는 게 아니라, 사람의 마음에서 생겨난대요."

그녀의 진심은 조금씩 사람들의 마음을 움직였습니다.

그리고 한 소녀가 다가와 말했습니다.

"저도 같이 기도할래요."

그 말을 시작으로, 노인들이, 상인들이, 농부들이 하나둘 광장으로 모여들었습니다.

그날 밤, 광장은 사람들과 기대로 가득 찼습니다. 사람들은 손을 맞잡고 조용히 기도했습니다.

누구는 병든 가족을 위해, 누구는 가뭄이 끝나길 바라며, 그리고 모두가, 아이리의 동생 루카의 회복을 빌었습니다.

기도가 끝나갈 무렵, 노인 아베르가 천천히 다가왔습니다.

"아이리야… 오래전 만들어둔 약이 있는데, 혹시 그게 도움이 될지도 모르겠구나."

그는 작은 유리병을 내밀었습니다.

오래된 약초 냄새가 났습니다. 아이리는 고맙다고 인사하고, 집으로 달려가 그 약을 정성껏 달여 루카에게 먹였습니다. 그리고 모두와 함께 배운 기도를 다시 올렸습니다.

"부디… 우리의 마음이 이 아이에게 닿게 해주세요."

아이리는 동생의 손을 꼭 잡고 잠이 들었습니다.

그리고 새벽이 밝을 무렵, 루카가 천천히 눈을 떴습니다.

그의 입가에 미소가 번졌습니다.

"언니… 괜찮아졌어."

아이리는 눈을 크게 떴습니다.

이마를 짚으니, 열이 사라져 있었습니다. 그녀는 울음을 터뜨리며 동생을 안았습니다.

그날 아침, 마을은 기적 같은 소식으로 떠들썩했습니다.

"루카가 나았대!"

"정말이야? 그 아이가?"

사람들은 광장으로 몰려와 아이리를 보았습니다.

누군가는 놀란 얼굴로, 누군가는 눈물로.

아이리는 고개를 숙이며 말했습니다.

"이건 제 힘이 아니에요. 우리 모두가 함께 기도했기 때문에 일어난 거예요. 우리의 기도가 우리가 필요로 하는 사람을 잇게 하고 그 힘으로 아베르 어르신이 도와주실 수 있게 된 것이라고 생각해요.

마법은 사라진 게 아니라… 우리가 잊고 있었던 거예요."

그녀는 책의 마지막 장을 펼쳤고 거기엔 이렇게 적혀 있었습니다.

“진정한 마법은, 모두의 마음이 하나로 모일 때 깨어난다. 그 힘은 기적을 넘어 세상을 바꾼다.”

그 후로 아가니르 마을은 달라졌습니다.

아이리의 따뜻한 마음은 사람들에게 용기와 희망을 주었습니다. 사람들은 각자의 자리에서 최선을 다하며, 서로의 행복을 빌었습니다. 가뭄이 찾아와도 누구도 혼자 고통을 짊어지지 않았고, 병든 이웃이 생기면 모두가 손을 내밀었습니다.

아이리는 마을의 ‘마법사’로 불리게 되었습니다.

하지만 그녀는 언제나 미소 지으며 말했습니다.

“저는 마법사가 아니에요. 우리가 함께할 때, 모두가 마법사가 될 수 있어요.”

밤이 되면 아이리는 다시 하늘을 올려다보았습니다.

하늘은 평화로웠지만, 그 아래의 세상은 달라져 있었습니다.

그녀는 속삭였습니다.

“마법은 사라지지 않았어요. 그건 우리가 서로를 믿을 때마다 깨어나는 힘이에요.”

그리고 그 이야기는 멀리, 아주 멀리 퍼져나갔습니다.』

사람들은 마법이 이 세상에서 사라졌다고 생각합니다. 그러나 저는 마법이 여전히 우리 삶 속에 존재한다고 믿습니다. 여기서 말하는 마법이란 〈해리 포터〉의 요술봉처럼 사람이나 사물을 단번에 변화시키는 신비한 능력을 뜻하는 것이 아닙니다. 제가 말하는 마법은 우리의 생각을 현실로 만들어 내는 놀라운 힘, 즉 우리의 의지와 행동을 통해 일어나는 변화입니다.

이 마법은 어디에 있을까요? 사실 이 마법은 우리의 삶 속, 매 순간에 숨어 있습니다. 우리는 이를 기도라고 부르기도 하고, 염원이라고도 하며 어떤 이는 끌어당김의 법칙으로 표현하기도 합니다. 이러한 행위를 한다는 것은 곧 우리가 간절히 원하는 것을 현실로 만들어 내기 위한 과정이며, 우리의 마음이 세상을 움직이게 하는 힘이라는 것을 의미합니다.

마법은 간절함에서 시작됩니다. 누군가 간절히 무언가를 원하게 되면, 그는 자신도 모르게 최선을 다하기 시작합니다. 단순히 바라는 것에서 그치지 않고, 그 바람을 이루기 위해 계획을 세우고 행동에 옮기게 됩니다. 이 과정에서 우리는 여러 각도에서 다양한 생각을 하게 되고, 새로운 가능성을 발견합니다. 이러한 간절함이야말로 우리가 현실에서 마법을 만들어내는 첫 번째 원동력입니다.

제가 아는 한 청년의 이야기를 예로 들어보겠습니다. 그는 대학 시절 내내 꿈이었던 여행 작가가 되고자 했습니다. 하지만 그를 둘러싼 환경은 녹록지 않았습니다. 경제적인 이유로 학교를 다니며 동시에 여러 아르바이트를 해야 했고, 글을 쓰는 데 필요한 시간과 여유를 가지기 어려웠습니다. 하지만 그는 포기하지 않았습니다. 매일 잠들기 전에 자신의 꿈을 되뇌며 기도하고, 여행 작가로서의 삶을 시각화했습니다.

그는 작은 노트에 여행 작가로서의 구체적인 계획을 적기 시작했습니다. 가고 싶은 장소, 쓰고 싶은 주제, 그를 읽어줄 독자들까지 세

세히 상상하며 글을 썼습니다. 그러던 어느 날, 우연히 어느 작은 여행사에서 블로그 작가로 활동할 기회를 얻게 되었고, 그곳에서 쌓은 경험이 그의 경력을 탄탄히 만들어 주었습니다. 지금 그는 자신만의 여행 서적을 출간하며 수많은 독자들에게 영감을 주고 있습니다.

마법은 단순히 간절히 바라는 것만으로 이루어지지 않습니다. 그것이 현실로 변하기 위해서는 반드시 행동이 뒷받침되어야 합니다. 기도나 염원은 마음속에서 시작되지만, 그것을 구체적인 결과로 이끌어내는 것은 결국 우리의 실천입니다.

기도는 마음과 세상을 연결하는 다리입니다. 우리의 염원이 개인적인 소망에 그치지 않고, 세상과 사람들에게 영향을 미친다면, 그 영향력은 우리를 돕는 선순환을 만들어냅니다. 정희와 골동품 가게 주인의 이야기를 떠올려보세요. 정희의 절박한 마음과 진심 어린 노력은 주인의 마음을 움직였고, 그는 기꺼이 그녀에게 도움의 손길을 내밀었습니다. 이 작은 친절은 정희의 삶을 변화시켰을 뿐만 아니라, 그녀가 더 많은 사람들에게 선한 영향을 미칠 수 있는 계기가 되었습니다.

이 과정이 바로 마법처럼 느껴지지 않나요? 우리가 진심으로 바라고, 그것을 행동으로 옮겼을 때, 세상은 예상치 못한 방식으로 놀랍도록 변화합니다. 마법은 특별한 사람만의 것이 아닙니다. 간절한 마음과 작은 행동이 만나면, 당신의 삶에서도 분명 변화가 시작될 것입니다. 마법은 멀리 있는 것이 아니라, 바로 당신 안에 있습니다.

"기도는 하늘의 문을 여는 열쇠이다." - 프랑스 속담

승진 시험

『경수에게는 오래 함께 근무한 후배가 있습니다.

그의 이름은 도현이었습니다.

도현은 소방공무원으로서 누구보다 성실했습니다.

출동이 걸리면 화재 현장에 가장 먼저 뛰어들었고, 진압이 끝난 뒤에도 잔불이 남아 있지 않은지 끝까지 확인하던 사람이었습니다. 그런 그가 이제는 책상 앞에서 또 다른 불길과 싸우고 있었습니다. 작년에 불합격했던 소방교에서 소방장으로 오르기 위한 승진 시험….

도현에게 그 시험은 승진뿐만 아니라, 자신의 존재를 증명하는 싸움이었습니다.

"형, 오늘도 세 시간 공부했습니다. 머리가 깨질 것 같아요."

"어제는 밥도 굶고 두 시간 더 했습니다. 이제 진짜 한계인 것 같습니다."

그의 눈빛에는 피로와 절박함이 동시에 묻어 있었습니다.

불길 속에서도 흔들리지 않던 그 눈이, 시험 앞에서는 점점 불안하게 흔들리고 있었습니다.

경수는 그런 도현이 안쓰러웠습니다.

며칠 뒤, 경수는 도현의 사물함에 편지 한 통을 넣었습니다.

서투른 글씨였지만 진심이 담겨 있었습니다.

"도현아, 공부가 힘겹게 느껴질 때는 뇌가 더 굳어버릴 수 있어. 그럴 땐 억지로라도 스스로에게 말해보자. '오늘도 수수께끼 같은 문제를 풀었네. 조금 어렵지만 재미있어.' 이상하게 들리겠지만, 그 말이 네 마음을 부드럽게 만들어줄 거야. 공부가 고통이 아니라, 자신을 단련하는 놀이가 되길 바란다."

경수는 그 편지가 도현의 마음을 조금이라도 가볍게 해주길 바랐습니다.

세상은 그들의 마음을 헤아릴 틈 없이 바쁘게 흘러갔습니다. 화재는 여전히 끊이지 않았고, 출동 벨은 매일같이 울렸습니다. 그럼에도 도현은 걸음을 멈추지 않았습니다.

출동 사이사이에도 문제집을 펼쳤고, 화재를 진압한 뒤에는 식은 장비 위에 노트를 꺼내 들었습니다. 손끝에는 그을음이 남았고, 펜끝에는 피로가 묻어 있었습니다.

시험 날 아침, 경수는 차분히 말했습니다.

"도현아, 너무 스트레스받지 말고, 네가 쌓아온 걸 믿어라."

도현은 고개를 끄덕였지만, 눈가에는 이미 밤샘의 흔적이 짙게 남아 있었습니다.

며칠 후, 합격자 명단이 게시되었습니다.

그의 이름은 그곳에 없었습니다.

"또 떨어졌습니다."

그 한마디에 담긴 무게는 예상보다 컸고 그 순간 경수는 아무 말도 하지 못했습니다. 그저 조용히 그의 어깨를 두드렸습니다.

도현은 억지로 미소를 지었습니다.

"괜찮습니다, 형. 이번엔 조금 부족했을 뿐이에요."

하지만 그 웃음은 금세 사라졌습니다.

그날 이후, 그는 연락을 피했고, 동료들 사이에서도 말수가 줄었습니다.

경수는 멀리서 그를 바라보았습니다.

불길 속에서 누구보다 강하던 후배가, 시험이라는 또 다른 불 앞에서 서서히 꺼져가고 있었습니다.

그로부터 1년이 흘렀고 다시 시험의 계절이 돌아왔습니다.

이번에도 도현은 포기하지 않았습니다.

하지만 그해 가을은 유난히 건조해서 그런지, 화재가 끊이지 않았습니다. 도시 여러 곳이 불타올랐고, 그는 하루가 멀다 하고 출동에 나섰습니다.

시험 며칠 전, 새벽에 산속 외딴 마을의 한 민가에서 화재가 발생했습니다. 경수가 현장에 도착하자마자, 바닥에 떨어진 소방모가 눈에 들어왔습니다.

그 위에 '도현'이라는 이름이 선명히 적혀 있었습니다.

경수는 망설임 없이 연기를 뚫고 안으로 뛰어들었습니다.

무너져 내리는 지붕 아래, 도현이 노인을 업은 채 쓰러져 있었습니다. 그는 마지막까지 사람을 놓지 않았습니다. 노인은 가까스로 구조됐지만, 도현은 연기를 깊이 마셔 의식을 잃은 채였습니다. 사람들이 그를 부축하며 외쳤습니다.

"도현아, 버텨! 넌 불길 속에서도 안 넘어졌잖아!"

병원 응급실의 불빛이 새벽의 빛보다 더 차가웠습니다.

산소호흡기를 단 도현은 미동조차 없었습니다.

경수는 병실 밖 의자에 앉아 두 손으로 얼굴을 감쌌습니다.

그의 손끝에는 아직도 타다 남은 냄새가 묻어 있었습니다.

오랜 시간이 지난 후, 다행히 도현은 깨어났고 그는 한참을 멍하니 천장을 바라보았습니다.

경수를 보자 도현은 낮은 목소리로 물었습니다.

"오늘이 며칠이에요? 시험이 내일모레였는데…."

경수는 안타까운 마음으로 답했습니다.

"시험보다 생명이 더 중요하잖아. 네가 살아 있다는 게 훨씬 더 소중해."

도현은 한동안 경수를 바라보다가 체념처럼, 그러나 어딘가 편안한 미소를 지었습니다. 그 얼굴에는 무언가를 내려 놓아낸 사람의 편안함이 깃들어 있었습니다.

그리고 의사는 당분간 회복에 전념하라고 말했습니다.

그 말을 들은 도현은 천천히 고개를 끄덕였습니다.

"결과야 어찌 되든 괜찮습니다. 이번엔 시험보다 더 큰 걸 배웠으니까요."

그는 창밖으로 쏟아지는 햇살을 한동안 바라보다, 마음속으로 다시 시작을 다짐했습니다.

그로부터 또 한 해가 흘렀습니다.

이번엔 달랐습니다. 그는 밤을 새우지 않았고, 새벽이면 짧은 산책으로 마음을 다스렸습니다.

그리고 불안이 찾아올 때마다 스스로에게 중얼거렸습니다.

"오늘도 수수께끼 같은 문제를 풀었네. 조금 어렵지만, 재미있어."

그 말이 그를 지탱했습니다. 시험 날에도 그는 초조하지 않았고, 그저 자신이 걸어온 길을 믿었습니다.

합격자 발표 날, 그는 컴퓨터 앞에 앉았습니다.

그리고 그곳에서 자신의 이름을 발견했습니다.

손끝이 떨렸지만, 마음은 고요했습니다.

그는 휴대폰을 꺼내 경수에게 문자를 보냈습니다.

"형, 합격했어요."

답장은 짧지만 진심 어린 축하의 메시지였습니다.

"너무 수고했고 축하해. 이제 진짜 불은 껐네."

그날 저녁, 도현은 가족들과 함께 조촐한 축하 자리를 가졌습니다. 아내가 정성껏 차린 따뜻한 저녁상 위에는 웃음이 가득했습니다.

그는 생각했습니다.

"불길은 물로 끌 수 있지만, 불안은 마음으로밖에 못 끄는 거구나."

그의 미소 속에는 수많은 밤의 고통과 성장, 그리고 마침내 찾아온 평화가 담겨 있었습니다.』

삶은 늘 시험의 연속입니다. 누군가는 그 시험 앞에서 무너지고, 누군가는 다시 일어섭니다. 진짜 강한 사람은 쓰러지지 않는 사람이 아니라, 넘어진 자리에서 다시 자신의 불을 지피는 사람입니다. 불길을 끄던 소방관 도현은 이제, 자신 안의 불길을 다스릴 줄 아는 사람이 되었습니다.

"Believe you can and you're halfway there."(할 수 있다고 믿어라, 그러면 이미 반쯤 이룬 것이다.) - 미국 대통령 시어도어 루스벨트

두려움의 벽을 넘어

『서윤은 어느덧 두 아이의 엄마가 되어 분주한 일상을 살아가고 있었습니다. 아이들의 웃음소리와 남편 민우의 따뜻한 배려 속에서 하루하루를 보내고 있었지만, 마음 깊은 곳엔 여전히 해결되지 않은 두려움이 자리 잡고 있었습니다. 그 두려움은 어린 시절부터 그녀를 따라다녔고, 지금까지도 삶의 중요한 순간마다 그녀를 붙잡곤 했습니다.

어머니는 언제나 안전과 안위를 강조하셨습니다.

"서윤아, 위험한 건 하지 마라. 실수라도 하면 큰일 난다."

그 말은 세상이란 늘 조심해야만 살아남을 수 있는 곳이라는, 어머니의 훈계 같은 말이었습니다. 이런 말을 들으며 자란 서윤은 어떤 선택 앞에서도 쉽게 나아가지 못했습니다. 무언가를 시도하기보다 안전한 선택을 고르고, 새로운 도전 앞에서는 한 발 물러서곤 했습니다. 어느 순간부터 '도전'이라는 단어는 그녀의 삶에서 조금씩 사라져 갔습니다.

민우는 그런 서윤을 누구보다 깊이 이해하고 있었습니다. 장모님은 힘겨운 시절을 지나며 작은 실수도 곧 삶을 뒤흔드는 위험이 될 수 있다는 현실을 뼈저리게 겪은 세대였습니다. 그래서 어머니는 사랑이라는 이름으로 '조심'을 가르쳤고, 그 조심은 언제나 새로운 일을 시작할 때 먼저 떠오르는 두려움으로 함께 남았습니다.

민우는 그런 장모님의 삶을 존중하면서도, 그 가치관이 서윤에게 얼마나 깊은 그림자를 드리우고 있는지도 알고 있었습니다. 어느 날, 아이가 소파 위에서 장난을 치다 중심을 잃자, 서윤은 반사적으로 소리쳤습니다.

"안 돼! 위험한 건 하지 마! 실수라도 하면 큰일 나!"

그리고 그 말이 끝나기도 전에, 그녀는 자신의 목소리에 놀랐는데, 그것은 분명 어머니의 말투였고, 그 순간 그녀는 과거로부터 이어진 두려움이 이제는 자신을 통해 또 다른 세대로 전해지고 있다는 사실을 느꼈습니다.

신혼 초, 서윤이 서툰 솜씨로 요리를 하며 민우에게 말했습니다.

"자기야, 내가 이거 잘못하면 어떡하지? 맛이 없으면…."

민우는 그녀를 바라보며 따뜻하게 웃었습니다.

"나는 세상에서 제일 맛없는 음식도 맛있게 먹을 수 있는 능력이 있어. 그러니까 그냥 해봐. 실패해도 괜찮아."

그녀는 그 말에 힘을 얻어 여러 가지 새로운 요리에 도전하기 시작했습니다. 처음엔 민우의 따뜻한 격려가 계기가 되어 이것저것 만들어 보았고, 결과가 기대에 못 미칠 때도 낙담하기보다는 '다음엔 더 나아질 거야' 하는 마음으로 차근차근 자신감을 키워갔습니다.

민우는 서윤의 작은 변화를 보며 자신이 들었던 한 이야기를 떠올려 서윤에게 말했습니다.

"어릴 적에 들었던 이야기야. 미술을 좋아하는 지민이라는 소녀가 있었는데, 부모님은 늘 걱정했대. '그림 그려서 뭐 하려고? 실패하면 어쩌려고?' 지민이는 점점 자신감을 잃었지. 그런데 어느 날 미술 선생님이 이렇게 말해줬대.

'지민아, 실패를 두려워하지 말고 네 마음을 그림에 담아보렴. 네가 그리는 건 너의 이야기니까.'

그 한마디가 지민이를 바꾸었대. 지민이는 용기를 내어 미술 대회에 참가했고, 상도 받았지. 그 경험을 통해 부모님도 딸의 재능을 인정하며 응원하게 되었대. 나도 당신과 함께 우리 아이들에게 그런 선생님이 되고 싶어."

서윤은 민우의 이야기를 들으며 마음 깊은 곳에서 무언가 따뜻하게 움직이는 것을 느꼈습니다. 그녀도 아이들에게 언제나 안전을 강조해 왔지만, 이제는 그들의 세계가 '조심'으로만 채워지지 않기를 바랐습니다. 실수하고 넘어지더라도, 그 안에서 배우고 일어나는 힘을 가질 수 있도록 해 주고 싶었습니다.

시간이 흐르며 서윤은 조금씩 달라지기 시작했습니다. 요리뿐만 아니라, 아이들과 함께 그림을 그리고, 손뜨개와 원예처럼 새로운 취미에도 도전했습니다. 예전 같았으면 '혹시 실패하면 어쩌지?' 혹은 '이런 거 해서 뭐 하게?'라는 생각에 시도조차 하지 않았을 일들이었습니다. 이제는 결과보다 과정에 집중했고, 실패를 두려워하지 않았습니다.

한번은 아이들과 함께 만든 케이크가 엉망이 되었지만, 서윤은 그저 웃으며 말했습니다.

"괜찮아. 우리 다음엔 더 잘 만들 수 있을 거야."

그날 밤, 서윤은 혼자 앉아 지난 시간을 회상하였습니다.

'어머니의 가르침은 나를 보호하기 위한 사랑에서 비롯된 것이었다. 하지만 이제 나는 내 아이들에게 도전의 가치를 가르치고 싶다. 실패는 끝이 아니라 배움의 시작이다. 나 역시 그 사실을 깨달으며, 내 삶을 새롭게 살아가고 있다.'

서윤은 자신이 변한 것처럼, 어머니에게도 작은 변화를 느꼈습니다. 어머니는 예전보다 걱정스러운 말씀을 줄이고, 그녀의 시도를 응원해 주었습니다. 한번은 서윤의 음식을 맛보며 어머니가 말했습니다.

"참 맛있다. 우리 딸이 이렇게 요리를 잘할 줄이야."

그 말에 서윤은 눈물이 핑 돌았습니다. 어머니의 걱정과 사랑이 그녀를 이끌었듯, 이제 그녀의 용기와 변화가 어머니를 움직이고 있었습니다.

서윤은 자신과 가족의 변화를 바라보며 생각했습니다.

"인생은 종종 우리를 한계 속에 가두고, 두려움에서 벗어나지 못하게 만든다. 하지만 그 안에서 한 걸음만 내디딘다면, 우리는 안에 숨겨진 잠재력을 발견할 수 있다. 실패를 두려워하지 않는 마음, 그것이야말로 진정한 성장의 시작이다."』

서윤이의 이야기는 우리 모두가 공감할 수 있는 이야기입니다. 실패는 결코 끝이 아닙니다. 실패는 배우고 성장할 수 있는 기회이며, 새로운 시도를 할 용기를 주는 원동력입니다.

우리가 "나 안에 갇힌 나"를 깨고, 세상의 기대와 두려움에서 벗어나기 위해서는 다음과 같은 태도가 필요합니다.

(1) 실패를 받아들이기: 실패는 부끄러운 것이 아닙니다. 그것은 학습과 성장의 과정입니다.
(2) 자신을 믿기: 자신의 가능성을 믿고, 두려움 속에서도 한 걸음을 내딛는 용기가 필요합니다.
(3) 지지와 격려하기: 주변 사람들에게도 실패를 두려워하지 않도록 용기를 북돋아 주는 것이 중요합니다.

우리 모두는 한 번쯤은 실패를 두려워한 경험이 있습니다. 실패는 불안과 두려움을 동반하며 종종 우리의 발걸음을 멈추게 만듭니다. 하지만 이제는 그 두려움을 내려놓고, 자신의 삶을 새롭게 만들어가는 여정을 시작해야 할 때입니다. 갇혀 있던 나를 깨고 세상에 나 자신을 펼쳐 보이는 것은 더 큰 깨달음과 성장을 위한 첫걸음입니다.

고정관념은 우리의 사고를 제한하는 보이지 않는 벽과 같습니다. 익숙한 틀 안에서만 생각하려 하거나, 새로운 가능성을 스스로 차단하는 것은 발전을 가로막는 장애물이 됩니다. 이를 극복하기 위해서는 기존의 신념을 검토하고 열린 마음으로 세상을 바라보려는 노력이 필요합니다.

영어 단어 림보(Limbo)는 삶의 모호하고 혼란스러운 상태를 상징적으로 잘 보여줍니다. 이 단어는 라틴어 "limbus"에서 유래했으며, '경계'나 '양극단 사이에서 빠져나가지 못하고 머무름'을 의미합니다. 종교적 관점에서 "Limbo"는 고정관념이나 피해 의식, 혹은 자기 회의와 같은 내면의 한계에 갇혀 영적 성장과 깨달음을 방해하는 '벽'으로 묘사되기도 합니다. 때로는 그것이 우리의 내면에 존재하는 불안과 두려움을 상징하는 '악마'로 비유되기도 합니다.

흔히 상상하는 악마, 즉 머리에 뿔이 나고 삼지창을 든 존재는 실제로 존재하지 않습니다. 그러나 우리의 내면에 자리 잡은 또 다른 형태의 '악마'는 실재합니다. 그것은 고정관념, 두려움, 피해의식, 그리고 자기 회의처럼 우리를 가로막고 앞으로 나아가지 못하게 만드는 심리적 장애물들입니다. 이러한 내면의 악마는 우리가 더 큰 깨달음과 변화를 경험하지 못하도록 붙잡아 두며, "Limbo"라는 상태를 만들어냅니다.

"Limbo"는 단순히 경계를 의미하는 것이 아니라, 우리를 안전하다고 느끼게 하면서도 동시에 두려움으로 인해 앞으로 나아가지 못하게 하는 모순된 공간을 상징합니다. 이 상태에서는 익숙함과 안락함에 안주하기 쉽지만, 더 큰 성장을 위해서는 결국 이 경계를 넘어서는 용기가 필요합니다. 스스로를 가두는 내면의 장애물을 극복할 때 우리는 비로소 더 자유롭고 깊이 있는 삶으로 나아갈 수 있습니다.

이러한 "Limbo"는 우리의 일상에서 자주 나타납니다. 예를 들어, 어린 시절 부모님의 갈등으로 깊은 상처를 입은 한 여성이 있었습니다. 그녀는 아버지의 외도로 인해 가족이 무너지는 아픔을 겪었고, 그 결과 남성에 대한 깊은 불신을 가지게 되었습니다. 시간이 흘러 좋은 사람이 그녀에게 다가왔음에도, 과거의 상처에 갇힌 그녀는 새로운 관계를 받아들이지 못했습니다. 그녀의 "Limbo"는 고정관념과 두려움으로 인해 사랑과 신뢰를 기반으로 한 새로운 기회를 스스로 거부하게 만든 것입니다.

그러나 이는 특정 개인만의 이야기가 아닙니다. 우리 모두는 각자의 'Limbo'에 갇혀 있을 수 있습니다.

그것이 과거의 상처와 실패에 대한 두려움이든, 아니면 익숙함에 대한 집착이든, 그 상태에서 벗어나는 것은 결코 쉽지 않은 일입니다.

하지만 중요한 건, 그 자리에 안주하지 않고 조금씩 앞으로 나아가려는 '의지'입니다.

우리 주변에서도 쉽게 볼 수 있는 한 중년 여성의 이야기를 예로 들어 보겠습니다. 그녀는 20년 넘게 가정을 돌보며 살아왔고, 이제야 비로소 자신만의 시간을 갖게 되었습니다. 하지만 막상 무언가를 시작하려니 겁이 났습니다.

"이 나이에 뭘 새로 배운다고?", "괜히 망신만 당하는 거 아닐까?"

주변에서는 "이제는 좀 쉬면서 살라"고 했지만, 그녀는 오래전부터 마음속에 담아두었던 수채화 수업에 등록했습니다.

처음에는 붓을 잡는 손이 서툴러 종이 위에 물감이 엉망으로 번지기 일쑤였습니다. 그러나 그 번짐 속에서 오히려 자유로움이 느껴졌고, 색이 겹치며 스며드는 과정을 바라보는 것만으로도 이상하게 살아 있다는 감각이 되살아났습니다. 시간이 흘러 그녀는 전시회에도 참여했고, 작품 옆에 이렇게 적었습니다.

"나는 실패를 두려워하고 있었던 것이 아니라, 시작하는 것 자체를 두려워하고 있었다는 것."

그녀의 변화는 누군가에게는 큰 성취로 보이지 않을 수도 있습니다.

하지만 그 한 걸음은 그녀가 오래 머물러 있던 "Limbo"를 넘어서는 중요한 경험이었습니다. 붓을 들고 색을 섞는 매 순간, 그녀는 자신이 다시 살아 있음을 느꼈으며, 더 이상 과거의 상처와 두려움이 자신의 선택을 대신하도록 내버려두지 않았습니다. 이렇듯 진정한 성장은 완벽한 준비에서 비롯되지 않습니다.

두려움을 느끼면서도 멈추지 않고 내딛는 작은 용기에서 시작됩니다.

우리가 각자의 "Limbo"를 넘어선다는 것은 곧, 스스로를 가로막던 내면의 벽을 넘어가는 일입니다.

그 순간, 우리는 비로소 더 깊고 자유로운 삶으로 나아갈 수 있습니다. 변화와 성장은 결국 선택에서 출발합니다.

거창할 필요도, 완벽할 필요도 없습니다.

두려움을 피하지 않고, 익숙함의 자리에서 한 발 앞으로 나아가려는 용기면 충분합니다.

이제 스스로에게 물어보세요.

"나는 무엇에 갇혀 있는가? 나를 붙잡는 것은 무엇인가?"

혹시 여전히 당신을 주저하게 만드는 과거가 있나요?

실패의 기억, 익숙함에 대한 집착, 아니면 아직 마주할 용기가 없어 마음 깊은 곳에 감춰둔 나 자신?

그렇다면, 이제는 그 틀과 마주하고 작게라도 한 걸음을 내디딜 때입니다. 그 작은 걸음 하나가 언젠가 당신 삶의 방향을 바꾸는 전환점이 될 수 있으니까요.

2) 실천의 발걸음

우리의 마음은 수많은 생각으로 가득합니다. 더 나은 사람이 되고 싶다는 마음, 누군가에게 따뜻한 말을 건네고 싶다는 의지, 건강을 챙기고 싶다는 다짐. 이런 생각들은 마치 씨앗처럼 우리 마음속에 자리 잡습니다. 그러나 그 씨앗이 싹을 틔우고 열매를 맺기 위해서는 반드시 '행동'이라는 토양에 뿌리를 내려야 합니다. 아무리 좋은 생각이라도 실천이 없다면, 그것은 마음속의 그림에 머물 뿐, 현실을 바꾸는 힘이 되지 못합니다.

생각은 출발점입니다. 하지만 변화는 행동에서 시작됩니다. 예를 들어, 누군가에게 친절하겠다는 마음을 품고도 아무런 행동을 하지 않는다면, 그 친절은 머릿속의 계획에 불과합니다. 하지만 작은 미소 하나, 따뜻한 인사 한마디를 건네는 순간, 그 생각은 현실이 되고, 우리는 주변에 긍정적인 영향을 미치게 됩니다. 동시에 우리 자신도 그 행동을 통해 내면의 따뜻함을 경험하게 됩니다.

실천은 거창한 일이 아닙니다. 오히려 작고 사소한 행동에서 시작됩니다. 다이어트를 결심한 사람이 하루에 10분이라도 몸을 움직이는 것, 책을 읽기로 마음먹은 사람이 매일 한 페이지씩 읽는 것처럼, 이런 작은 행동들이 쌓여 습관이 되고, 그 습관은 결국 삶을 바꾸는 힘이 됩니다. 하루 10분, 하루 한 페이지가 쌓이면 어느새 우리는 더 성장하고, 더 지혜로워진 자신을 마주하게 됩니다.

물론 실천은 생각만큼 쉽지 않습니다. 피곤한 몸, 부족한 시간, 눈에 띄지 않는 결과는 우리를 쉽게 좌절하게 만듭니다. 운동을 결심했지만 살이 좀처럼 빠지지 않고, 책을 읽으려 했지만 집중이 되지 않을 때, 우리는 생각과 현실 사이의 간극을 실감합니다. 그러나 중요한 것은 그 과정에서 배우고, 다시 시도하는 것입니다. 실천은 완벽함을 요구하지 않습니다. 오히려 불완전한 시도 속에서 우리는 진짜 성장을 경험합니다.

실천을 이어가기 위한 방법은 생각보다 단순합니다.

첫 번째는 '작고 구체적인 목표'를 세우는 것입니다. '매일 1시간 운동'이라는 큰 목표보다 '오늘은 10분만 걷자'는 작은 목표가 훨씬 실현 가능성이 높습니다. 작은 성공은 자신감을 키우고, 그 자신감은 더 큰 도전을 가능하게 합니다.

두 번째는 '책임감을 가지는 것'입니다. 혼자서 실천하기 어려울 때는 친구나 가족과 함께 목표를 공유하고, 서로 응원하는 것도 좋은 방법입니다. 함께 운동할 파트너를 구하거나, 매일 실천한 내용을 기록하는 습관은 우리에게 책임감을 부여하고, 지속적인 실천을 가능하게 합니다.

세 번째는 '실패에 대한 인식 전환'입니다. 실패는 끝이 아니라 배움의 시작입니다. 처음부터 잘할 필요는 없습니다. 중요한 것은 시도하고, 넘어졌을 때 다시 일어나는 용기입니다. 실패를 두려움이 아닌 성장의 일부로 받아들일 때, 우리는 더 자유롭게 행동할 수 있습니다.

이렇게 반복된 작은 실천은 어느새 우리의 삶을 바꾸는 큰 흐름이 됩니다. 처음엔 낯설고 어색했던 행동이 점차 익숙해지고, 결국 우리의 일부가 됩니다. 그 변화는 외적인 성취를 넘어서, 내면의 성장을 이끌어냅니다. 우리는 더 단단해지고, 더 따뜻해지며, 더 자신감 있는 사람이 되어갑니다.

진정한 성장은 생각이 행동으로 이어질 때 시작됩니다. 아무리 좋은 생각도 실천이 없다면 현실을 바꾸지 못합니다.

그러니 오늘도 막연하고 큰 결심보다, 지금 당장 할 수 있는 작고 현실적인 실천 하나를 선택해 보세요. 그 한 걸음이 결국 당신을 단단하게 만들고, 삶의 방향을 조금씩 바꿔놓을 것입니다.

달콤함 앞에서

『은주는 단것을 참을 수 없는 사람이었습니다. 초콜릿, 케이크, 아이스크림 같은 달콤한 간식들은 그녀의 하루를 버티게 해주는 유일한 위안이었습니다. 바쁜 회사 생활과 스트레스 속에서 달콤한 간식은 잠깐이나마 그녀에게 행복을 선사했습니다. "내가 이거 하나 먹는다고 세상이 무너지겠어?" 매번 자신을 위로하며 한 입, 또 한 입 간식을 즐겼습니다.

그런 그녀가 병원에서 건강검진 결과를 들었을 때, 모든 것이 흔들렸습니다. 의사는 심각한 표정으로 말했습니다.

"혈당 수치가 정상보다 높습니다. 이 상태로 가면 당뇨병으로 진행될 가능성이 큽니다. 음식을 조절하고 운동을 병행하지 않으면 건강이 위험해질 수 있습니다."

그 말을 들은 순간, 은주는 눈앞이 캄캄해졌습니다. "나에게 이런 일이 생길 줄은 몰랐어." 그녀는 집으로 돌아오는 길에 자신을 되돌아보며 한숨을 내쉬었고 책망하였습니다. 좋아하던 단맛이 이제는 두려움으로 다가왔습니다.

집에 도착한 은주는 냉장고를 열었습니다. 달콤한 디저트들이 그녀를 유혹하듯 자리 잡고 있었습니다. 은주는 큰 결심을 하고 냉장고에 손을 뻗었습니다. "이제는 이 모든 걸 멈춰야 해." 하지만 그것은 생각처럼 쉬운 일이 아니었습니다.

처음에는 "한 입만"이라는 핑계로 과자를 먹곤 했습니다. 자신과의 싸움은 매번 패배로 끝나는 듯 보였습니다. 그러다 그녀는 다이어트 전문가로부터 들은 한 가지 조언을 떠올렸습니다.

"작은 변화부터 시작하세요. 처음부터 한꺼번에 하지 말고, 하루에 한 끼라도 건강한 선택을 해보세요."

그날부터 은주는 아침 식사에 달걀과 채소를 곁들이기 시작했습니다. 처음에는 습관을 바꾸는 일이 쉽지 않았지만, 매일 조금씩 변화를 주며 스스로를 격려했습니다. "나는 오늘 하나의 작은 성공을 이뤘어."

은주에게 가장 힘든 시간은 회사 회식이었습니다. 동료들과 함께 고칼로리 음식을 먹고, 후식으로 달콤한 디저트를 나누는 것은 그녀의 일상이었습니다. 어느 날, 동료가 케이크를 건네며 말했습니다.

"은주야, 너 이거 좋아하잖아. 한 조각 먹어봐."

은주는 한참을 망설이다가 정중히 거절했습니다.

"미안해, 나 요즘 건강을 좀 챙기고 있거든."

동료들은 그녀의 말을 듣고 놀란 표정을 지었습니다.

"너답지 않다"라고 농담을 던지는 동료들 사이에서, 은주는 묵묵히 물을 마시며 스스로를 다독였습니다.

"이건 나를 위한 선택이야. 내가 나를 지키는 방법이야."

하지만 모든 것이 순탄했던 것은 아니었습니다. 어느 주말, 은주는 스트레스가 극에 달했습니다. 혼자 집에 있던 그녀는 그동안 피했던 달콤한 간식들을 다시 손에 들고 말았습니다. 초콜릿을 입에 넣는 순간, 잠시나마 행복한 기분이 들었습니다. 하지만 그 뒤에 몰려온 것은 깊은 후회와 죄책감이었습니다.

“내가 다시 실패했어. 아무리 노력해도 난 달라질 수 없는 걸까?”

그녀는 좌절감 속에서 울음을 터뜨렸습니다. 며칠 뒤, 은주는 온라인 커뮤니티에서 오랫동안 다이어트를 이어온 한 선배의 글을 읽게 되었습니다.

“나는 열 번쯤 실패했어요. 그럴 때마다 다시 돌아왔죠. 실패는 내가 얼마나 간절한지를 확인하는 과정이었어요.”

그 글을 읽는 순간, 은주는 자신에 대한 생각이 조금 달라졌습니다.

‘나만 그런 게 아니었어. 실패해도 다시 시작하면 되는 거구나.’

은주는 그날 밤, 자신의 다이어리 한편에 짧게 적었습니다.

“오늘은 흔들렸지만, 내일은 다시 일어날 거야. 실패는 방향을 다시 잡는 기회니까.”

그녀의 다이어트는 완벽하지 않았지만, 이제는 포기하지 않는 연습을 시작했습니다.

며칠이 지나면서 그녀는 실패는 끝이 아니라, 배움의 일부라는 사실을 서서히 알게 되었습니다. 누군가의 조언처럼, 넘어졌던 경험은 다시 시작할 용기를 단단히 다져주고 있었습니다. 그리고 시간이 지나며 은주는 점차 변하기 시작했습니다. 처음에는 단순히 음식을 조절하는 일이었지만, 이제는 운동과 명상도 그녀의 일상이 되었습니다. 그녀는 아침마다 공원을 산책하며 마음을 정리했고, 새로운 요리법을 배우며 건강한 식단을 즐기기 시작했습니다.

가장 큰 변화는 그녀의 마음가짐이었습니다. 은주는 더 이상 "달콤한 간식이 나를 행복하게 만든다"라는 생각을 하지 않았습니다. 대신 건강한 음식을 통해 스스로를 돌보는 일이 진정한 행복임을 깨달았습니다.

어느 날, 은주는 친구와 과일 샐러드를 먹으며 말했습니다.

"처음에는 나 자신을 위해 이런 선택을 할 수 있을 거라고 생각하지 못했어. 그런데 작은 변화가 쌓이니까, 내 삶이 이렇게 달라질 줄 몰랐지."』

은주의 이야기는 우리 모두에게 익숙합니다. 우리 몸은 본능적으로 에너지를 저장하려 하여 단 음식이나 기름진 음식에 끌리는 것은 자연스러운 일입니다. 그런데 현대 사회는 이러한 본능을 이용해 끊임없는 유혹을 만들어냅니다. 풍요로운 식탁 앞에서 우리는 늘 선택의 무게와 마주하게 되고, 그 무게는 때때로 스스로를 지키기 어렵게 만듭니다. 은주 역시 이 흔들림 속에서 여러 번 멈추고 다시 시작하곤 했습니다.

다이어트 전문가들은 말합니다.

"운동도 중요하지만, 음식 조절이 더 중요합니다."

누구나 알고 있는 말이지만, 실제로 실천하기는 쉽지 않습니다. 우리 주변에는 늘 유혹이 넘쳐나며, 스트레스가 쌓이면 자제력은 쉽게 무너질 수 있습니다.

은주도 여러 번 비슷한 실패를 겪었습니다.

하지만 예전과 다른 점은, 이제 그녀가 그 실패를 '끝'으로 여기지 않는다는 것입니다. 과거에는 한 번의 실수에 스스로를 책망하며 모든 노력을 내려놓았지만, 이제는 다르게 생각합니다.

"오늘은 무너졌지만, 내일 다시 해보자."

그렇게 그녀는 자신을 비난하는 대신, 스스로를 다독이기 시작했고, 그 작은 태도 변화는 그녀의 일상과 마음을 서서히 바꿔놓고 있습니다.

진정한 변화는 완벽함에서 시작되지 않습니다. 그것은 흔들리고 실수하면서도 다시 일어서는 반복 속에서 자랍니다. 그 과정은 단지 다이어트뿐만 아니라, 스스로를 존중하고 삶을 더 나은 방향으로 이끌어 가는 연습이기도 합니다.

오늘도 은주는 여전히 케이크 앞에서 잠시 망설일지 모릅니다.

그러나 이제는 자신을 탓하지 않습니다. 대신, 여전히 자신에게 기회를 줍니다.

"어둠을 저주하기보다는 촛불 하나를 켜라." - 공자

조용한 전쟁 속에 자라는 아이

『은지와 민호는 결혼 10년 차의 부부였습니다. 표면적으로는 안정된 가정을 꾸리고 있는 듯 보였지만, 그들의 일상은 서서히 마모되어 갔습니다. 말은 줄어들고 눈빛은 서로를 피했으며, 대화는 필요한 말만 오가는 의무적인 형식으로 변해갔습니다. 큰소리로 싸우는 일은 없었지만, 집 안에는 늘 보이지 않는 긴장감이 스며 있었습니다. 침묵이 집 안 구석구석에 스며들었고, 드러내 보이지 못한 작은 불만들이 서로를 더욱 답답하게 만들었습니다.

그들의 딸 수진이는 올해로 8살이 되었습니다. 밝고 활발한 아이로 보였지만, 요즘 들어 학교 선생님은 수진이의 행동에서 변화를 느끼고 있었습니다.

"수진이가 요즘 학교에서 예전보다 소극적인 모습을 보이는 것 같아요. 발표도 잘하던 아이인데, 최근에는 말수가 줄었네요."

은지는 놀라며 답했습니다.

"집에서는 그런 모습이 잘 드러나지 않아서 몰랐어요."

그녀는 그렇게 대답했지만, 마음 한편에는 알 수 없는 불안이 스며들었습니다.

저녁이 되자, 은지는 거실에서 민호와 또 한 번의 사소한 싸움을 시작했습니다.

"당신 먹은 그릇은 당신이 치워주면 안 돼? 매번 내가 다 해야 해!?"

은지의 말투는 조용했지만, 그 안에 담긴 짜증은 뚜렷했습니다. 민호는 소파에 앉아 핸드폰 화면을 보며 퉁명스럽게 대꾸했습니다.

"나도 하루 종일 일하고 왔잖아. 조금만 기다려. 왜 그렇게 성질이야?"

두 사람의 대화는 겉으로는 평온해 보였지만, 집 안의 공기는 점점 무거워졌다. 그때 방에 있던 수진이가 거실로 나왔습니다.

"엄마, 아빠 뭐 해요?"

은지는 급히 표정을 바꾸며 웃는 얼굴로 말했다.

"아무것도 아니야. 엄마 아빠 그냥 이야기 중이었어. 들어가서 그림 그리고 있어!"

수진은 한동안 두 사람을 지켜보다가 방으로 들어갔습니다. 그러나 방 안에서도 책상에 앉아 멍하니 창밖을 바라볼 뿐이었습니다. 손에는 색연필이 들려 있었지만, 색칠하던 그림은 이미 오래전에 멈춰 있었습니다. 수진이는 마음 한구석에서 느껴지는 불편한 감정을 떨칠 수 없었습니다.

며칠 뒤 수진이의 담임선생님이 다시 전화를 걸어왔습니다.

"수진이가 요즘 친구들과 잘 어울리지 못하고, 수업 중에도 자주 멍하니 있는 모습이 보여요. 집에서 무슨 일이 있었나요?"

은지는 선생님의 말을 듣고 잠시 멍해졌습니다. 그녀는 민호와 싸운 적이 없다고 생각했습니다. 하지만 그 순간, 수진이의 방 문틈 사이로 자신들을 지켜보던 딸의 눈빛이 떠올랐습니다.

그날 저녁, 은지는 민호와 진지하게 이야기를 꺼냈습니다.

"여보, 우리 수진이가 요즘 이상해요. 학교에서도 위축돼 있고, 말수가 줄어들었대. 혹시 우리가…."

민호는 그녀의 말을 끊으며 고개를 저었다.

"우리… 민지 앞에 크게 싸운 적 없잖아. 큰 소리 내지도 않고."

하지만 은지는 고개를 숙이며 말했습니다.

"우리는 싸우지 않았지만, 수진이가 우리 사이의 분위기를 느끼고 있는 것 같아. 말하지 않아도, 아이는 그 상황의 모든 걸 보고 느낀다고 선생님께서 말씀해 주셨어…."

그날 밤, 은지는 조용히 수진이의 방으로 들어갔습니다. 딸은 불을 끈 채 침대에 누워 천장을 바라보고 있었습니다.

"수진아, 엄마랑 이야기 좀 할까?"

잠시 망설이던 수진이는 조심스레 고개를 끄덕였습니다. 은지는 딸의 손을 살며시 잡고 물었습니다.

"요즘 학교에서 무슨 일 있었어? 엄마가 도와줄 수 있는 게 있니?"

한동안 침묵하던 수진이는 입을 열었습니다.

"엄마랑 아빠가 자꾸 싸우는 것 같아요. 괜찮다고 하지만… 저는 무서워요. 혹시 제가 잘못한 건가 싶어서…."

은지는 딸의 말을 듣고 충격을 받았습니다. 그녀는 자신들이 싸우지 않았다고 생각했지만, 수진이의 눈에는 그 모든 순간이 갈등으로 보였던 것이었습니다.』

인간은 사회적 존재이며, 정서적 관계 속에서 성장합니다.

하지만 만약 누군가가 그런 관계 없이 자란다면, 어떤 모습일까요?

영국의 '늑대 소년'과 우크라이나의 '들개 소녀' 이야기는 그저 그런 전설 속 이야기가 아니라, 실제 있었던 사례입니다. 이들은 인간의 심리적·정서적 발달이 환경과 시기에 얼마나 큰 영향을 받는지를 극명하게 보여줍니다.

'늑대 소년'은 19세기 후반 영국에서 발견된 한 소년의 이야기입니다. 그는 어린 시절 어떤 이유에서인지 가족과 떨어져, 이후 야생에서 늑대들과 함께 생활하였습니다.

숲속에서 발견되었을 당시, 그는 오랫동안 사람과의 교류 없이 지내며 본능에 의지해 살아온 흔적을 지니고 있었습니다.

발견 당시 그의 나이는 약 12세로, 이미 유년기의 대부분이 지나가 있었습니다.

이 시기는 정서적 애착과 사회성이 핵심적으로 형성되는 시기이기 때문에, 그가 겪은 정서적 결핍은 회복이 매우 어려웠습니다. 그는 언어를 전혀 구사하지 못했고, 사람과의 감정적 연결에도 반응하지 않았습니다. 사회적 규범과 정서적 유대는 그의 세계에 존재하지 않았던 것입니다. 그는 스트레스를 받으면 늑대처럼 우리 안에서 몸을 비비며 진정하려 했습니다. 어린 시절 마음의 평화를 찾던 방식이 그대로 남아 있었던 겁니다. 결국 그는 성인이 되어서도 인간 사회에 완전히 적응하지 못한 채 살아가야 했습니다. 이 사례는 어린 시절의 정서적 결핍이 인간의 성격과 행동에 얼마나 깊은 흔적을 남기는지 보여줍니다.

반면 우크라이나의 '들개 소녀'는 다른 삶을 살게 됩니다. 그녀 역시 어린 시절 부모의 방치로 인해 인간 사회에서 떨어져 들개와 함께 지냈지만, 발견된 시점은 약 8세로 상대적으로 더 이른 단계였습니다.

유년기 초반은 아직 언어·정서·사회적 상호작용 능력이 회복 가능한 시기였기에, 그녀는 이후 사회화 교육을 통해 점차 인간 관계에 적응해 갈 수 있었습니다.

그녀는 처음에는 말을 하지 못했고 사람들과의 접촉에 불안감을 보였지만, 점차 자발적으로 사회와 관계를 맺으려는 의지를 보였습니다.

전문가들의 지속적인 돌봄과 교육 속에서 그녀는 언어를 익히고 감정을 표현하는 법을 배워갔습니다. 결국 그녀는 또래 아이들과 어울리며 비교적 정상적인 삶을 되찾을 수 있었습니다.

이 사례들은 '시기(timing)'의 중요성을 분명히 보여줍니다. 아이가 '사람다움'을 배우는 데 있어 정서적 토대가 형성되는 시기, 특히 6세에서 13세 사이의 유년기는 결정적입니다. 이 시기에 뇌는 유연하게 발달하고, 감정 조절과 사회성 습득이 활발히 이루어지므로, 신뢰와 사랑이 지속적으로 제공되어야 합니다. 이를 놓치면 이후 감정과 관계의 회복은 더디거나 어려워질 수 있습니다.

'늑대 소년'과 '들개 소녀'의 이야기는 단지 극단적인 사례가 아니라, 교육과 환경, 그리고 적절한 시기가 인간 발달에 얼마나 중요한 영향을 미치는지를 보여줍니다. 부모와 교사, 또래와의 상호작용은 아이가 자신만의 세계를 형성하고 사회적·정서적 역량을 키우는 데 핵심적입니다. 따뜻한 관심과 일관된 애정, 공감과 신뢰의 경험은 인간다움의 기초를 세우는 양분이 되어, 이후 삶의 뿌리를 단단히 다지게 됩니다.

이러한 정서적 기반은 특히 가정에서 형성됩니다. 부모 간 갈등은 겉으로는 작은 말싸움처럼 보여도, 아이의 마음속에는 오래도록 남는 상처를 남길 수 있습니다. 겉으로는 조용해 보여도 냉랭한 공기가 흐르는 집 안에서 아이는 불안과 두려움을 학습하며 자랍니다. 아이들은 부모의 말이 아니라 분위기와 행동으로 상황을 인지하기 때문입니다. 그러나 갈등 뒤 진심 어린 대화와 화해가 동반될 때, 아이는 갈등을 '두려운 사건'이 아닌 '성장의 과정'으로 받아들일 수 있습니다. 이 경험은 마음의 유연함과 강인함을 길러줍니다. 결국 부모는 아이에게 감정을 다루는 법과 관계를 회복하는 길을 몸으로 보여주는 첫 번째 스승입니다.

따라서 부모의 사랑과 지지, 그리고 건강한 방식으로 갈등을 해결하는 태도는 아이 마음의 평화를 지켜주는 든든한 기반이 됩니다. 갈등은 피할 수 없지만, 그 안에서 사랑을 잃지 않는 법을 부모가 보여줄 때, 아이는 세상을 대하고 사람을 이해하는 마음의 힘을 갖게 됩니다.

결국 아이에게 필요한 것은 완벽한 환경이 아니라, 언제든 돌아올 수 있는 따뜻한 마음의 자리입니다.

아이는 그곳에서 사랑을 배우고, 다시 한번 세상을 향해 용기를 내게 됩니다.

불씨와 바람

지훈은 어디에서나 볼 수 있는 평범한 직장인이었습니다.

매일 같은 시간에 눈을 떠 같은 버스를 타고, 반복되는 회의와 보고서 속에서 하루를 보내곤 했습니다. 그의 책상 옆 책장에는 '자기계발서 베스트 10'이 가지런히 꽂혀 있었고, 휴대폰 앨범엔 수십 개의 동기부여 영상이 저장되어 있었습니다.

그는 하루에도 몇 번씩 마음속으로 다짐했습니다.

"오늘은 반드시 바뀌겠어. 운동도 조금 하고, 책도 읽고, 내일 할 일도 미리 정리하자. 딱 30분만 투자하면 달라질 수 있어."

하지만 현실은 달랐습니다. 퇴근 후 소파에 앉으면 어느새 휴대폰만 들여다보다가 하루가 흘러갔고, 책장은 먼지만 쌓여갔습니다. 머릿속으로는 수십 번 계획을 세웠지만, 몸은 단 한 번도 움직이지 않았습니다. 밤이 찾아오면 어김없이 자신에 대한 실망이 그를 덮쳤습니다.

"내일은… 정말 달라질 수 있을까?"

그의 다짐은 습관이 되지 못한 채, 무기력한 반복으로 흘러가곤 했습니다. 그는 점점 더 많은 동기부여 영상을 찾아보았고, 더 자극적인 문구를 노트에 적었습니다.

하지만 이상하게도, 그럴수록 행동은 더 멀어졌습니다.

'왜 이렇게 좋은 말들을 듣고도 나는 움직이지 못하는 걸까?' 그 질문은 점점 그의 마음을 무겁게 만들었습니다.

그러던 어느 날, 회사 메일함에 한 통의 안내 메일이 도착했습니다.

[자기 성장을 위한 변화의 기술 - 일본 명강사 초청 특강]

크게 기대하지 않았지만 출석 체크가 있는 행사라 지훈은 마지못해 신청 버튼을 눌렀습니다. 강의 당일, 50여 명의 직원들이 모인 강의실엔 각기 다른 분위기가 감돌았습니다. 누군가는 기대에 들떠 있었고, 또 누군가는 지훈처럼 마지못해 참석해 어딘가 침체돼 보였습니다.

잠시 후, 단정한 정장을 차려입은 나이 지긋한 일본인이 입장했습니다. 정숙한 분위기 속에서 그는 단상에 올라 청중을 향해 깊이 고개를 숙였습니다.

"안녕하세요. 만나서 반갑습니다."

그의 목소리는 나지막했지만 또렷했고, 강의실 안은 자연스럽게 집중되는 분위기로 바뀌었습니다.

"저는 예전에는 지금과는 많이 달랐습니다. 체중도 20킬로그램쯤 더 나갔고, 건강검진 결과도 썩 좋지 않았죠. 몸도 마음도 늘 피곤했고, 뭔가를 바꾸고 싶다는 생각만 했습니다."

청중들의 시선이 그에게 고정되었고 그는 미소를 띠며 말을 이었습니다.

"그래서 운동을 시작했고, 식습관도 바꾸기 시작했어요. 처음엔 너무 힘들었지만 어느 순간부터 변화가 조금씩 보이기 시작했습니다.

몸이 바뀌고, 일상이 달라졌죠.

저는 그때 이렇게 생각했습니다.

'드디어 나는 제대로 된 동기부여를 찾았구나.'"

그는 잠시 말을 멈추고 청중을 둘러보았습니다.

"그런데요, 시간이 지나면서 알게 되었습니다. 그건 진짜 이유가 아니었다는 걸요."

웅성거림이 흘렀으며 그는 차분히 말을 이어갔습니다.

"동기부여는 사람을 움직이는 것 같지만, 사실은 가장 달콤한 정지 버튼일 수도 있습니다. 우리는 동기부여를 느끼는 순간, 마치 이미 무언가를 해낸 것처럼 착각하죠. 하지만 우리를 진짜로 움직이는 건 행동이고, 그것이 습관이 될 때 비로소 변화가 시작됩니다."

그 말은 지훈의 마음에 깊게 스며들었으며, 그날 밤 그는 책장 앞에 섰습니다. 이미 두세 번 읽은 《변화를 위한 7가지 습관》이 눈에 들어왔습니다. 하지만 이번에는 그저 읽는 것에 그치지 않겠다고 다짐했습니다. 책의 첫 장에는 이렇게 적혀 있었습니다.

"내일 아침 30분 일찍 일어나기. 단 한 번이라도 좋다."

지훈은 알람을 오전 6시로 맞추고 불을 끈 후 이불 속에서 조용히 중얼거렸습니다.

"이번엔… 진짜 해보자."

아침 6시. 알람이 울렸다. 몸은 무겁고, 눈은 감긴 채 손이 알람 버튼으로 향했습니다. 그 순간, 어제 들은 강사의 말이 떠올랐습니다.

"생각보다 몸이 먼저 움직이세요. 머리는 늘 핑계를 찾습니다."

지훈은 결심하듯 이불을 걷어찼고, 그렇게 그의 첫 번째 아침이 시작됐습니다. 10분 스트레칭, 10분 독서, 10분 계획 세우기.

처음에는 힘들었지만, 시간이 지나면서 몸도 마음도 그 리듬에 점점 익숙해지기 시작했습니다. 그는 더 이상 '동기부여'를 찾지 않았습니다. 대신, '실행 기록'을 남기기 시작했습니다. 매일 아침, 그는 노트에 적었습니다.

'오늘도 30분 실천 완료.' 그 기록은 동기보다 훨씬 강력한 증거였습니다.

"기분이 달라. 하루가… 그리고 나 자신이."

그의 변화는 다른 이의 눈에도 조금씩 보이기 시작했습니다. 동료 미나는 복도에서 지나가면서 말했습니다.

"지훈 씨, 요즘 뭔가 달라졌어요. 얼굴이 밝아 보여요."

그는 웃으며 대답했습니다.

"그냥… 아침을 조금 다르게 시작해 봤어요."

"어떻게요?"

미나가 궁금한 듯 되물었습니다. 지훈은 진지한 눈빛으로 이야기했습니다.

"예전엔 동기부여 영상만 보면서 다짐만 했어요. 하지만 지금은 하루에 단 하나라도 행동하려고 해요. 사소해 보이는 변화지만, 그 느낌은 꽤 큽니다."

미나는 고개를 끄덕였습니다. 그의 변화는 회사 안에서도 조금씩 알려지기 시작했습니다.

아침마다 일찍 출근해 스트레칭을 하고, 책을 읽거나 하루 계획을 세우는 지훈의 모습은 동료들의 눈에 신선하게 비쳤습니다. 업무에서도 그는 전보다 집중력이 높아졌고, 보고서 제출이나 회의 준비가 한결 매끄러워졌습니다.

어느 날 팀장이 회의 시간에 말했습니다.

"요즘 지훈 씨 덕분에 회사 분위기가 달라졌어요.

다음 주 워크숍에서 자신의 변화에 대해서 짧게라도 이야기해 줄 수 있겠어요?"

지훈은 잠시 망설였지만, 곧 고개를 끄덕였습니다.

그렇게 해서 그는 단상에 섰고, 담담히 자신의 이야기를 꺼냈습니다.

"예전의 저는 책을 모으고, 다짐만 하던 사람이었습니다. '언젠가'라는 약속으로 하루를 달래며, 마음속 선반에 '결심'만 진열해 두곤 했죠. 그런데 생각보다 변화는 멀리 있지 않았습니다. 작디작은 실천 하나가 모여, 제 삶이 조금씩, 그러나 분명하게 바뀌고 있음을 느끼고 있습니다."

잠시 말을 멈추고 청중을 바라본 뒤, 이어 말했습니다.

"살아가면서 동기부여는 분명 필요합니다. 하지만 그것은 시작을 알리는 불씨일 뿐입니다. 많은 다짐과 결심보다 더 중요한 것은, 오늘 내가 실제로 무엇을 했는가입니다. 결국 행동이 변화를 만들고, 꾸준한 실천이 진짜 성장을 이끕니다."

그 순간, 객석 전체가 고요해졌습니다. 누군가는 휴대전화를 테이블 위에 엎어놓고, 누군가는 조용히 미소 지으며 고개를 끄덕였습니다

다. 어쩌면 그들의 침묵이야말로 가장 큰 반응이었습니다. 말보다 깊은 동의가, 고개를 한 번 끄덕이는 그 짧은 제스처 속에 고여 있었습니다.

그리고 지훈은, 그 고요를 받아 다시 말을 이었습니다

"행동과 습관이 변화를 만듭니다. 하지만 변화를 지속하기 위해서는 체계적인 방법이 필요합니다. 그래서 제가 실천하며 효과를 본 다섯 가지 방법을 여러분께 나누고자 합니다."

긍정적인 루틴을 만들기 위한 다섯 가지 실천법

(1) 작은 목표 설정: 무리한 계획보다는 실현 가능한 작은 목표부터 시작하십시오.

(2) 정해진 시간과 장소에서 실천: 루틴은 일정한 시간과 장소에서 실행될 때 더 효과적입니다.

(3) 보상을 활용: 목표를 달성할 때마다 스스로를 칭찬하고 보상하십시오.

(4) 기록하기: 루틴을 실행한 날들을 기록하며 자신의 발전을 확인하십시오.

(5) 유연성 유지: 상황에 따라 계획을 조금씩 조정하며 지속 가능성을 높이십시오.

지훈은 다시 한번 천천히 말을 정리했습니다.

"성공은 가끔 하는 행동에서 오는 것이 아니라, 꾸준히 하는 행동에서 나옵니다. 동기부여는 불씨입니다. 하지만 그 불을 피우고 지켜내는 건… 결국 여러분의 실천입니다."

청중은 조용해졌고, 그는 말을 이어갔습니다.

"물론 가끔 지칠 때도 있습니다. 그래서 저는 저 자신에게 소박한 보상을 줍니다.

'일주일 동안 실천했으면 맛있는 점심을 먹자.',

'한 달을 채우면 가고 싶던 전시회에 가자.'

이런 소소한 보상이 또 다른 동기가 되더라고요."

지훈의 솔직한 고백에 청중들은 고개를 끄덕였습니다. 누군가는 조용히 미소를 지었고, 누군가는 자신의 삶을 떠올리는 듯했습니다. 그의 소박하지만 현실적인 변화 방식은 많은 이들에게 '나도 해볼 수 있겠다'라는 생각을 심어주었습니다. 강연이 끝난 뒤, 누군가 지훈에게 다가와 말했습니다.

"당신 얘기를 듣고… 오늘부터 저도 하루 10분, 바꿔 보기로 했어요. 저도 더 이상 '동기부여'를 검색하지 않고 대신 '실천 기록'을 쓸 겁니다."

지훈은 그 말의 무게를 알았습니다. 거창한 약속이 아니라, '오늘의 10분'이라는 말에 그는 따뜻하게 미소 지으며 짧지만 진심을 다해 답했습니다.

"그 10분이 길을 만들 겁니다. 응원할게요."

그리고 그는 천천히 무대 아래로 내려왔습니다. 불씨는 이미 여기저기서 작게 타오르고 있었고 이제 각자의 하루가 그 불을 지켜낼 차례입니다.

그리고 언젠가, 또 다른 누군가가 말할 것입니다.

"저도 오늘, 10분부터라도 시작했습니다."

그 말 한 줄이, 지훈에게 그랬듯,

누군가에게는 또 하나의 시작이 될 것입니다.

"Success is the sum of small efforts, repeated day in and day out."(성공은 매일매일 반복되는 작은 노력의 합이다.) - 로버트 콜리어

이 글을 마치며

우리는 삶을 살아가며 크고 작은 선택과 도전들을 마주합니다. 이러한 순간들 속에서 우리는 끊임없이 배우고, 성장하며, 때로는 삶의 깊은 의미를 되새기게 됩니다. 첫 번째 책인 《깨달음으로 가는 숨겨진 지도》에서는 성경을 통해 우리가 어떻게 살아가야 하는지에 대해 성찰했으며, 이번 글에서는 우리 일상 속에서 일어난 사건들을 통해 삶을 어떻게 더 풍요롭고 의미 있게 살아갈 수 있을지 탐구해 보았습니다. 우리가 만나는 사람들, 마주하는 사건들은 단순히 지나치는 것이 아니라, 우리가 어떻게 반응하고 어떤 마음을 가질 것인가에 따라 우리의 삶을 바꿀 수 있는 중요한 기회가 될 수 있습니다. 때로는 우리의 작은 행동들이 세상을 변화시키고, 그 변화를 통해 우리 자신도 변화하는 모습을 보며 감사함을 느끼기도 하고, 또 때로는 복잡한 삶의 퍼즐 속에서 지혜와 통찰을 얻으며 성장합니다. 이 글은 그런 여정들을 되돌아보며, 삶을 더 깊이 이해하고, 자유롭고 당당하게 살아가는 길을 찾아가는 이야기입니다.

첫 번째 장에서는 선에 대해 깊이 고민하고, 작은 선행과 감사의 마음이 우리 삶을 어떻게 변화시킬 수 있는지 이야기했습니다. IMF 시대의 작은 기적처럼, 우리의 작은 선의 씨앗이 세상에 큰 변화를 가져올 수 있다는 사실을 깨닫게 됩니다. 정희 씨와 골동품 사장님의 이야기는 물질적 도움을 넘어서 상대방의 성장을 돕는 것이 진정한 선행임을 보여줍니다. 그리고 강현우처럼, 이웃의 잠재력을 믿고 자립을 돕는 것이 선행의 진정한 의미임을 배울 수 있습니다. 그들을 통해 선의 실천이 어떻게 사람들의 삶을 변화시킬 수 있는지를 보여주었습니다. 또한, 우리가 이미 가진 것들에 대해 감사하는 마음이 얼마나 중요한지, 그것이 우리를 더 행복하고 풍요로운 삶으로 이끈다는 사실을 다시 한번 상기하게 됩니다. 감사는 단지 좋은 감정만을 느끼는 것이 아니라, 그것을 실천으로 옮길 때 우리의 태도와 삶의 시각이 완전히 바뀌게 됩니다. 감사는 우리 주변에서 사소한 것에서부터 시작되며, 그것이 우리의 삶을 더 풍성하고 의미 있게 만들어 갑니다.

두 번째 장에서는 삶의 본질에 대한 깊은 통찰을 나누고, 이를 지혜롭게 대처하는 방법에 대해 다뤘습니다. 우리는 세상에 공짜가 없다는 사실을 배우고, 물질과 비물질 세계의 균형 속에서 자신의 삶을 탐구해야 합니다. "나는 누구인가?"라는 질문은 단순히 철학적인 물음이 아니라, 우리가 살아가는 이유와 목적을 깨닫는 중요한 열쇠입니다. 하지만 통찰만으로는 부족한 경우가 있습니다. 갈등과 선택 속에서 우리는 지혜롭게 대처해야 하며, 실수와 잘못된 선택은 언제든 일어날 수 있습니다. 그때 중요한 것은 그 실수를 어떻게 받아들이고 회복하는가입니다. 우리의 삶은 늘 실수와 실패 속에서 이루어지며, 그 실수를 어떻게 배움으로 바꾸느냐가 우리의 성장을 이끄는 길입니다.

그리고 그 과정에서 중요한 또 하나의 요소는 바로 공감입니다. 사람 간의 갈등 속에서도 공감은 중요한 역할을 합니다. 상대방의 입장에서 이해하고, 그들의 감정을 진심으로 느끼며 다가가는 것은 관계를 깊고 의미 있게 만들어 갑니다. 우리가 상대방의 기쁨과 아픔을 진지하게 나누는 순간, 그 안에서 상호 이해와 신뢰가 자라나며, 결국 갈등을 해결하고 함께 성장할 수 있습니다. 공감은 단순히 감정을 나누는 것을 넘어, 서로의 삶을 보다 깊이 이해하고, 함께 발전할 수 있는 힘을 만들어냅니다. 결국, 우리의 삶은 다른 사람들과의 관계 속에서 풍성해지며, 그 관계는 공감이라는 다리 위에서 더욱 단단히 이어집니다.

세 번째 장에서는 현대인의 삶을 무겁게 짓누르는 중독에 대해 다뤘습니다. 과거에는 사상이나 종교의 교리에 얽매여 있었다면, 오늘날 우리는 스마트폰과 컴퓨터에 우리의 생각이 갇혀 있는 듯합니다. 스마트폰 의존, 도파민의 과잉 자극, 그리고 고독을 두려워하는 현대인의 모습을 통해 우리는 우리 자신을 돌아볼 필요가 있습니다. 그러나 이 중독의 껍질 속에서도 희망은 존재합니다. 자기 성찰과 의지는 중독에서 벗어나 자유로운 삶으로 나아가게 하는 중요한 열쇠입니다.

마지막으로, 긍정의 마음과 실천의 발걸음이 우리의 삶을 변화시킨다는 이야기를 나누었습니다. 긍정적인 마음가짐은 우리가 처한 상황을 바라보는 시각을 바꾸며, 그 변화는 자연스럽게 행동으로 이어집니다. 작은 긍정의 루틴이 큰 변화를 일으키고, 그것은 우리의 삶을 새로운 방향으로 이끌어갑니다. 변화는 멀리 있는 것이 아니라, 바로 우리 일상 속에서 시작된다는 사실을 깨닫게 됩니다. 변화는 우리가 매일 실천하는 작은 것들 속에 숨어 있습니다. 우리가 긍정의 발걸음을 내디딜 때, 그것은 단지 개인의 변화를 넘어서서 주변 사람들과 세상에까지 영향을 미칩니다. 우리의 긍정적인 태도와 행동은 세상을 조금 더 따뜻하고 희망차게 만들 수 있습니다.

이 책이 우리의 삶에서 쉽게 지나칠 수 있는 문제들을 되돌아보게 하며, 현재의 삶을 깊이 이해하고 성찰하는 길잡이가 되기를 바랍니다. 단순히 과거를 되짚어 보는 것이 아니라, 현재의 선택과 행동을 돌아보고 내면을 들여다보는 중요한 과정이 될 것입니다. 선한 영향력과 감사의 마음으로 시작해, 삶의 퍼즐을 맞추고 중독에서 자유를 찾으며 긍정과 실천으로 나아가는 여정은 결국 우리 모두가 걸어가야 할 길입니다.

삶의 여정은 하루아침에 이루어지지 않습니다. 중요한 것은 매일의 작은 발걸음이 그 여정을 완성해 간다는 사실입니다. 이 글을 통해 서로에게 선한 영향을 미치고, 각자의 삶에서 감사와 실천의 의미를 발견하며, 그 과정 속에서 함께 배우고 성장할 수 있기를 바랍니다. 결국 우리가 쌓아온 긍정의 발걸음이 삶을 더 풍요롭고 의미 있게 만들어 줄 것임을 소망합니다.